STANLEY BARON
Die achte Plage

STANLEY BARON

Die achte Plage

Die Wüstenheuschrecke — der Welt größter Schädling

Aus dem Englischen übersetzt von

Prof. Dr. WOLFGANG SCHWENKE
Institut für angewandte Zoologie, München

Mit 16 Abbildungen auf Tafeln

VERLAG PAUL PAREY · HAMBURG UND BERLIN

Die Originalausgabe des Werkes erschien unter dem Titel
THE DESERT LOCUST
im Verlag Eyre Methuen, London
© 1972 Stanley Baron

CIP-Kurztitelaufnahme der Deutschen Bibliothek

Baron, Stanley
Die achte Plage: die Wüstenheuschrecke, der Welt
größter Schädling.
  Einheitssacht.: The desert locust ⟨dt.⟩.
ISBN 3-490-00418-3

Photonachweis: Abb. 3, 7 u. 16: Anti-Locust Research Centre; Abb. 6, 8, 9, 10 r. u. 15: G. Tortoli
(FAO); Abb. 11: Clifford Ashall; Abb. 12: Jean Manuel (FAO); Abb. 14: Central Office of Information, London. Das Umschlagphoto ist ein Ausschnitt aus Abb. 8

ISBN 3-490-00418-3

Vorwort des Übersetzers

Die Wüstenheuschrecke ist die Insektenart der Superlative. Sie bewohnt ein Gebiet von der doppelten Größe Europas, das heute 42 Staaten umfaßt; sie tritt in dichten Schwärmen auf, die zum Teil die Flächengröße Londons haben; sie fliegt Strecken von mehr als 5000 Kilometern; sie lebt und entwickelt sich in der glühend heißen Wüste; sie ist der älteste und schlimmste Schädling des Menschen, vor dem die Wüstenbewohner heute ebenso wie vor Tausenden von Jahren zittern.

Die Geschichte dieses furchtbaren und faszinierenden Insekts mußte einmal geschrieben werden, und es ist dem englischen Schriftsteller STANLEY BARON zu danken, daß er sie schrieb und daß er das in der vorliegenden Form tat. Auf der Grundlage seiner engen Verbindung zu den Heuschreckenbekämpfungs-Organisationen der UN – einer sehr gründlichen Einarbeitung in die besonders komplizierte Lebens- und Verhaltensweise der Wüstenheuschrecke – sowie von ausgedehnten Reisen durch die Heuschreckengebiete, gibt der Verfasser uns einen umfassenden und überaus lebendigen Bericht über die Geschichte und das Leben dieses Insekts sowie über seine Stellung im Leben des Menschen.

Wir lernen in diesem Buch nicht nur die Wüstenheuschrecke selbst kennen, sondern auch die Wüstenländer und ihre Bewohner; wir erfahren von der Bedeutung dieses Insekts als menschliche Nahrung, und wir erleben mit, wie in den vergangenen Jahrzehnten mutige und wissensdurstige Männer und Frauen sich der Erforschung und Bekämpfung des Schädlings widmeten. Wir hören aber auch von den Gefahren, welche die chemische Heuschreckenbekämpfung mit sich bringt, und wir erhalten einen Einblick in die Möglichkeiten, diese Nachteile künftig zu vermeiden.

Die Bedeutung der Wüstenheuschrecke und die Vorzüge ihrer Darstellung durch STANLEY BARON lassen es wünschenswert erscheinen, das vorliegende Buch einem möglichst großen Leserkreis zugänglich zu machen.

Ich habe daher dem Wunsch des Verlages, es ins Deutsche zu übersetzen, gern entsprochen.

Der deutsche Titel wurde nach dem Alten Testament, 2. Buch Mose, 10. Kapitel, gewählt. Unter den zehn Plagen, mit denen Gott Ägypten heimsuchte, um den Pharao zu veranlassen, das Volk Israel aus seinem Land ziehen zu lassen, bildeten die Heuschrecken die achte Plage.

WOLFGANG SCHWENKE

Inhalt

Einleitung

Im Januar 1966 fuhr ich als Teilnehmer einer Forschungsreise mit dem Landrover quer durch die Wüste Sahara. Wir nahmen Kurs von der südlichsten Oase Algeriens, Tamanrasset, auf das weit entfernte Wadi[1] In Attenkarer, das im Länderdreieck von Algerien, Mali und Niger liegt. Dort schwenkten wir in nordöstliche Richtung und fuhren entlang den Ausläufern des Hoggar-Gebirges zur Wüstenstadt Djanet, die durch ihre Felsmalereien bekannt ist und im Begriff steht, zu einem Touristenzentrum zu werden. Hier, an der libyschen Grenze, die ebenso unsichtbar ist wie alle anderen Staatsgrenzen in dieser unermeßlichen Wüste, endete unsere Fahrt.

Zweck meiner Teilnahme an dieser Forschungsreise, die etwa zehn Tage dauerte und den Anfang weiterer Reisen durch asiatisch-afrikanische Wüstengebiete bildete, war es, über die Arbeit an einem Projekt zur Erforschung und Bekämpfung der Wüstenheuschrecke, *Schistocerca gregaria* L. (Desert Locust Project), zu berichten, das sechs Jahre zuvor mit einem Kostenaufwand von mehreren Millionen Dollar von der FAO (Food and Agricultural Organization der Vereinten Nationen) im Rahmen des UN-Entwicklungshilfe-Programms ins Leben gerufen worden war.

Ich hatte bereits einige Monate im Dienste der FAO gestanden, wußte aber bis zum Beginn unserer Fahrt recht wenig über die Wüstenheuschrecke. Die Aussichten, meine Kenntnisse zu erweitern, waren auch ausgerechnet 1966 denkbar schlecht, da im Jahr zuvor die Zahl der Heuschrecken so stark zurückgegangen war, daß es sicher Mühe gekostet hätte, auch nur wenige tausend Tiere in dem etwa 20 Millionen Quadratkilometer umfassenden asiatisch-afrikanischen Verbreitungsgebiet von *Schi-*

---

[1] Wadi = Trockenbett eines Wüstenflusses, das nur nach episodischen starken Regenfällen Wasser führt, welches schnell abfließt. (Anm. d. Übers.)

stocerca gregaria aufzufinden. Wenn es mir, als einem Laien, damals trotzdem gelang, in die Geheimnisse dieses Insekts, dessen Name gleichbedeutend mit der Hungersnot bei einem Achtel der Menschheit ist, einzudringen, so verdanke ich das der unermüdlichen Hilfe einiger Wissenschaftler, deren Freund ich werden durfte. Nachdem ich miterlebte, welch unerhört harten Kampf ums Dasein die wenigen zwischen zwei Vermehrungsperioden vorhandenen Individuen der Wüstenheuschrecke zu bestehen haben, regte sich in mir sogar so etwas wie Bewunderung und Sympathie für sie, ein Gefühl, das ich während ihrer Massenvermehrungsperiode nicht mehr empfand und erst recht nicht unter den künstlichen Verhältnissen ihrer Zucht in den Laboratorien des Anti-Locust-Research-Centre (inzwischen erweitert zu: Centre of Overseas Pest Research) in London, wo ich mich eine Zeitlang aufhielt.

Im Winter 1967/68 änderte sich dann die Lage: Eine neue riesige Vermehrungswelle der Wüstenheuschrecke überzog die Nordhälfte Afrikas und die arabische Halbinsel. Sie gab mir Gelegenheit zu einer Reise nach Äthiopien und in den Sudan, um dort den Kampf gegen den Schädling mitzuerleben. Dieser Kampf endete dank des aufopferungsvollen Einsatzes aller Beteiligten, die oft unter äußerst schwierigen und gefährlichen Umständen arbeiten mußten, mit der Vernichtung der großen Heuschreckenschwärme. Ob dieser Sieg eine neue, von Heuschrecken-Invasionen und Hungersnöten freie Epoche einleitet, wird davon abhängen, wieweit die beteiligten 42 Regierungen imstande und guten Willens sind, ihre gemeinsamen Anstrengungen im Kampf gegen diesen Welt-Schädling Nr. 1 fortzusetzen.

1. Kapitel
Die Wüstenheuschrecke
in der Geschichte

In der Geschichte der Menschheit spielt die Wüstenheuschrecke eine überragende, von keinem anderen schädlichen Tier auch nur annähernd erreichte Rolle. Es ist verständlich, daß die Bewohner der von Heuschreckenplagen heimgesuchten Länder eine abergläubische Furcht vor diesem Insekt haben, das scheinbar aus dem Nichts auftaucht und sich in so ungeheurer Weise vermehrt, daß seine Nachkommen förmlich aus dem Erdboden herausquellen. Man sieht, wie diese jungen Tiere sich zu riesigen Wanderzügen formieren, deren Marsch durch nichts aufzuhalten ist, und man erlebt, wie sich die älteren Heuschrecken in die Lüfte erheben, um in Schwärmen durch die Lande zu ziehen und alles Pflanzengrün zu vernichten.

Schon das Herannahen eines solchen Schwarmes ist unheimlich genug. Der auf seinem Feld arbeitende Bauer bemerkt zuerst weit in der Ferne eine dunkle Rauchwolke, und er wundert sich, weil kein Buschfeuer zu sehen ist. Bald merkt er aber, was es mit der Wolke auf sich hat. Sie rückt schnell näher, Himmel und Sonne verdunkeln sich, und das Brausen und Knistern von Milliarden fliegender Heuschrecken erfüllt die Luft.

Die in der Bibel und anderen Überlieferungen enthaltenen Hinweise auf den enormen Umfang mancher Heuschreckenschwärme entsprechen den Beobachtungen der modernen Forschung. So wurden zum Beispiel während der von 1948 bis 1963 wütenden Massenvermehrung Schwärme von *Schistocerca gregaria* beobachtet, die mehrere hundert Quadratkilometer Fläche bedeckten.

Der Prophet JOEL, der im Alten Testament sehr anschaulich eine Heuschrecken-Invasion beschreibt, hatte nur in einem Punkt unrecht. Er schildert die Verwüstungen in den Weinbergen und die Entblätterung und

Entrindung der Feigenbäume, spricht von dem feuerähnlichen Knistern des herannahenden Schwarmes sowie auch davon, daß die Heuschrecken sich in der Stadt niederlassen, die Mauern bedecken und durch die Fenster in die Häuser eindringen, und er meint, daß „dergleichen vorher nicht gewesen ist und hinfort nicht wieder sein wird". Demgegenüber wissen wir heute, daß seit der Zeit JOELS bis in unsere Tage in kurzen Abständen von meist wenigen Jahren immer wieder verheerende Heuschreckenplagen auftraten. In unserem Jahrhundert wurden bisher fünf solcher Plagen gezählt, die durch längstens sieben Jahre voneinander getrennt waren. Zwischen 1910 und 1970 gab es nicht weniger als 40 Heuschrecken-Jahre. 14 Jahre lang, von 1949 bis 1963, raste die Plage praktisch unbehelligt über Millionen von Quadratkilometern hin und her. Darauf folgte eine fünfjährige Pause, die dann durch jene Heuschreckenplage abgelöst wurde, über die ich in diesem Buch berichten möchte.

Es besteht kein Grund zu der Annahme, daß die Schistocerca-Züge zu biblischen Zeiten anders verliefen als früher oder später. Die Tatsache, daß der Mensch den Heuschreckenfraß zum Symbol eines schweren Schicksalsschlages machte, beweist seine Häufigkeit. Bereits das 2. Buch MOSE (Exodus) verzeichnet als 8. Heimsuchung Ägyptens eine Heuschreckenplage; sie ist auf etwa 1500 vor Christus zu datieren. Die zur Zeit der 6. ägyptischen Dynastie in Stein gehauenen Abbilder von Heuschrecken auf den Grabmälern von Saqqara sind sogar noch um ein dreiviertel Jahrtausend älter (Abb. 1).

Fast jede Erwähnung in der Bibel stellt die wandernden Heuschrecken als Ausdruck des Zorns Gottes dar. Die beiden genannten Stellen bei MOSES und JOEL haben ein Gegenstück in den Offenbarungen des JOHANNES, wo eine der Strafen Gottes mit den Worten geschildert wird: „Und aus dem Rauch kamen die Heuschrecken auf die Erde, und ihnen ward Macht gegeben..." Und im 2. Buch der Chronika spricht Gott erzürnt zu König SALOMO: „... wenn ich den Himmel zuschließe, daß es nicht regnet oder heiße die Heuschrecken das Land fressen..."

In allen diesen Fällen wird dem sündigen Menschen eine Strafe angedroht, deren Furchtbarkeit er aus eigener Erfahrung kennt. Der häufige Umgang mit den Heuschrecken sowie nähere Beobachtungen über ihre Lebensweise sprechen auch aus folgendem Satz in den Sprüchen SALOMOS (Proverbia): „Die Heuschrecken haben keinen König, dennoch ziehen sie aus in Haufen." Hiermit ist gemeint, daß die jungen Wüstenheuschrecken Wanderzüge unternehmen, bevor sie in älterem Stadium sich zu Schwärmen in die Luft erheben. Über ihren Körperbau heißt es in den Offenbarungen des JOHANNES: „Die Heuschrecken sind gleich den Rössern, die zum Krieg bereit sind, und auf ihrem Haupt tragen sie Kronen, dem Golde gleich, und ihr Antlitz gleicht dem des Menschen." Auch JOEL meint: „Sie sind gestaltet wie die Rösser" und „... es zieht herauf in mein Land ein mächtig Volk ohne Zahl, das hat Zähne wie Löwen".

Alle diese Beschreibungen können auch von der heutigen Insektenkunde (Entomologie) anerkannt werden. Von unten betrachtet, hat die Mundpartie der Wüstenheuschrecke tatsächlich eine so große Ähnlichkeit mit jener eines Löwen, daß altägyptische Fayence-Künstler die von ihnen abgebildeten Heuschrecken mit einem Löwenhaupt versahen. Vom selben Blickwinkel aus gleicht die oberste Kopfpartie einer Krone, die beim erwachsenen Tier in der Schwarmphase golden glänzt. Der Mund von vorn könnte ohne besonders große Phantasie mit dem eines Menschen verglichen werden, während der ganze Kopf, von der Seite aus besehen, einem stilisierten Pferdekopf ähnelt. Im Deutschen lautet daher der volkstümliche Name für die Heuschrecken „Heupferde".

Interessant ist auch die Angabe im Exodus, daß die Heuschrecken vom Ostwind nach Ägypten herein- und vom Westwind hinausgeführt werden. Dreieinhalb Jahrtausende später schrieb der ägyptische Entomologe ABDEL MEGID MISTIKAWY: „Alle ernsten ägyptischen Heuschrecken-Invasionen kommen vom Osten mit Hilfe des Ostwindes."

Über die von der Wüstenheuschrecke in früheren Jahrhunderten oder Jahrtausenden angerichteten Schäden und ihre Folgen sind genauere Angaben nicht möglich, zum Teil deshalb, weil die damaligen Berichterstatter keinen Unterschied machten zwischen Todesfällen infolge von Hunger und Seuchen, wobei sie letztere oft mit den Heuschreckenplagen in Verbindung bringen. Ein anderer Grund besteht darin, daß bis in die jüngste Zeit hinein keine Klarheit über die verschiedenen Arten Wanderheuschrecken bestand.

Einer der ersten, die im Zusammenhang mit Heuschreckenplagen Zahlenangaben machten, war AURELIUS AUGUSTINUS (St. Augustinus), ein von 354 bis 430 in Numidien (Nordafrika) lebender Christ (seit 395 Bischof von Hippo). Er berichtet in seiner Schrift „Die Stadt Gottes" unter anderem: „... als Afrika eine römische Provinz war, wurde es von einer ungeheuer großen Zahl Heuschrecken überfallen. Nachdem diese alles, Blätter und Früchte, aufgefressen hatten, ertranken sie in Massen im Meer. Ihre an der Küste angeschwemmten faulenden Leiber verursachten eine verheerende Seuche, der allein im Königreich Masinissa mindestens 800 000 Menschen zum Opfer gefallen sein sollen. Von 300 000 Soldaten in Utique blieben nur 10 am Leben." Berichte von ertrunkenen Heuschrecken gibt es auch aus neuerer Zeit, vor allem von den Gebieten um das

Rote Meer. Zuverlässige Berichterstatter sprechen hierin von mehrere Kilometer langen, bis zu 1 Meter hohen Wällen aus toten Heuschrecken entlang dem Küstensaum.

So sensationell hoch die von AUGUSTINUS genannten Zahlen an Menschenverlusten auch scheinen, so befinden sie sich nach Meinung der heutigen Forschung durchaus im Bereich des Möglichen. Die Ursache derartiger Massensterben von Menschen war wahrscheinlich der Hunger infolge des Verlustes der Ernte, verstärkt durch Typhus-Epidemien als Folgeerscheinungen. Mitteilungen über faulende Heuschreckenmassen und damit verbundene verheerende Seuchen sind u. a. auch aus Rußland, Polen, Litauen und Italien bekannt. Im Jahre 591 sollen angeblich Heuschreckenschwärme von Afrika nach Italien gewandert und dort eine Seuche ausgelöst haben, welcher nahezu 1 Million Menschen und Haustiere zum Opfer fielen.

Der alte Glaube an die Fähigkeit der Heuschrecken, Seuchen hervorzurufen, wurde offensichtlich genährt durch den Anblick der in großen Massen verfaulenden Insektenkörper nach Beendigung der Plage. Wasserläufe und Brunnen wurden damit verunreinigt, so daß die Fäulniskeime schnelle und weite Verbreitung fanden. Es ist daher nicht verwunderlich, wenn man an die Übertragungskette: Heuschrecken – Wasser – Mensch glaubte.

Ziemlich genaue Angaben über eine katastrophale europäische Heuschreckenplage erschienen 1613 in französischen Zeitschriften. Auffallenderweise beginnen alle diese Berichte mit Schilderungen von schweren Unwettern, die 1612, im Jahr vor der Heuschrecken-Invasion, auftraten. Damals tobten schwerste Stürme über fast ganz Europa und zerstörten Hunderte von Schiffen und Booten. Allein an den Küsten Frankreichs und Englands wurden mehr als 2000, an der holländischen Küste der Insel Texel 1200 Ertrunkene angeschwemmt.

Auf diese verheerenden Wetterkatastrophen folgte im Mai 1613 eine Heuschreckenplage in Frankreich. Sie begann in der südfranzösischen Camargue, wo den Bewohnern zunächst zahlreiche kleine weiße Heuschrecken auffielen. Diese wuchsen schnell heran und veränderten dabei ihre Farbe über Schwarz in Grau. Die erwachsenen Tiere, die mehr als Daumenlänge erreichten, begannen zu fliegen und suchten zum Fraß die Felder, Wiesen und Gärten auf. Von den Wiesen fraßen sie binnen 7 bis 8 Stunden eine Grasmenge, die zur Fütterung von 4000 Rindern ausgereicht hätte. Nachdem das Gras und alle anderen grünen Pflanzen verschwunden waren, fielen sie in die Kornfelder ein, die kurz vor der Ernte standen (Abb. 3).

Nach Verwüstung der Camargue zogen die Schwärme das Rhone-Tal

aufwärts bis Tarascon und darüber hinaus. Dort hatte man glücklicherweise gerade zuvor das Korn geerntet, noch nicht jedoch Luzerne, die man
vor allem als Pferdefutter benötigte. Die Heuschrecken fraßen die
Luzernefelder und anschließend die Gärten kahl. Anfang des Winters gelangten sie nach Burgund, wo sie von der Kälte sowie von Vogelschwär-
men vernichtet wurden.

Zuvor hatten sie jedoch für den Fortbestand ihrer Art gesorgt und massenweise Eier in den Boden abgelegt. Als die ersten Eigelege entdeckt wurden, ordneten die Magistrate von Arles, Tarascon und Beaucaire an, die
Eier auszugraben und abzuliefern. Über diese Sammelaktion hinaus versuchte die ängstlich gewordene Bevölkerung, die noch im Boden verblie-
benen Heuschreckeneier durch Spatenstiche sowie den Druck von Sand-
säcken zu zerstören. Trotz alledem kamen im Frühjahr 1614 wieder im
ganzen Gebiet Massen junger Heuschrecken aus dem Boden und drohten
erneut alle Kulturpflanzen zu vernichten. Inzwischen waren aber die
Leute vertrauter mit dem Schädling und seinen Eigenarten geworden. Sie
fingen einen großen Teil der noch nicht fliegenden Tiere in großen Leinen-
säcken, die sie über den Erdboden schleiften sowie auch an Reihen von
grünen Zweigen, die sie als Locknahrung ausgelegt hatten. Auf diese
Weise gelang es ihnen tatsächlich, die Schädlinge noch vor dem Schwärmen
größtenteils zu vernichten.

Die Tatsache, daß die Plage im Gefolge einer Periode von Mittelmeer-
stürmen auftrat, wurde damals übersehen. Wie sollte man auch auf den
Gedanken kommen, daß zwei viele Monate auseinanderliegende, ganz
verschiedene Ereignisse: Stürme und Heuschrecken, ursächlich im Zusammenhang stehen! Man wußte nicht, woher die Schädlinge gekommen
waren und machte sich auch keine Gedanken darüber. Das verwundert
nicht für eine Zeit, wo es allgemeine Ansicht war, daß alle massenhaft
auftretenden Tiere, seien es Schaben, Raupen, Mücken oder Frösche, aus
faulenden Stoffen oder sogar aus dämpfiger feucht-warmer Luft hervor-
gehen. So etwas wird selbst heute noch in manchen Gebieten Afrikas geglaubt.

Betrachten wir die damalige Heuschreckeninvasion in Südfrankreich
aus heutiger Sicht, könnten wir vermuten, daß mit den schweren Stürmen
des Jahres 1612 Heuschreckenschwärme aus Spanien, Italien oder gar
Afrika nach Südfrankreich verschlagen wurden. Bereits im Herbst 1612
müssen große Mengen Heuschrecken ihre Eier unbemerkt in der gering
besiedelten Camargue abgelegt haben, aus denen dann im Mai 1613 die
Heuschreckenplage hervorging. Anfang des 17. Jahrhunderts kannte man
diese Zusammenhänge natürlich noch nicht.

Die Fraßschäden im Mai 1613 waren so verheerend, daß am 13. des Monats der Erzbischof von Avignon eine Verordnung an die Priester erließ, vier Tage lang bei allen Messen und Segnungen Gebete um Abwendung der Plage zu verrichten. Des weiteren befahl er eine Prozession mit dem Ritual der Teufelsaustreibung, zu der die gesamte Stadt- und Landbevölkerung aufgerufen wurde. Sie begann im Anschluß an die Vesperandacht in der Kirche St. Martha und nahm ihren Weg durch die besonders stark von den Heuschrecken heimgesuchten Landstriche.

Im ersten Teil dieser bischöflichen Verordnung, die später mit mehreren Mitteilungen über die im gleichen Jahr ausbrechende Pest zu einer Schrift vereinigt wurde, setzte der Sekretär des Bischofs hinter das Wort „sauterelles" (Heuschrecken) einen Stern, der auf die Fußnote verwies: „Locusta pestis nunciae" (die Heuschrecken waren die Vorboten der Pest). Wenige Tage nach Erlaß der bischöflichen Heuschrecken-Verordnung war das Schiff „Le Grand St. Antoine" in den Hafen von Marseille eingelaufen mit der Pest an Bord, und obgleich alle Passagiere und Waren in einem Krankenhaus außerhalb der Stadt unter Quarantäne gestellt wurden, war es bereits zu spät: binnen kurzem raste die Pest durch das Land. Sie hielt drei Jahre lang an und verwüstete die gesamte Provence. Für die Bevölkerung und den Bischof schien es, als hätten die Heuschrecken die Seuche mit eingeschleppt. Zwar ist sicher, daß auch sie bei der Ausbreitung der Krankheit eine Rolle spielten. Diese bestand aber in der Vernichtung der Ernte, wodurch eine Hungersnot entstand, welche die Menschen schwächte und für die Seuche anfälliger machte.

Die meisten Berichte über Heuschreckenplagen stammen aus Ländern, in denen derartige Katastrophen vergleichsweise selten auftraten und daher besonderes Aufsehen erregten. Sie dauerten meist nicht lange und wurden von verschiedenen Arten Wanderheuschrecken hervorgerufen. In der Regel sind ihre Auswirkungen mit jenen der Wüstenheuschrecke nicht zu vergleichen. *Schistocerca gregaria* verursacht weit schlimmere Plagen, weil sie häufiger und stärker auftritt und weil die Bevölkerung ärmer ist. Der Boden der Wüstenländer gibt nicht viel her, die Arbeit ist sehr hart, und alles was der Bauer dem Boden in Monaten mühsam abringt, wird von der Wüstenheuschrecke oft in wenigen Stunden vernichtet.

Bei einer Reise durch die Wüste kommt einem immer wieder zum Bewußtsein, wie anfällig die Oasen sowie auch die ausgedehnteren Kulturflächen wie z. B. das Nil-Tal sind. Das riesige asiatisch-afrikanische Wüstengebiet, zweimal so groß wie China, ernährt über 300 Millionen Menschen, deren Existenz durch die Wüstenheuschrecke ständig bedroht ist. Es handelt sich hier wohl um den bedauernswertesten Teil unseres

Erdballes, der häufiger als alle anderen Gebiete von Naturkatastrophen heimgesucht wird. Als 1889 die Briten im Sudan Krieg führten, befiel eine Heuschreckenplage von klassischem Format das Land zu beiden Seiten des Nils mit so verheerender Wirkung, daß nicht nur die Menschen, sondern auch die Mäuse hungerten. Die Mäuseplage trat zur Heuschreckenplage hinzu und raubte der Bevölkerung die letzten Vorräte. In ihrem Hunger wurden die Mäuse sogar kannibalisch und fielen sich gegenseitig an. Schließlich starben sie massenweise auf den Straßen und an den Ufern des Nils, dessen Wasser bald schwarz war von den abwärts treibenden Mäuse-Kadavern und dadurch – also wieder einmal im Gefolge einer Heuschreckenplage – zu einem Seuchenherd wurden.

Es ist unmöglich, den Schaden und das Elend einer solchen Katastrophe mit nüchternen Zahlen zu erfassen. Selbst heute, wo es im Prinzip möglich ist, einem in Not geratenen Bevölkerungsteil dieser Gebiete schnell Hilfe zu bringen, sind die dafür notwendigen technischen, arbeitsmäßigen und finanziellen Voraussetzungen meist sehr schwer zu erfüllen. Die Summe von rund 400 Millionen DM, die zur Bekämpfung der 1963 endenden 14jährigen Heuschreckenplage in Nordafrika jährlich notwendig war, ist enorm hoch und deckt doch noch keinen Pfennig jener Verluste ab, die den befallenen Gebieten durch die Schädigung der Landwirtschaft und des Handels entstanden. In Indien wurde z. B. der Wert des von der Wüstenheuschrecke 1926 bis 1931 vernichteten Ernteguts auf 80 Millionen DM geschätzt, doch waren die Verluste der Viehwirtschaft infolge des Kümmerns und Sterbens der hungernden Weidetiere wahrscheinlich um ein Vielfaches größer. In Äthiopien vernichtete die Wüstenheuschrecke 1958 eine Getreidemenge, die zur Ernährung von 1 Million Menschen ein Jahr lang ausgereicht hätte, und obwohl die USA schnelle und großzügige Hilfe in Form von 20 000 Tonnen Getreide leisteten, war die äthiopische Regierung gezwungen, den geschädigten Bauern umfangreiche Steuervergünstigungen zu gewähren, die sich wiederum äußerst nachteilig auf die gesamte Wirtschaft des Landes auswirkten.

Als im Winter 1954/55 riesige Heuschreckenschwärme von der Süd-Sahara her in das Souss-Tal des marokkanischen Atlas-Gebirges eingedrungen waren, gab es Bilder, die den Leuten, welche die Heuschrecke noch nicht kannten, unglaublich erschienen. Dieses Tal ist ein wichtiges Obstbau-Gebiet, dessen Ernte jährlich umgerechnet 80 bis 90 Millionen Mark einbringt. Die Situation wäre damals ideal für eine Heuschrecken-Bekämpfung mittels Absprühen eines Insektengiftes vom Flugzeug aus gewesen, denn die hohen Berge mit ihrer Kälte bildeten für den Schädling eine unüberwindliche Barriere. Aber die Zahl und der Hunger der Heuschrecken waren so groß, daß die Bekämpfungsaktion zu spät kam. Die Schädlinge wurden zwar getötet, und ihre Leiber bedeckten fußhoch den Talboden, aber das Tal war tot und öde. Kein Baum blieb verschont und keine Frucht wurde geerntet.

Die Häufigkeit der Heuschreckenplagen und die Angst vor ihnen bildeten den Nährboden für die Entstehung zahlreicher abergläubischer Geschichten und Befürchtungen, von denen eine der seltsamsten wohl die Meinung ist, daß das Ausbleiben einer Heuschreckenplage das Zeichen für ein bevorstehendes, noch schlimmeres Unglück sei. KAMAL-AD-DIN-AD-DAMIRI, ein namhafter arabischer Zoologe und Heuschreckenforscher, erzählte einmal, daß der Kalif Umai-ibn-el-Khattab sehr unruhig wurde, als eines Jahres die Heuschrecken nicht erschienen. Er sandte daher drei berittene Boten aus, einen nach Syrien, den anderen in den Yemen und den dritten in den Iran, um sich zu erkundigen, ob man dort etwas über die Heuschrecken wisse. Der Bote aus dem Yemen kam mit einer Anzahl der Tiere zurück, worauf der Kalif voller Freude ausrief: „Sie leben noch! Ich habe gehört, daß Allah 1000 Arten Tiere schuf und daß als erste davon die Heuschrecke aussterben wird. Sobald sie aber ausgestorben ist, werden alle anderen Tierarten folgen so wie die Perlen von einer Kette rollen, deren Schnur zerriß."

Nach einer anderen Erzählung hätte derselbe Kalif einst eine Warnung des Propheten in Form einer vor ihm niederfallenden Heuschrecke erhalten, auf deren Flügeln geschrieben stand: „Wir sind die Armee des großen Allah und wir legen 99 Eier. Wehe wenn wir 100 legen! Dann fressen wir die Welt mit allem was darinnen lebt!" Tatsächlich legt ein Wüstenheuschrecken-Weibchen gewöhnlich bis zu 100 Eiern ab.

Einen winzigen Teil der Verluste, die ihm die Wüstenheuschrecke zufügt, holt der Mensch sich allerdings dadurch wieder zurück, daß er dieses Insekt zu einem Nahrungsmittel machte. In den Ländern des Islam hat das Essen von Heuschrecken zu der theologischen Streitfrage geführt, ob diese Speise aus dem Wasser oder vom Lande stamme. Die Unklarheit über die Herkunft der Heuschreckenschwärme bestand bis in die jüngste Zeit. Oft kommen die Schwärme vom Meere her wie z. B. vom Indischen Ozean oder vom Roten Meer auf das Land zu, so daß die Bevölkerung glaubt, sie wären auch dort entstanden. Doch nicht nur über die Herkunft der Heuschrecken gingen die theologischen Meinungen auseinander, sondern auch über die rechte Art der Tötung und des Verzehrs. Einige religiöse Richtungen gestatten, die Heuschrecken ohne Rücksicht auf die Todesart zu verspeisen, andere dagegen verlangen, daß sie von Gläubigen getötet sein müssen. Die dritten verbieten das Essen von an Kälte gestor-

benen Heuschrecken, und die vierten fordern, daß die Köpfe der In
vor dem Verzehr abgetrennt werden müßten.

Wie schmecken Heuschrecken? Das kommt auf die Zubereitung an. ᴅer
arabische Zoologe ABU OSURAN verglich den Geschmack gerösteter Heuschrecken mit jenem gebratener Hähnchen. Nach anderer Meinung schmek-
ken sie wie Garnelen, und oft wird betont, daß die weiblichen Heuschrek-
ken kurz vor der Eiablage besonders delikat seien.

F. S. BODENHEIMER führt in seinem unterhaltsamen Buch „Insekten
als Nahrung des Menschen" das Essen von Heuschrecken bis in das 18.
Jahrhundert vor der Zeitwende in die Zeit von Niniveh zurück. In den
Ruinen eines Palastes aus jener Zeit fand man ein Relief, in welchem dargestellt ist, wie Heuschrecken, auf einem Fleischspieß aufgereiht, bei einem
königlichen Bankett serviert werden (Abb. 2). Man nimmt an, daß es sich
hierbei um die Wüstenheuschrecke handelt. Allgemein bekannt ist auch,
daß der Apostel Johannes sich in der Wüste von Heuschrecken und wildem
Honig ernährte. Im alten Griechenland bezeichnete man Heuschrecken
essende Menschen als Acridophagen. DIODORUS von Sizilien schildert
Acridophagen aus Äthiopien als kleine und magere, ausnahmslos schwarze
Menschen. Sie errichteten, wenn im Frühjahr die Nordwinde kamen, in
einem bestimmten Tal, das in der Flugroute der Heuschrecken lag, zahlreiche Holzstöße. Sobald die Schwärme das Tal durchflogen, wurden diese
Holzstöße angebrannt und die vom Qualm erstickenden und geblendeten
Tiere fielen zu Boden, wo sie in großen Mengen eingesammelt wurden. In
gesalzenem Zustand reichten sie als Nahrung für das ganze Jahr. Allerdings würden die von dieser Kost lebenden Menschen, wie DIODORUS
schreibt, selten älter als 40 Jahre.

Die in diesem alten Bericht enthaltenen Angaben über die Flugroute
der Heuschrecken wurden von der modernen Forschung bestätigt. Das
Tal, in dem die äthiopischen Heuschreckenesser ihre Feuer anzündeten,
liegt im Zuge eines großen Gebirgsgrabens, durch den zu Zeiten der Massenvermehrung die Frühjahrs-Generation der Wüstenheuschrecke ihren
Weg von Kenia, Uganda und sogar Tansania aus nordwärts nach Äthiopien nimmt. Auf Grund alter Erfahrung wußten die Einwohner, daß
diese Schwärme zu ganz bestimmten Zeiten, in Abhängigkeit von Wind
und Regenfällen, erscheinen und richteten danach ihre Fangvorbereitun-
gen.

Aber kehren wir zurück zu den Heuschrecken als Speise. Mannigfaltig ist
die Art ihrer Zubereitung. Nach einem Bericht von HERODOT trockneten
die Bewohner am Rande der Großen Syrte die getöteten Tiere zuerst in
der Sonne und zerstießen sie sodann zu einem Pulver, das sie mit Milch

anrührten. In Griechenland röstete man, wie ARISTOPHANES mitteilt, die Heuschrecken und richtete sie mit Gewürzessig sowie Pfeffer an. Sie wurden dann von den Geflügelhändlern mit verkauft. Auch in anderen Teilen Europas, z. B. in Rußland und Deutschland, wurden zeitweilig Wanderheuschrecken verzehrt. Es heißt, daß im Anschluß an eine Heuschreckenplage bei einer Stadtratssitzung in Frankfurt am Main Heuschrecken serviert wurden. Daß diese überaus häufigen Insekten in einigen Teilen Afrikas zu den gewöhnlichsten Nahrungsmitteln gehören, erscheint selbstverständlich.

Der berühmte Afrika-Forscher LIVINGSTONE kannte sich mit mehreren Heuschreckenarten gut aus und bezeichnete sie als Segen für die Armen. Er meinte das natürlich nicht in der Gesamtbetrachtung, sondern nur in bezug auf ihren Wert als Nahrungsmittel. LIVINGSTONE hielt nicht viel von gekochten Heuschrecken, um so mehr aber von gerösteten und zog diese den gerösteten Garnelen vor. Er verglich ihren Geschmack sogar mit Kaviar. Der schottische Missionar R. MOFFAT pries in seinem Buch über Südafrika in den 80er Jahren die Heuschrecken als ein Geschenk der Natur an den Menschen. In Südafrika werden allerdings Wanderheuschrecken nicht zur Plage. Man dämpft sie dort, breitet sie dann zum Trocknen in der Sonne auf Matten aus, entfernt Flügel und Beine und bewahrt die getrockneten Rümpfe in luftigen Beuteln auf. Entweder ißt man sie unzerkleinert oder man zerstößt sie und rührt die Masse mit Wasser an. Auch nach MOFFATs Meinung schmecken sie mindestens so gut wie Garnelen.

Die besten Kenner der Heuschrecken, die Araber, bevorzugen sie in gegrilltem, geröstetem oder geräuchertem Zustand. Sie essen sie aber auch gekocht oder in kochendem Öl gesotten. In letzterem Fall sollen sie wie die Dotter hartgekochter Eier schmecken. In arabischen Ländern wird zuweilen Mehl aus Heuschrecken mit zu Kuchen oder Brot verbacken.

Doch gibt es noch einen anderen Gesichtspunkt, unter welchem man die Heuschrecken innerhalb der Geschichte der Menschheit betrachten kann und der zugleich eine Überleitung zur modernen Heuschreckenbekämpfung herstellt. Das sind die jahrtausendealten Bemühungen des Menschen, die Verheerungen dieses Schädlings von sich abzuwenden. Wie nicht anders bei einer so mysteriösen Tierart zu erwarten, zeigen diese Bemühungen bis in die jüngste Zeit hinein die ganze Skala zwischen Aberglauben und Wissenschaft. Einige Beispiele von durchaus vernünftigen Abwehrmaßnahmen wurden bereits im Zusammenhang mit der französischen Plage im 17. Jahrhundert genannt. Die alten Griechen dagegen ließen, wie man bei PALLADIUS nachlesen kann, beim Herannahen von Heuschreckenschwärmen jegliche Vernunft vermissen: sie zogen sich in ihre Häuser zurück und verhielten sich still, in der Hoffnung, daß dann die Schwärme vorüberzögen. Wenn diese Vogel-Strauß-Taktik nicht zum Ziele führte, gingen sie allerdings dem Schädling mit einem ziemlich modern anmutenden Mittel zu Leibe: sie besprühten die Heuschreckenmassen mit einer ätzenden Brühe aus Bitterlupine, wilder Gurke und Salzlake. Eine andere ihrer Gegenmaßnahmen war hingegen wieder recht primitiv: sie verbrannten einige Heuschrecken gut sichtbar für die anderen in der Hoffnung, diese dadurch abzuschrecken.

PLINIUS, dessen Schriften einige recht gute Beschreibungen sowohl des Schwarmverhaltens von Heuschrecken zu Lande und auf dem Meer als auch ihrer Fähigkeit, längere Hungerperioden zu überstehen, enthalten, berichtet, daß es bei den Bewohnern der Cyrenaika üblich war, dreimal im Jahr den Kampf gegen die Wüstenheuschrecke aufzunehmen: gegen die Eier, gegen die hüpfenden (ungeflügelten) Tiere und schließlich gegen die Schwärme. Wer sich daran nicht beteiligte, wurde wie ein Fahnenflüchtiger behandelt. Die an häufige und schwere Heuschrecken-Invasionen gewöhnten Syrier setzten sogar ihre Armee zur Abwehr ein, eine Maßnahme, die bis zum heutigen Tage auch von anderen Nationen (z. B. von den Briten während des 2. Weltkrieges) ergriffen wurde.

All diese alten Methoden waren unvermeidlich grob und im besten Falle unzureichend wirksam. Erst im Jahre 1885 wurde mit der Einführung von Giftködern aus Natriumarsenat ein Weg beschritten, der zur hochentwickelten Heuschreckenbekämpfung unserer Tage hinführt. Doch dauerte es Jahrzehnte, bis dieses erste wirksame chemische Bekämpfungsverfahren Verbreitung fand. Bis in die jüngste Zeit hinein betrachteten die Bauern noch immer ihre eigene Muskelkraft als beste Waffe gegen ihren ältesten Feind: Sie zogen lange Gräben, trieben die hüpfenden Heuschrecken hinein und töteten sie durch Verbrennen oder Zerdrücken. Es gelang ihnen damit zwar nur einen Teil der Schädlinge zu vernichten, doch war ihnen diese Methode von alters her überliefert und vertraut. Außerdem erhielten sie für ihre Bemühungen von den Behörden ein kleines Entgelt, das für sie aber sehr wichtig war, handelte es sich doch um sehr arme Leute. Als ihre Arbeitskraft plötzlich durch die moderne Bekämpfungstechnik überflüssig wurde, erblickten sie darin das Werk einer bösen Macht.

2. Kapitel
Ein internationaler Feind

Die Geschichte der internationalen Versuche, den ortsbeweglichsten aller Schädlinge zu bekämpfen, begann nicht gerade verheißungsvoll. Das Institut für Internationale Landwirtschaft (die Vorgängerin der FAO) hatte 1922 nach Rom zu einer Heuschrecken-Konferenz eingeladen. Aber nur 15 Nationen entsandten ihre Vertreter, von denen wieder nur 10 am Ende der Konferenz eine Entschließung über geplante Zusammenarbeit unterschrieben. Die anderen Staaten, darunter Großbritannien, kehrten unbeteiligt heim und überließen das Problem den betroffenen Ländern, die ihren bedrohten oder geschädigten Bauern nur sehr unzulängliche Unterstützung geben konnten. Als jedoch 1928 eine besonders schwere Heuschreckenplage unter anderem auch in den britischen Kolonien Sudan und Kenia auftrat, war es mit der Gleichgültigkeit vorbei. Die aufgeschreckten britischen Kolonialverwaltungen riefen ihr Mutterland um Hilfe an und erhielten sie. Diese Hilfe war durch eine eigenartige Mischung von Knauserigkeit und Enthusiasmus gekennzeichnet. Und dennoch führte sie zu der beeindruckenden internationalen Kooperation, wie sie heute in der Heuschreckenabwehr besteht.

Einige Jahre zuvor war ein von Statur kleiner, nach seinen Fähigkeiten aber um so größerer Mann, der russische Insektenforscher B. P. UVAROV, als Emigrant nach England gekommen. Er hatte sich zuvor in seiner Heimat durch Arbeiten über Wanderheuschrecken einen Namen gemacht. Zur Zeit der genannten Heuschrecken-Invasion war er Mitglied des Imperial Bureau (des jetzigen Commeonwealth Institute) of Entomology, das einen Teil der Aktion finanzierte. Den anderen Teil steuerte das Empire Marketing Board bei. Die befallenen Gebiete erhielten eine „Zentralstation" zur Erforschung und Bekämpfung der Wüstenheuschrecke, bestehend aus zwei Personen und einem Jahresetat von 422 Pfund, 4 Shilling und 3 Pence. Die beiden Personen waren B. P. UVAROV und seine Assistentin, die junge

ZENA WALOFF. Auf die Arbeit dieser beiden werde ich später noch näher eingehen; hier soll die Feststellung genügen, daß sie mit der in jenen Tagen begonnenen peinlich genauen Bestimmung der Artzugehörigkeit der eingesandten Heuschrecken sowie mit der kartenmäßigen Erfassung aller Meldungen über das Auftreten des Schädlings den Grundstein für die Strategie legten, mit der man heute der Wüstenheuschrecke so erfolgreich entgegentritt.

UVAROV besaß in England zwei treue und einflußreiche Verbündete: seinen alten Freund, Sir G. MARSHALL, Direktor des Londoner Institute of Entomology, sowie F. HEMMING, einen britischen Staatsbeamten und ebenfalls versierten Entomologen, der damals als Sekretär des interministeriellen Ausschusses zur Heuschreckenbekämpfung eingesetzt war. Dank ihrer Hilfe gewann UVAROV die für seine Aufgabe notwendige Unterstützung zahlreicher Behörden, so daß er mit seiner kleinen Organisation ohne Verzögerungen zum Kern des Problems vorstoßen konnte. Von Anfang an war UVAROV überzeugt, daß es bei einem Insekt von so immenser Ortsbeweglichkeit und Großräumigkeit zwecklos sein mußte, sich auf Beobachtungen in nur einem Teil des Invasionsgebietes zu beschränken. Um eine Gesamtübersicht zu gewinnen, schrieb er daher an Verwaltungsbeamte, Truppenbefehlshaber, Missionare, Ingenieure und andere Personen, die in den in Frage kommenden Ländern tätig waren, und bat sie, ihm ihre Beobachtungen über die Wüstenheuschrecke mitzuteilen. Um diese Mitteilungen zu erleichtern und zugleich zu präzisieren, legte er seinem Schreiben ein bebildertes Merkblatt bei, welches alle wichtigen Angaben über den Schädling enthielt. Die Folge war ein förmlicher Strom von Informationen, den UVAROV nun gründlich auswertete. Damit war praktisch ein Heuschrecken-Nachrichtendienst geschaffen, der nicht nur für die gerade betroffenen Gebiete von höchster Bedeutung war, sondern der auch zum ersten Male eine umfassende internationale wissenschaftliche Zusammenarbeit herstellte.

Erst 1935 verschwand die Heuschrecke wieder von der Bildfläche. Bis dahin war es UVAROV gelungen, seine Dienststelle finanziell und personell so zu verbessern, daß es ihm möglich war, einige eingearbeitete Entomologen hinauszuschicken, die – wie er sich ausdrückte – „umherwandern und schauen", d. h. die Wüstenheuschrecke in der Zeit zwischen zwei Massenvermehrungen beobachten sollten. Daneben hatte er noch einen Wissenschaftler zur Laboruntersuchung zahlreicher grundlegender Fragen wie z. B. über den Einfluß von Temperatur und Feuchtigkeit auf die Eiablage oder über die Wirkungsweise chemischer Bekämpfungsmittel zur Verfügung. Aber mit dem Verschwinden der Heuschrecke schwand auch das

Interesse der Behörden. UVAROVS Station geriet immer mehr in Geldmangel, und erst dringende Mahnungen an die beteiligten Regierungen sowie eine finanzielle Unterstützung durch die amerikanische Carnegie-Cooperation in Verbindung mit der langsam aufkommenden Erkenntnis über die Bedeutung von UVAROVS Arbeiten, sicherten das Fortbestehen seiner Organisation, die heute als „International Centre for Locust Research" weltweit berühmt ist.

Die nächste Massenvermehrung der Wüstenheuschrecke, die zu einer der wichtigsten und längsten Plagen überhaupt wurde, begann 1941 und dauerte – mit einer kurzen Unterbrechung – mehr als 20 Jahre. Sie bedrohte die Kriegsanstrengungen der Alliierten, ruinierte zahllose Bauern, brachte vielen von ihnen gar den Tod und machte allen Beteiligten klar, daß dieser Schädling einzig und allein mit Hilfe einer aufeinander abgestimmten internationalen Zusammenarbeit erfolgreich bekämpft werden kann.

Der Krieg bescherte UVAROV eine ungeahnte Förderung seiner Station in finanzieller wie auch personeller Hinsicht, letztere in Form der Zuteilung von Truppenpersonal. Die ersten Hinweise auf eine neue Vermehrung der Heuschrecke kamen im Frühjahr 1940 aus Indien, wo mehrere Jahre lang unter Leitung des hervorragenden Entomologen RAO BAHADUR RAMCHANDRA Untersuchungen über den Schädling durchgeführt worden waren. Die Berichte des indischen Heuschrecken-Warndienstes sprachen von einer sehr großen Zahl Tiere, die – noch nicht schwärmend – von Westen her anrückten. Dieser Ausbreitung folgten während des sommerlichen Monsuns 1940 die Schwarmbildung und Eiablage in Nordwest-Indien. Ein Teil der Schwärme drang nach Persien und auf die arabische Halbinsel vor, um dort die Eier abzulegen. Die Folge war, daß im Sommer 1941 die Plage bereits Ägypten, den Sudan und Eritrea erreichte, sich von dort aus innerhalb weniger Wochen nach Äthiopien und Somalia ausbreitete und damit ganz Ostafrika bedrohte.

Das bedeutete angesichts des Krieges eine äußerst ernste Situation. Viele der betroffenen Gebiete lagen in Frontnähe und waren zudem politisch instabil. Eine Hungersnot mußte sich für die Bevölkerung ebenso wie für die Alliierten verhängnisvoll auswirken. An größere Nahrungstransporte war nicht zu denken; der Schiffsraum wurde dringend anderweitig benötigt. Alles was man tun konnte war, die Heuschrecke wie einen Feind behandeln: sie angreifen und vernichten. Eine vollständige Beschreibung des nunmehr einsetzenden Kampfes, des schwersten in der langen Geschichte der Heuschreckenabwehr, ist nie veröffentlicht worden. Hier soll zunächst an Hand von UVAROVS eigenem kurzem und bescheidenem Bericht, unter Hinzufügung einiger Bemerkungen über Uvarov selbst, ein Überblick über diese grandiose Aktion gegeben werden.

Obgleich die Bekämpfung von den Briten organisiert wurde, war sie insofern international, als mehrere verbündete oder befreundete Länder Hilfe leisteten. Es war außerdem das erste Mal, daß eine Bekämpfungsaktion fast das gesamte Verbreitungsgebiet der Wüstenheuschrecke umfaßte. Lediglich das französische Westafrika war aus militärischen Gründen davon ausgenommen. Um sicherzustellen, daß jede Regierungsstelle, wenn nötig, zur Hilfe herangezogen werden konnte, wurde in England ein Regierungsausschuß zur Heuschreckenbekämpfung gebildet. An erster Stelle der Hilfsorgane standen die in den Bekämpfungsgebieten stationierten Truppen. Alle Fäden liefen bei Uvarov und seiner plötzlich so bedeutend gewordenen Forschungsstation zusammen.

Die zehnjährige Arbeit der Station, die vor allem im Sammeln von Daten über Heuschreckenbrutplätze und -wanderzüge bestanden hatte und von einem dauernden Existenzkampf der Mitarbeiter begleitet war, trug nun ihre Früchte. Ihre Ergebnisse ließen eindeutig erkennen, daß der Hauptangriff gegen den Schädling auf der arabischen Halbinsel geführt werden mußte. Als dies erkannt war, wurden drei Erkundungstrupps in den Nordwesten, Westen und Südosten der Halbinsel entsandt, um die technischen Voraussetzungen von Bekämpfungsaktionen zu prüfen. Eine dieser Gruppen brachte das Kunststück fertig, das erstmals dem bekannten Lawrence von Arabien einige Jahrzehnte zuvor in umgekehrter Richtung gelungen war: die Durchquerung der Großen Nefudwüste auf dem Kamel.

Die von den drei Trupps zurückgebrachten Berichte zeigten, daß es zwar schwierig aber doch möglich war, eine motorisierte Kampagne zu unternehmen. Daraufhin wurde eine paramilitärische Bekämpfungsorganisation auf die Beine gestellt, an deren Spitze in technischer und wissenschaftlicher Hinsicht Uvarov und seine Mitarbeiter standen. Die nunmehr folgende Expedition von 1943/44 war sicher eine der seltsamsten während des ganzen Krieges. In zwei riesigen Konvois setzten sich insgesamt 827 Personen, vor allem Heeresangehörige einschließlich Funker und medizinischem Personal, von Kairo aus in 360 Kraftfahrzeugen in Bewegung. Auf Verlangen der Regierung von Saudi-Arabien waren sie sämtlich unbewaffnet. Dafür führten sie „Waffen" ganz anderer Art mit sich: große Mengen von Natriumarsenat zur Tötung der Heuschrecken sowie eine ausreichende Menge von Gold-Sovereigns und silbernen Maria-Theresia-Talern zur Bezahlung zusätzlicher Dienstleistungen der Bevölkerung. Unter dem Zivilpersonal befand sich ein halbes Dutzend Wissenschaftler (4 Engländer sowie je 1 Sudanese und Amerikaner) und 70 Sudanesen als technische Hilfskräfte, die vom Heuschrecken-Abwehrdienst in Khartum für das Unternehmen ausgebildet worden waren.

Beide Konvois hatten zunächst Versorgungsbasen zu errichten, von denen aus die Operationen gegen den Schädling geführt werden sollten. Ein Konvoi durchquerte die Wüste Sinai und nahm Kurs auf Hedjaz und Yenbo an der saudi-arabischen Küste des Roten Meeres; der andere stand vor der gewaltigen Aufgabe, in einer 3500 Kilometer langen Fahrt zumeist durch straßenlose Wüsten über Bagdad, Basrah und Kuwait den Persischen Golf bei Dharan zu erreichen. „Die Schwierigkeiten, die bei diesen Fahrten und bei den folgenden Operationen überwunden werden mußten, waren zahllos", schrieb Uvarov. Und weiter berichtet er: „Die Fahrtrouten verliefen über unzählige Sanddünen, durch Lavafelder und trockene Flußbetten, wobei letztere dauernd die Gefahr boten, bei einsetzendem Regen zu reißenden Strömen oder trügerischen Sümpfen zu werden." Aber alle diese Schwierigkeiten wurden von den Soldaten und Zivilisten mit Energie und Humor überwunden.

Auch in Persien war ein Einsatz von Truppen gegen die Wüstenheuschrecke notwendig. Die Leitung der Operationen hatte hier O. B. Lean, ein erfahrener britischer Heuschreckenforscher, der in den Jahren vor dem Kriege schreckliche Strapazen beim Aufsuchen von Brutplätzen der Afrikanischen Wanderheuschrecke in den Sümpfen des mittleren Niger-Gebietes während der Regenzeit erlitten hatte. Diese Anstrengungen waren nicht ohne Folgen für seine Gesundheit geblieben. Uvarov sagte mir über ihn: „Wir hatten ihm nach seiner Rückkehr im Londoner Institut angesichts seines angegriffenen Gesundheitszustands eine schonende Aufgabe übertragen. Als dann aber die neue große Vermehrung der Wüstenheuschrecke bekannt wurde, eilte er zu mir ins Büro und verlangte, mit zum Einsatz zu kommen. Ich sagte: Gut, wenn Sie absolut wollen, gehen Sie nach Persien! In wenigen Tagen war er auf und davon, und kurz darauf mitten in der Arbeit."

Lean verstand es großartig, Leute, die größtenteils noch nichts über die Heuschrecke wußten, zu einer dennoch schlagkräftigen Organisation zusammenzuschweißen. In Indien, wo die Heuschreckenabwehr zwischen den Provinzen aufgesplittert war, entstand zu dieser Zeit ein Koordinationsplan für den ganzen Subkontinent, das heutige Pakistan mit einbegriffen. Auf seiner Grundlage arbeiteten indische Wissenschaftler, Techniker und Soldaten in den indisch-persischen Grenzgebieten mit Lean zusammen. Schließlich steuerte auch noch die Sowjetunion Personal und Material bei. Auf diese Weise bestand im letzten Kriegsjahr Leans kombinierte Streitmacht zur Heuschreckenbekämpfung aus britischen, persischen, indischen und russischen Wissenschaftlern und Technikern, aus indischen Bodentruppen sowie russischen Piloten nebst 10 von der Sowjetunion gestellten Flugzeugen. Diese Streitmacht, die dann allerdings entgegen den Erwartungen nicht mehr eingesetzt zu werden brauchte, repräsentierte eine internationale Kooperation in Vollendung.

In Ostafrika trat die Plage am schlimmsten im Sudan und in Kenia auf. Hier wurden nicht weniger als 4000 Soldaten und 30 000 Zivilisten eingesetzt, um Wege durch den Busch zu den Befallsgebieten zu bahnen. Die Gesamtkosten für die Aktion beliefen sich im Sudan in 6 Jahren auf nahezu 1 Million Pfund Sterling. In Eritrea verschlang ein einziges Jahr 150 000 Pfund. Ob angesichts dieser Summen jene britischen Beamten, welche Uvarovs Heuschrecken-Forschungsstation nur widerwillig einen Etat von jährlich 500 Pfund zugestanden hatten, nicht rote Ohren bekamen? Jedoch trug ihnen Uvarov in keiner Weise etwas nach, im Gegenteil: Er schenkte seinem Land und der Welt eine Organisation zur Heuschreckenabwehr, die den Krieg überdauerte.

Als zum Ende des Jahres 1947 die Zahl der Heuschrecken erheblich zurückging, konnte ein Fazit für die vergangenen sechs Jahre der Kampagne gezogen werden. Es lautete überaus günstig. Nur im Sudan und in Eritrea hatte der Schädling stellenweise fühlbare Verluste verursacht. In allen anderen Gebieten konnten die Ernten geschützt werden. Dabei wurden neue Bekämpfungsmethoden entwickelt und ein neues wirksames Insektengift, das HCH (Hexachlorcyclohexan) in die Heuschreckenbekämpfung eingeführt. Während der ganzen Periode wurden wertvolle Erfahrungen gesammelt. Die wichtigste bestand darin, daß nur eine planmäßige und umfassende Offensive zum Bekämpfungserfolg gegen die Wüstenheuschrecke führen kann. Eine andere wichtige Erkenntnis lautete: Die Heuschrecke ist ein sehr gutes Meßinstrument dafür, wieweit die Länder zur Kooperation imstande sind. 1947 stand allerdings der Zeiger dieses Instruments nicht mehr sehr günstig. Die Kriegsverhältnisse, unter denen die Nationen leichter bereit sind, ihre politischen Zwistigkeiten zurückzustellen, hatten den Friedenszeiten mit ihrem erneuten Gerangel Platz gemacht. Die Wiederherstellung der Harmonie war eigentlich nur durch das Aufflammen einer erneuten Heuschreckenplage zu erwarten.

Augenfällig war auch, daß die Stellung der Entwicklungsländer zu den hochentwickelten Staaten einen Wandel erfuhr. Beide Gruppen hatten ihre Partnerschaft und ihre gemeinsame Verantwortung für die Verbesserung der Lebensmöglichkeiten des Menschen entdeckt. 1945 war von den Vereinten Nationen die Food and Agriculture Organization (FAO) ins

Leben gerufen worden, um die benachteiligten Länder in ihrer Entwicklung zu unterstützen. Zugrunde lagen der Schaffung der FAO die alarmierenden Anzeichen einer Welt-Bevölkerungsexplosion und, damit verbunden, einer Welt-Hungersnot. Insbesondere schien es dringend geboten, mehr Land zu kultivieren sowie die Anbaumethoden zu verbessern.

Gerade diese Entwicklung kam aber auch der Wüstenheuschrecke entgegen. Bereits 1936 hatte Uvarov bei einem Kongreß in Kairo im Gegensatz zu der bisherigen Meinung den Standpunkt vertreten, daß mit der Verbesserung der landwirtschaftlichen Struktur der Entwicklungsländer die Heuschreckengefahr sich nicht vermindert, sondern verstärkt. Die Vermehrungsrate und die Ausbreitung des Schädlings werden durch die Intensivierung und Ausdehnung des Pflanzenbaues gefördert. Unter den Beispielen hierfür nannte Uvarov den Kahlschlag von Forsten zugunsten von Kulturlandgewinnung in Malaysia, wodurch für die Orientalische Wanderheuschrecke sich erst die Möglichkeit zu ausgedehnter Brut und Vermehrung ergeben hatte. Weiterhin erwähnte er die Abweidung von Gebirgshängen in einigen Mittelmeerländern, z. B. auf Zypern, die es der Marokkanischen Wanderheuschrecke erlaubten, dort Fuß zu fassen. Sein eindrucksvollstes Beispiel betraf aber kein Entwicklungsland, sondern das hochentwickelte Nordamerika: Hier nahm die Intensität der Heuschreckenplagen eindeutig mit der landwirtschaftlichen Produktion zu.

Auch die FAO erkannte bald, daß die eine Seite der Entwicklung eines Landes zur Gefahr für die andere werden kann. Jedoch fehlten die Mittel, um aus dieser Erkenntnis die Lehren zu ziehen. So blieb nichts anderes übrig, als der nächsten Heuschreckenplage mit Bangen entgegenzusehen. Diese kündigte sich durch erste Berichte aus der arabischen Halbinsel an, wo im Oktober 1948 in einigen Gebieten starke Regen gefallen waren. Sie ließen eine Pflanzendecke entstehen und schufen damit die Ernährungs- und Entwicklungsgrundlage für die Wüstenheuschrecke. Zugleich machten sie den harten Boden weich und feucht, so daß er sich zur Eiablage des Schädlings eignete. Die daraus hervorgehenden Heuschreckenschwärme verbreiteten sich nach Persien, Pakistan und Indien, wo sie sich 1949 weiter vermehrten. Einem Hilferuf, den Indien zugleich im Namen seiner Nachbarländer an die FAO richtete, konnte nicht entsprochen werden, weil die hierfür notwendige (relativ geringe) Summe von 1,5 Millionen Dollar nicht zu beschaffen war. So wurde die Chance, einen neuen großen Zug der Wüstenheuschrecke schon im Anfangsstadium zu stoppen, vertan.

Für Uvarov kam das Wiederaufleben der Heuschreckenvermehrung ungelegen. Sein Wunsch war es, in einer Ruhepause zwischen zwei Plagen die in einigen Entstehungszentren herrschenden ökologischen Bedingungen zu studieren und dabei unter anderem die Faktoren herauszufinden, welche die Umwandlung der Einzeltier-(Solitär-) in die Schwarm-(Gregär-)Phase hervorrufen. Mit der Erfüllung dieses Wunsches war es nun vorerst vorbei. Binnen kurzem wurde die Station UVAROVS bis zur Grenze ihrer Kräfte durch Bekämpfungsaktionen gegen die riesigen Heuschrekkenmassen beiderseits des Roten Meeres und in den südlich davon gelegenen Gebieten beansprucht.

Es ist bemerkens- und anerkennenswert, daß nach der Auflösung des britischen Commonwealth allein die Regierung Großbritanniens die Forschungen über die Wüstenheuschrecke fortsetzte. UVAROV hatte die Freude zu erleben, daß seine jahrzehntelang mühsam am Leben erhaltene Wüstenheuschrecken-Forschungsstation, nunmehr zu einer staatlichen Institution mit gesichertem Status und Budget erhoben wurde. 25 Jahre nach ihrer Gründung war sie zum wichtigsten Bestandteil aller Abwehrmaßnahmen gegen den Weltschädling Nr. 1 geworden. Als 1952 die FAO mit endlich ausreichenden finanziellen Mitteln das Internationale Wüstenheuschrecken-Projekt startete, bildete die britische Heuschrecken-Station das Führungszentrum.

Der Verlauf der internationalen Kampagne zur Bekämpfung der Wüstenheuschrecke in den folgenden 11 Jahren nach 1952 zeigt, wie die beteiligten Länder sich allmählich, wenn auch manchmal widerwillig, zur Anerkennung des Prinzips durchrangen, unter Bewahrung ihrer nationalen Souveränität und Verantwortung so eng wie möglich zusammenzuarbeiten und ihre Erfahrungen und technischen Hilfsmittel auszutauschen. Zur Verwirklichung einer derartigen internationalen Zusammenarbeit gab und gibt es nur eine Grundlage: die FAO.

Eines der ersten Anliegen des zähe an der Koordination der nationalen Kampagnen arbeitenden O. B. LEAN bestand darin, einigen der beteiligten Staaten klarzumachen, daß die FAO nicht die Rolle des reichen Onkels spielen könne, der dazu da sei, alle benötigten Mittel zu beschaffen. Die Aufgabe der FAO war es vielmehr, außer der Forschung, Überwachung und Beratung einen eigenen leistungskräftigen Maschinenpark aufzubauen sowie genügende Reserven an Bekämpfungsmitteln und technischem Zubehör bereitzuhalten, um damit im Bedarfsfall bei nationalen Bekämpfungsaktionen Hilfe zu leisten. Auch schuf sie sich eine eigene kleine, aus vier Flugzeugen bestehende „Luftflotte", um die Bekämpfung aus der Luft zu erproben und zu entwickeln. Insgesamt gesehen, bestand die Hauptaufgabe für die FAO darin, zu koordinieren, für die einzelnen Länder entsprechend: zu kooperieren. Diese Aufgabe erfüllten die Länder im großen und ganzen mit Erfolg, allen voran Saudi-Arabien, das Vermehrungszentrum der Wüstenheuschrecke, wo zeitweise die Teams aus sieben verschiedenen Staaten zusammen operierten.

Die Plage ging 1963 zu Ende. Ob die Hauptgründe hierfür die Erfolge der Bekämpfungsaktionen waren oder aber natürliche Faktoren wie Mangel an Regen und Wind (der zum Schwärmen notwendig ist), bleibt unsicher. Gewiß wurden die noch kurz vor dem Ende der Plage auftretenden Heuschreckenschwärme durch eine großangelegte Aktion, zum Teil unter Einsatz von Flugzeugen im pakistanisch-indischen Grenzbereich, vernichtet. Das war aber sicher nicht viel mehr als ein eindrucksvoller Todesstoß, der dem bereits stark geschwächten Gegner versetzt wurde. Im Grunde war noch zu wenig über Entstehung, Verlauf und Beendigung von Massenvermehrungen der Wüstenheuschrecke bekannt. Zwar hatte man allerlei Theorien hierüber aufgestellt, aber noch niemand hatte bisher den Ablauf einer Plage wirklich untersucht. Und solange solche Untersuchungen noch ausstanden, so lange also die Beziehungen zwischen dem Insekt, seinem Lebensraum und den Witterungsfaktoren noch weitgehend unbekannt waren, blieben alle Maßnahmen Stückwerk und konnte insbesondere das Ziel: die Heuschreckenvermehrung im Keime zu ersticken, nicht erreicht werden.

Uvarovs eindringliche Aufforderung: „Forschen! Forschen! Forschen!" hatte niemals größere Berechtigung als während der nunmehr folgenden Jahre. Er selbst war inzwischen ein rüstiger Siebziger geworden. Nach wie vor arbeitete er an Wanderheuschrecken-Problemen, doch hatte er die Leitung der Station in jüngere Hände gelegt.

Uvarovs dringendem Rufe wurde gefolgt. Getragen von der FAO und der UNESCO, wurden bereits 1958, also noch während der Heuschreckenplage 1952–1963, umfassende Untersuchungen in einigen als Zentren der Vermehrung bekannten Gebieten, die damals schon wieder praktisch frei von Heuschrecken waren, aufgenommen. Ziel der Untersuchungen war es aufzuklären, was dort zwischen zwei Vermehrungsperioden geschieht. Wo und unter welchen Bedingungen überbrückt, also überlebt, der Schädling diese Zeit? Welche Faktoren sind es, die eine neue Vermehrung herbeiführen? Das waren ganz neue und sehr wichtige Fragen. Bisher hatte man sich vornehmlich mit den Symptomen der Massenvermehrung, also mit der Wanderung, dem Schaden und den Bekämpfungsmöglichkeiten beschäftigt. Nun wollte man das Übel an der Wurzel packen und die Ursachen der Vermehrungen aufdecken, um den Plagen zeitiger und erfolgreicher entgegentreten zu können.

Dieses zwischen zwei Vermehrungsperioden durchgeführte Forschungsunternehmen, das bisher großräumigste in der Schädlingsforschung, wurde von einem Mitarbeiter der Station, GEORGE POPOV, dessen Name noch oft in diesem Buch auftauchen wird, geleitet. Es begann mit einer sechsmonatigen Reise über 13 000 Kilometer durch Äthiopien, den Sudan und das Tschad-Gebiet und setzte sich fort in Besuchen der nordafrikanischen Länder und ihrer ödesten Wüstenteile. Insgesamt legte die Gruppe dabei im Verlauf von 12 Monaten nahezu 25 000 Kilometer zurück. Diese erste Phase der Untersuchungen erbrachte unter anderem die Erkenntnis, daß die Wüstenheuschrecke in den von ihr besiedelten Lebensräumen bestimmte Pflanzenarten bevorzugt. Damit allein war jedoch noch wenig gewonnen. Die Vegetation der Wüstengebiete kann einerseits sehr einheitlich sein und z. B. aus nur einer einzigen Pflanzenart bestehen, die ein Trockenflußbett in seiner ganzen Länge ausfüllt; sie kann aber auch ein Mosaik aus vielen Pflanzenarten bilden oder sie kann beide Typen auf relativ engem Raum vereinen. Man fand weiterhin, daß das Verhältnis von mit Vegetation bedeckten und vegetationslosen Teilen des Bodens von Bedeutung ist, besonders zu jener Zeit, wo die ungeflügelten Heuschrecken sich zu großen Kolonnen zusammenschließen. Einige dieser Zusammenhänge waren bereits bekannt oder vermutet worden, bedurften aber noch der Bestätigung und Vertiefung. Die meisten von der Expedition gewonnenen Erkenntnisse waren aber vollkommen neu und füllten eine riesige Wissenslücke aus. Die zu ihrer Gewinnung benötigte Zeit betrug jedoch nicht, wie ursprünglich geplant, drei Jahre, sondern sieben. Eine so erhebliche Verlängerung wurde durch eine Finanzhilfe der Vereinten Nationen ermöglicht. POPOV konnte dadurch nicht nur seine Untersuchungen in Afrika zu Ende führen, sondern sie auch noch auf die arabische Halbinsel sowie Persien, Pakistan und Indien ausdehnen. Am Ende der sieben Jahre hatte er schließlich mehr als 107 000 Kilometer im Landrover, Lastauto oder auf dem Kamelrücken zurückgelegt und dies in Gebieten, die zu den menschenfeindlichsten der Erde zählen. Zwei Pflanzenökologen, C. ROSETTI und W. ZELLER, begleiteten ihn über weite Strecken; aber von allen Beteiligten legte er als einziger den gesamten Weg zurück.

Die von dem Team gewonnenen Ergebnisse vermitteln erstmals ein Bild davon, wie es die Überreste der Wüstenheuschrecke fertigbringen, zwischen zwei Vermehrungsperioden am Leben zu bleiben. Sie zeigen aber auch, wie viele Umweltfaktoren direkt und indirekt an der Entstehung einer Vermehrung beteiligt sind, und daß noch viel getan werden muß, um das Massenwechsel-Geschehen bei *Schistocerca gregaria* ganz zu verstehen.

Zwei Jahre nach dem Beginn von POPOVS ökologischen Arbeiten, 1960, wurde das Wüstenheuschrecken-Projekt der Vereinten Nationen ins Leben gerufen. Es hatte außer Popovs Forschungen noch weitere wichtige Aufgaben zu lösen: auf der Grundlage intensiver Labor- und Freilandforschungen die Bekämpfung des Schädlings zu verbessern, den Nachrichten- und Prognose-Dienst zu verstärken und zu präzisieren sowie die Pflanzenschutz-Wissenschaftler und -Techniker der verschiedenen Länder in der Heuschrecken-Überwachung und -Bekämpfung auszubilden. Die Kosten hierfür in Höhe von umgerechnet 15 Millionen DM innerhalb von 10 Jahren wurden zu zwei Dritteln von der Organisation der Vereinten Nationen und zu einem Drittel von den etwa 40 beteiligten Staaten aufgebracht. Rund 10 Prozent dieser Mittel entfielen auf die Beschaffung von Autos und Ausrüstungen sowie auf den Nachrichten- und Beratungsdienst. Der FAO oblag es, das Projekt zu leiten und zu koordinieren, wozu auch die Organisierung der gegenseitigen Hilfe der beteiligten Länder gehörte. So mußte z. B. Ländern wie dem Iran und Saudi-Arabien, die zu große Befallsgebiete aufweisen, als daß sie diese aus eigener Kraft überwachen können, mit Personal aus anderen Ländern geholfen werden. Der Forschungs-Teil des Projektes, von welchem man sich vor allem die Entwicklung neuer Bekämpfungsmethoden versprochen hatte, mußte allerdings seine Arbeiten kurz nach Beginn wieder beenden, als eine erneute Massenvermehrung der Wüstenheuschrecke eintrat (fast könnte man meinen, diese hätte ihren eigenen Informationsdienst). Obgleich somit nicht alle Erwartungen seitens der Forschung erfüllt wurden, hat dieses Projekt der UN die Abwehrposition des Menschen gegenüber der Heuschrecke ohne Zweifel wesentlich verstärkt.

Im Hauptquartier der FAO in Rom waren inzwischen zwei neue Gesichter aufgetaucht. Das eine gehörte mir; ich wurde als Berater in Fragen der öffentlichen Information dorthin geholt. Als zweiter neuer Mitarbeiter kam der indische Entomologe und international bekannte Heuschrecken-Experte Gurdas Singh aus Addis Abeba, um in der FAO-Zentrale die Leitung des „Dezernats Wüstenheuschrecke" zu übernehmen. Er war es auch, der mir vorschlug, die asiatisch-afrikanischen Befallsgebiete zu bereisen und die Arbeiten der Projektgruppe an Ort und Stelle kennenzulernen. Ich nahm seinen Vorschlag an und beschäftigte mich auf diese Weise fünf Jahre lang mit einem Insekt, von welchem ich zuvor rein nichts gewußt hatte.

3. Kapitel
Der Lebenszyklus

Jedes Leben in der Wüste ist harter Kampf. Regen fällt nur selten und kurz, wenn aber, dann sehr oft mit erschreckender Wucht. So hat z. B. Tamanrasset in der Zentral-Sahara eine mittlere jährliche Niederschlagsmenge von nur 40 Millimetern. 1950 fiel diese Menge fast gänzlich innerhalb von 40 entfesselten Minuten. Im Dezember 1949 wurde in den aschgrauen Küstengebirgen am Roten Meer nördlich von Jeddah eine fünf Jahre anhaltende Trockenperiode von einem nächtlichen Regen beendet, bei dem 175 Millimeter Wasser auf den Quadratmeter herabstürzten und zu verheerenden Überschwemmungen führten.

Damals ergoß sich ein Wasserwall von unvorstellbarer Wucht die Berge herab. Unter seinem Druck brachen die primitiven Dämme der Oasen-Bauern und wurden die unterirdischen Bewässerungskanäle samt allen Anlagen zerstört. Die Fluten führten außer Mengen von Schotter meterdicke Felsbrocken mit sich und lösten die aus Lehm bestehenden Wände der Häuser buchstäblich auf. Eine derartige Naturkatastrophe wirkt landschaftsgestaltend. Sie trägt zur Bodenerosion bei, indem sie durch die Erzeugung unzähliger Bodenrisse und -rinnen den Nachtfrösten in die Hand arbeitet, und sie vergrößert die Schotterhalden, die sich am Fuße der Berge ausdehnen.

Zugleich ermöglichen diese Regenfälle aber auch das Leben in der Wüste außerhalb der Oasen. Wenn die Wasserfluten talabwärts fließen und für kurze Zeit das Bestehen von Flüssen vortäuschen, wie sie einstmals hier für Jahrtausende das Bild der Landschaft bestimmten, wird der Boden von Feuchtigkeit durchdrungen, und es entsteht ein Wunder. Wo vorher nichts war als Sand, Schotter und Fels erscheint ein grüner Schimmer, der sich sehr rasch zu einer Pflanzendecke, ja, zu einem Überfluß an Pflanzen entwickelt. Da wachsen plötzlich viele Arten Gräser – Büsche, von denen man zuvor nur verdorrte Reste am Boden liegen sah –, zahlreiche einjährige Pflanzenarten, deren Samen jahrelang trockenlagen und auf den Augenblick des Auskeimens warteten – kürbisähnliche Früchte mit harter Schale und bitterem Geschmack – sowie blühende Dornsträucher und Bäume. So schnell dies alles entsteht, so schnell vergeht es wieder. Vier bis sechs Wochen später schon hat die glühende Sonne die grüne und bunte Pracht wieder vernichtet, und wo die herrliche brusthohe *Schouwia* blühte, ragen nur noch fahle trockene Stengel empor.

In dieser kurzen Zeit müssen alle Pflanzen in den oft viele Kilometer langen, durchfeuchteten Wadis ihre besonderen Anpassungen an das lebensfeindliche Wüstenklima zur Wirkung bringen. Sie wachsen, blühen und entwickeln in dieser kurzen Zeit ihre Samen, die dann wieder auf den nächsten Regen warten, der im nächsten Jahr oder auch erst nach sechs oder sieben Jahren kommen kann. In der dazwischenliegenden Trockenzeit wachsen bestenfalls vereinzelt Akazienbäume oder Dornensträucher, deren Wurzeln imstande sind, tief im Boden den sich immer tiefer zurückziehenden Feuchtigkeitsspuren zu folgen. Sie sind auch oberirdisch in besonderem Maße an die Trockenheit angepaßt: Ihre Blattorgane sind dornenartig umgestaltet, wodurch die Verdunstung auf ein Minimum reduziert wird.

Doch zurück zu den grünen Pflanzenteppichen der Wadis im Gefolge von Regenfällen. Sie bilden sowohl Zentren als auch zeitliche Höhepunkte des Lebens in der Wüste. Nicht nur, daß die Nomaden ihre Kamele und ihr Vieh hierhin zur Weide treiben, auch die natürliche Tierwelt versammelt sich dort. Die pfeilschnellen Gazellen eilen herbei zu einem unruhigen wachsamen Aufenthalt; Eidechsen tauchen auf; überall sieht man plötzlich Ameisen, die den Samen eines Grases, *Panicum turgidum,* als Vorrat in ihre unterirdischen Bauten eintragen, aus welchen die Tuaregs sie aber später oft wieder herausholen, um ein Mehl daraus herzustellen; von allen Seiten fliegen Vögel herbei, die ebenfalls nach Pflanzensamen sowie nach Insekten suchen. Greifvögel kreisen am Himmel, um sich auf ihre Beute, kleinere Säuger und Vögel, herabzustürzen. Und nicht zuletzt ernährt und vermehrt sich in diesem grünen Mosaik die Wüstenheuschrecke.

Allerdings ist der Lebenszyklus von *Schistocerca gregaria* weit mehr an ein Überleben unter extrem ungünstigen Umweltbedingungen als an ein Schwelgen im grünen Nahrungsteppich angepaßt. Die brodelnden Massen gefräßiger Insekten, die einen Bauern in kurzer Zeit ruinieren können, bilden nur die eine, während der Massenvermehrung sichtbare Seite des Heuschrecken-Daseins. Ist diese Vermehrung einmal im Gange, bleibt sie bestehen, so lange es die Umwelt zuläßt. Erst wenn die äußeren Bedingungen für den Schädling ungünstig werden, wenn es also etwa zur Zeit der Eiablage an Feuchtigkeit oder während der Larvenentwicklung an

Nahrungspflanzen mangelt, oder wenn aus anderen bislang noch unbekannten Gründen die Zahl der Heuschrecken unter eine bestimmte Grenze absinkt, wird aus dem verheerenden Schädling eine um ihr Überleben kämpfende Insektenart.

Dieser Kampf ums Überleben wird einsam in der Wüste geführt. Dorthin ziehen sich nicht etwa Teile des Heuschrecken-„Heeres" zurück, denn alle, die aus der Wüste in die Landbau-Gebiete zogen, sterben dort in der Fremde eines natürlichen Todes oder eines Todes durch Menschenhand. Der Überlebenskampf wird von den wenigen in der Wüste gebliebenen Tieren geführt. Es gibt zu jeder Zeit Wüstenheuschrecken, die unregelmäßig und in geringer Zahl über die Wüstengebiete verstreut sind. Ihre Anpassungen an diesen extremen Lebensraum ermöglichen ihnen, zu überleben und auf günstige Bedingungen zu warten, unter denen sie sich vermehren können. Bis zum Eintritt solcher Bedingungen steht ihnen die Wüste äußerst feindlich gegenüber. Die Temperaturen zwischen Tag und Nacht können bis zu $36°$ C schwanken, und derselbe Sandboden, dessen Oberfläche im Sommer $60°$ C heiß ist, knackt im Winter vor Frost. Ähnlich extrem verhält sich die von den unregelmäßigen Regenfällen abhängige Bodenfeuchtigkeit. Es gibt keine einzige Stelle innerhalb des gesamten, sich über 20 Millionen Quadratkilometer erstreckenden Brutgebietes, wo die Wüstenheuschrecke sicher sein könnte, ihre zum Leben notwendigen Bedingungen zu finden. In gewissem Sinne ist aber gerade das für sie von Vorteil, weil damit der Mensch nicht imstande ist, sie unter Kontrolle zu halten. Man muß die außerordentlichen Sinnes- und Flugleistungen bewundern, mit deren Hilfe es einem Teil der Heuschrecken gelingt, über riesige Entfernungen hinweg die Stellen aufzufinden, wo der für sie lebenswichtige Regen niederging. Aber wer von ihnen wirklich eine solche rettende Insel in der Wüste erreicht, sieht sich dort einem Heer von Feinden gegenüber: Vögeln, Eidechsen, Raubkäfern und vielen anderen Tieren.

Die Wüstenheuschrecke ist eine der größten Heuschreckenarten. Sie gehört zu der etwa ein Dutzend Arten umfassenden Gruppe der Wanderheuschrecken, die alle die warmen Zonen der tropischen und subtropischen sowie der südlichen gemäßigten Breiten bewohnen. Unter den Wanderheuschrecken ist die Wüstenheuschrecke die wichtigste, am weiträumigsten verbreitete, interessanteste und am längsten bekannte Art. Kleine Verwandte der Wanderheuschrecken sind die zahlreichen Vertreter der Heuschrecken-Familie, die unsere europäischen Wiesen sowie jene anderer Gebiete der gemäßigten Breiten bevölkern. Was die Wüstenheuschrecke und die übrigen Wanderheuschrecken von allen diesen kleinen Arten unterscheidet, ist ihre Eigenart, den Lebensraum zu wechseln und sozusagen zwei verschiedene Leben zu leben. Gerade diese Eigenart macht sie für den Menschen so gefährlich. Die Wüstenheuschrecken, die ich in der südlichen Sahara beobachtete oder die auf der Hochebene bei Mekka mühsam unsere Zeltwände emporkletterten, sahen durchaus harmlos aus. Doch gehörten sie der Solitärphase an, in der die Tiere noch einzeln leben. Erst wenn sie ihr Verhalten grundlegend ändern und sich zusammenschließen, werden sie gefährlich. Es entsteht dann die Gregärphase, die oft zur Heuschreckenplage wird. In ihrer typischen Ausbildung lassen sich die Tiere der beiden Phasen leicht unterscheiden, weil sie nicht nur eine verschiedene Lebensweise haben, sondern auch verschieden gefärbt sind. Nicht selten begegnet man jedoch Tieren, die sich keiner der beiden Phasen eindeutig zuordnen lassen. Sie sind in ihrer Entwicklung gewissermaßen zwischen den beiden Phasen stehengeblieben.

Im folgenden möchte ich mich zunächst mit der solitären Form der Wüstenheuschrecke beschäftigen, wie man sie am sichersten in einem Wadi, also einem Trockenflußbett, finden kann.[2]

Betrachtet man einmal ein solches Tier näher, fällt als erste Überraschung die außerordentliche Härte seiner Haut auf. Man hätte sich die Körperdecke weicher vorgestellt. Aber dieser etwa 6 Zentimeter lange Körper von unbestimmter, zwischen braun und grün variierender Farbe, trägt einen Panzer, der zweierlei zugleich ist: Haut und Skelett. Die dicke starre Haut bildet das Futteral für die empfindlichen Organe und schützt sie vor den Außeneinflüssen. In der Wüste muß ein Lebenwesen sich in erster Linie gegen Austrocknung schützen. Die Nomaden tragen aus diesem Grunde wallende leichte Gewänder, deren Luftschichten einen sehr guten Wärmeschutz bieten. Die Körperoberfläche der Wüstenheuschrecke erfüllt den gleichen Zweck auf andere Weise, nämlich durch eine dem Hautpanzer aufliegende Wachsschicht, welche die Transpiration dämpft. Wird diese Schutzschicht künstlich im Laboratorium oder zuweilen auch unter natürlichen Verhältnissen durch einen außergewöhnlich starken Sandsturm abgerieben, verliert die Heuschrecke in kurzer Zeit ihre gesamte Körperfeuchtigkeit und stirbt.

Obwohl die Wüstenheuschrecke im Flug, von weitem gesehen, einer Libelle ähnelt, hat sie doch nichts von deren Grazie. Ihr Körper ist ziemlich plump gebaut. Der Kopf ist breit und visierartig gestaltet. Unten an

[2] Der Ausdruck „solitär" wird heute von den Entomologen zur Kennzeichnung dieser Phase als unzureichend betrachtet, da sich während dieser Periode immerhin zehntausende von Tieren in einem einzigen Wadi befinden können. Ich möchte jedoch den Ausdruck hier beibehalten und darunter jene Tiere verstehen, die noch ohne soziale Bindungen an eine Gruppe sind.

ihm befinden sich die – vergrößert betrachtet – furchterregenden Mundgliedmaßen, oben die großen gewölbten Facettenaugen, die einen horizontalen Blickwinkel von 220° und einen vertikalen von 197° aufweisen. Ein Insekt mit so großem Blickfeld ist schwer zu fangen. Wir näherten uns ihm zu diesem Zweck stets von hinten. Das nach oben, unten, vorn und hinten sehende Auge zeigt seinen Wert vor allem beim Flug, wenn es für die Heuschrecke gilt, innerhalb eines dichten Schwarmes Abstand und zugleich Kontakt zu den Mitfliegenden zu halten. Ganz oben am Kopf entspringen die Fühler. Sie sind empfindliche Tast- und Geruchsorgane und werden unter anderem dazu gebraucht, die Artgenossen bzw. das andere Geschlecht zu finden und zu erkennen. Das gegenseitige Abtasten und Beriechen mit den Fühlern hat eine besondere Bedeutung für den Übergang aus der solitären in die gregäre Phase.

Der unten am Kopf schräg nach innen gerichtete Mund wurde bereits erwähnt. Seine schwarzen gezackten Kiefernzangen bewegen sich seitwärts, um die zur Nahrung dienenden Pflanzenteile abzutrennen (Abb. 4). Würde man den Körper öffnen, fände man die Beweise eines großen Appetits in Form des von Pflanzengewebe vollgestopften Magens sowie großer gelblicher Fettmassen, die aus der Nahrung hergestellt wurden und als Vorratsdepot dienen. Beim Flug wird daraus die Energie, also der Brennstoff gewonnen. Mit Hilfe des Fettdepots kann das Insekt sich im wandernden Schwarm bis zu 17 Stunden lang in der Luft halten, weit länger als das irgendeinem anderen Insekt möglich ist. Da trotz solcher Flugleistungen nicht immer ein Gebiet mit ausreichender Nahrung erreicht wird, hat die Natur der Wüstenheuschrecke als ein weiteres Ergebnis langer Anpassung die Fähigkeit verliehen, den Durchgang der Nahrung durch den Magen-Darm-Kanal stark zu verlangsamen. Der erste Teil dieses dunkelgefärbten, vom Mund zum After reichenden Kanals hat die Aufgabe, die Nahrung zu zerkleinern und anzusammeln; im mittleren Teil erfolgt die Verdauung, und im hinteren Teil werden den Exkrementen noch die letzten Wasserreste entzogen. Obgleich im Laboratorium gehaltene Tiere zum Teil trinken, scheint dies in der Wüste nicht vorzukommen. Hier müssen sie ihr Wasser aus der Nahrung gewinnen. Ist die Nahrung gut und reichlich, dauert der Ernährungsprozeß vom Abbeißen der Pflanzenteile bis zum Ausscheiden der dunklen Kotkrümel zwischen etwa 30 Minuten und wenigen Stunden. Wenn die Nahrung knapp ist, wird der Vorgang auf mysteriöse Weise bis zu drei oder vier Tagen verlängert und damit das Tier, zumindest für diesen Zeitraum, vor dem Verhungern bewahrt. Auch der Wassergehalt des Körpers ist bei der Wüstenheuschrecke außerordentlich variabel. Er kann in einer feuchtigkeitsarmen Periode bis auf die Hälfte seines Ausgangswertes sinken, ohne daß das Tier dadurch Schaden erleidet.

Wie bei allen Insekten wird das Körperinnere der Wüstenheuschrecke von einem Netzwerk feiner silbriger Luftröhren durchzogen, das mit einer Reihe kleiner Atemöffnungen an den Brust- und Hinterleibsseiten in Verbindung steht. Die drei Abschnitte der Brust tragen je ein Beinpaar, der zweite und dritte Abschnitt darüber hinaus beim erwachsenen Tier je ein Flügelpaar. Beim Weibchen endet der Körper mit zwei schwarzen gebogenen Haken. Es sind die Ovipositoren, die benutzt werden, um den Hinterleib vor der Eiablage in den Erdboden einzugraben.

Die Leistung der Muskeln im Verhältnis zur Körpergröße ist bei einer fliegenden Wüstenheuschrecke etwa zwanzigmal so groß wie bei einem in Höchstgeschwindigkeit laufenden Menschen. Diese enorme Flugkraft dient nicht nur dem Fliegen im Schwarm, sondern auch den Tieren in der Solitärphase zur Überwindung oft großer Entfernungen bei der Suche nach Nahrung. In Anbetracht, daß die Solitärphase sich im allgemeinen nur an solchen Orten entwickelt, die möglichst weit von den Siedlungen, Verkehrswegen und Lagerplätzen des Menschen entfernt liegen, sind die Ortsbewegungen der Heuschrecke in jener Phase der Entwicklung noch weitgehend unbekannt. Es ist aber ziemlich sicher, daß ihre Wanderungen nicht geringer sind als die ihrer schwärmenden Artgenossen. Wie ich auf meinen Reisen beobachten konnte, fliegen sie vorzugsweise bei Nacht, wenn ihre Hauptfeinde, die Vögel, nicht aktiv sind.

Noch viele Expeditionen in die entlegensten Teile der Wüsten müssen unternommen werden, ehe die Anfangsphase der Entwicklung der Wüstenheuschrecke, die zugleich die Schlüsselphase für die Entstehung einer Heuschreckenplage ist, in ihren Einzelheiten überblickt werden kann. Die Wissenschaftler ähneln den militärischen Kundschaftern, die über jede Bewegung und jede Spur des oft unsichtbaren Feindes berichten müssen, damit aus den einzelnen Beobachtungen allmählich ein Gesamtbild entsteht. Es ist zu bezweifeln, ob es noch eine andere Tierart gibt, deren Studium von den Forschern soviel Hingabe und so weite strapaziöse Reisen verlangte wie die Wüstenheuschrecke. Ein großer Teil dieser Arbeit entstand unter dem Druck von Heuschreckenplagen. Im folgenden wollen wir uns nun der gregären Entwicklungsphase, der Phase der Plagen, zuwenden, um das Bild vom Lebenszyklus der Wüstenheuschrecke zu vervollständigen.

Seit meiner Rückkehr aus der Wüste bin ich oft gefragt worden, wie lange so eine Wüstenheuschrecke eigentlich lebe. Die Antwort hängt davon ab, wo und wann man sie findet. Bei einer Wintergeneration, deren Entwicklung, Wanderung, Eiablage und Tod von Wadi zu Wadi quer durch die Wüsten des östlichen Äthiopiens verfolgt wurden, dauerten durchschnittlich: die Eientwicklung 14 Tage, die Hüpfer-Periode (vom Schlüpfen der Larven bis zur erwachsenen Heuschrecke) 38 Tage, das Stadium der unreifen erwachsenen Tiere 45 Tage und schließlich das Fortpflanzungsstadium (beginnend mit der Kopulation und endend mit dem Tode) 30 Tage. Das ergibt eine gesamte Lebensdauer von 127 Tagen, wovon mehr als zwei Drittel auf die nicht geschlechtsreifen Stadien entfallen. Hierin liegt der Schlüssel für die – gemessen an anderen Insekten – sehr lange Lebensdauer, denn je rascher ein Insekt die Geschlechtsreife erreicht, desto eher stirbt es.

Die Dauer der langen vorgeschlechtlichen Lebenszeit hängt davon ab, ob die junge Heuschrecke in eine mehr warme oder mehr kühle Witterung hineingerät, denn für die Entwicklung wechselwarmer Tiere, und zu ihnen zählen alle Insekten, ist (im Gegensatz zu den gleichwarmen Vögeln und Säugetieren) die Außentemperatur entscheidend. Aber nicht nur die Entwicklung, sondern auch das Verhalten, einschließlich des Fluges, wird von der Temperatur weitgehend beeinflußt. Unter Laborbedingungen, bei gleichmäßiger Wärme, ist eine Wüstenheuschrecke bereits drei Wochen nach dem Schlüpfen aus dem Ei geschlechtsreif und bereit zur Begattung. In der Wildnis kann dieser Zustand bei großer Wärme sogar schon nach 14 Tagen erreicht werden; er kann aber bei niedrigerer Temperatur auch 6 Monate auf sich warten lassen. Diese große Reaktionsbreite ist für die Heuschrecke vor allem zur Zeit der Massenvermehrung von Nutzen, wo die Invasion sich oft von den glühenden Inlandwüsten bis hin zu den kühlen Bergen oder Meeresküsten erstreckt.

Dank einer so elastischen Entwicklung in Abhängigkeit von der Temperatur vermag die Wüstenheuschrecke bei ihren ausgedehnten Wanderungen Klimagrenzen zu überspringen und in einem klimatisch von ihrem Ursprungsland ganz verschiedenen Gebiet die Entwicklung fortzusetzen. So kann z. B. ein in den Wadis des Tassili n'Ajjer im südöstlichen Algerien geborener Schwarm von noch nicht geschlechtsreifen Tieren etwa 2500 Kilometer weit durch die sommerheiße Sahara zur Nordseite des marokkanischen Atlas-Gebirges fliegen, dort in den kühlen Tälern überwintern, im Frühjahr geschlechtsreif werden und eine neue Generation erzeugen, die dann den Obstbau der nordafrikanischen Mittelmeerküste bedroht.

Ein Schwarm noch nicht geschlechtsreifer Tiere, wie er soeben erwähnt wurde, ist an seiner rötlichen Farbe zu erkennen. Mit Eintritt ins Fortpflanzungsstadium schlägt die Farbe in Gelb um. Oft scheint der Regen im Schwarm Impulse auszulösen, die binnen kurzem zur Geschlechtsreife führen. Das ist eine von den Erscheinungen, die den Wissenschaftlern lange Zeit Kopfzerbrechen bereiteten. So verharrt z. B. in einem sehr trockenen Gebiet eine Population der Wüstenheuschrecke monatelang auf einem Entwicklungszustand, den man beim Menschen als verzögerte Pubertät bezeichnen würde. Die Eierstöcke der weiblichen Tiere sind noch unentwickelt. Die Geschlechter interessieren sich noch nicht füreinander, sondern begnügen sich damit, gemeinsam an den trockenen Pflanzen zu fressen. Dann plötzlich – und zwar nicht zusammen mit dem Regen, sondern bereits vor einem solchen – setzt die Umfärbung vom Rötlichen ins Gelbliche ein, und nach Beendigung des Vorgangs sind die Tiere zur Kopulation bereit.

Immer wieder ist dieser Farbwechsel im Freiland beobachtet worden, und immer wieder stellte man hierbei fest, daß unmittelbar nach dem Regen die Eiablage begann. Das war durchaus nicht nur auf ein engeres Gebiet beschränkt. Auf der Halbinsel Somalia, wo die Entwicklungshemmung der geflügelten, aber noch nicht geschlechtsreifen Tiere in der Regel 3 bis 5 Monate anhält, wurde der fast gleichzeitig einsetzende Umschlag in die Geschlechtsreife im Zusammenhang mit einem Regen über ein Gebiet von mehr als 700 Kilometer Länge beobachtet. Es erweckt den Eindruck als „wüßten" die Heuschrecken, daß ein Regen naht. Wodurch wird die plötzliche Reifung der Eierstöcke ausgelöst? Als Ursachen vermutete man bisher eine Reihe von Faktoren wie Feuchtigkeit, Temperatur, Sonnenscheindauer und andere, jedoch konnten keine Beweise dafür erbracht werden. Während somit die Beschleunigungsfaktoren bisher nicht nachweisbar waren, gelang es, einen Verzögerungsfaktor in der Nahrung zu finden. Die länger dauernde Aufnahme von trockenen, vergilbten Pflanzen verzögerte im Labor den Eintritt der Reife bei den Heuschrecken bis zu neun Monaten. Mag dieser Effekt im Freiland auch vielleicht geringer sein, so ist er doch grundsätzlich dort ebenfalls anzunehmen. Allerdings wird der Wert dieser Erkenntnis dadurch geschmälert, daß im Freiland, wie erwähnt, die Entwicklungshemmung bereits vor dem Regen aufgehoben wird und nicht etwa erst, wenn nach dem Regen aus den vergilbten Pflanzen frisches Grün sprießt.

Einige weitere Laborergebnisse in diesem Zusammenhang haben mehr den Charakter von Kuriositäten als von wichtigen Naturzusammenhängen. So zeigte sich z. B., daß beim Verlust eines Beines die Heuschrecke ihre Geschlechtsreife früher erlangt und daß auch Elektroschocks die gleiche Wirkung haben. Für die Verhältnisse in der Wüste haben diese Befunde keine Bedeutung.

In den Hochländern Somalias entdeckte man, daß unmittelbar vor dem

Einsetzen des herbstlichen Regens, wenn der Himmel sich mit Wolken überzieht, die Luft plötzlich vom Duft bestimmter Sträucher erfüllt wird. Die Blatt- und Blütenknospen beginnen zu treiben, und binnen kurzem sind die Sträucher mit oft winzigen Blüten und Blättern bedeckt, die offensichtlich als Nahrungsfaktor für die Heuschrecke keine oder nur eine sehr untergeordnete Rolle spielen. Dr. PEGGY ELLIS, die als Mitarbeiterin des Anti-Locust-Research-Centre in den Herbstmonaten dreier aufeinanderfolgender Jahre in Somalia die Heuschreckenschwärme beobachtete und zugleich die Vegetation studierte, fand, daß die Knospen jener Sträucher sich in der ersten Oktoberwoche entfalteten – der Regen am 12. niederging –, die Kopulation am 14. einsetzte sowie die Eiablage am 22. begonnen wurde –, und daß erst drei Wochen nach dem Knospenaufbruch der Boden sich mit einem grünen Schimmer neuer Vegetation überzog.

Diese Aufeinanderfolge war im ganzen, etwa 1500 Quadratkilometer großen Beobachtungsgebiet gleich. Wo immer sich die Beobachter befanden, überall wurden die Eier zur selben Zeit abgelegt. Die Elterntiere hatten sich während der ganzen Zeit, da sie noch nicht geschlechtsreif waren, von derselben trockenen Vegetation ernährt. Welcher Faktor löste also die Geschlechtsreife aus? Vieles spricht dafür, daß es der Duft der aufbrechenden Knospen der Sträucher war.

Auf Grund dieser Schlußfolgerung wurde im Laboratorium mit Experimenten begonnen. Man tat Harzstücke und Knospen von den genannten aromatischen Sträuchern in Käfige, in denen sich erwachsene, noch nicht geschlechtsreife Wüstenheuschrecken befanden. Was vermutet wurde, trat tatsächlich ein: Unter dem Duft des Harzes und der Knospen begannen die Tiere ihre Farbe zu ändern. Auch als man das aus einem der Sträucher extrahierte Öl auf gefangene Heuschrecken sprühte, setzte die Farbänderung ein. Am 22. Tage nach einer derartigen Behandlung waren die Versuchstiere nicht nur gelber gefärbt, sondern hatten auch größere Eierstöcke und weiter entwickelte Eier als die unbehandelten Tiere.

Das hierbei wirksamste Öl wurde aus Sträuchern der Gattung *Commiphora* gewonnen, die im östlichen Afrika weit verbreitet sind. Als Wirkungskomponenten innerhalb der Öle stellte man bestimmte Terpenoide fest. In einer abschließenden Versuchsreihe wurden Heuschrecken nur mit diesen Terpenoiden bestrichen. Die Versuchsansteller Dr. CARLISLE und Dr. PEGGY ELLIS berichteten hierüber in ihrem Versuchsprotokoll:

„Alle behandelten Weibchen legten am 24. Tage nach Versuchsbeginn das erste Eigelege ab. Von unbehandelten Weibchen wurde das erste Gelege dagegen erst zwischen dem 29. und 31. Tag abgelegt. Am 29. Tage erfolgte bei den behandelten Tieren der 2. Eischub, bei den unbehandelten

Weibchen erst zwischen dem 40. und 64. Tag. Somit hatte jedes der behandelten Weibchen bereits zwei Eigelege produziert, als die unbehandelten Weibchen mit dem ersten Gelege begannen."

Um zu prüfen, ob nicht vielleicht die Verspätung der Eiablage durch eine größere Eizahl wettgemacht wird, zählte man die Eier aller Gelege. Die Eizahl schwankte zwischen 40 und 85 pro Gelege, und die Gesamtzahl pro Weibchen zeigte zwischen behandelten und unbehandelten Tieren keinen Unterschied. Auch das Schlüpfprozent war gleich; aus über 90 % der abgelegten Eier schlüpften in beiden Gruppen die Larven.

Nach alledem besteht kaum ein Zweifel, daß die Wüstenheuschrecke im Prinzip in gleicher Weise wie der Mensch auf Aphrodisiaka (den Geschlechtstrieb steigernde Stoffe) reagiert. Kurioserweise sind es bei den Heuschrecken die gleichen Stoffe, die bereits die Menschen im biblischen Zeitalter gebrauchten: Myrrhen (mit dem sich der alternde Kaiser Tiberius seinen Bart einsalbte) aus dem Strauch *Commiphora myrrhae,* – Weihrauch aus *Boswellia carteri* sowie Balsam aus einem weiteren Strauch der Gattung *Commiphora.* Sie alle sind im östlichen Afrika beheimatet.

Trotz alledem liegen die Ergebnisse aus den englischen Laboratorien und das was draußen an den entlegensten Stellen der Wüsten vor sich geht, sicher weit auseinander. Es wäre zu einfach anzunehmen, daß mit den Düften der genannten Sträucher das Geheimnis der Erlangung der Geschlechtsreife bei der Wüstenheuschrecke gelöst sei. Was die faszinierenden Versuche von CARLISLE und ELLIS zeigten, war, daß die Wüstenheuschrecke unter dem Einfluß bestimmter Düfte schneller geschlechtsreif wird. In der Wildnis steht alles in einem Gesamtzusammenhang: Mit dem Einsetzen des Regens ändert sich die ganze Umwelt, und unter der kombinierten Wirkung zahlreicher Faktoren wird im Körper der Heuschrecke die Hormonausschüttung ausgelöst, die zur Geschlechtsreife führt. Daß die Natur auf diese Weise den Lebenszyklus des Insektes entscheidend beeinflußt, ist während der letzten großen Heuschreckenplage durch zahlreiche Beobachtungen bestätigt worden. In dem riesigen, von Indien bis zum Atlantik reichenden Entwicklungsgebiet fand die Eiablage stets im Zusammenhang mit lokalen Regenfällen statt.

Während die aufbrechenden Knospen der aromatischen Wüstensträucher die Regensaison ankündigen und auf geheimnisvolle Weise die Keimdrüsen der Heuschrecke beeinflussen, schafft der Regen die Voraussetzungen für eine erfolgreiche Ablage und Entwicklung der Eier, indem er den Boden durchfeuchtet. Man steht bewundernd vor dem Lebenszyklus dieses Wüsteninsekts, das so konstruiert ist, daß es die kurzen günstigen Ereignisse in einer sonst extrem lebensfeindlichen Umwelt voll ausnutzt.

Die Kopulation der Wüstenheuschrecke beginnt fast gleichzeitig mit dem Regen und ist begleitet von einem Wechsel der Körperfarbe. Die farbenprächtigeren Männchen sind dann kopulationsbereit, wenn die Spitze ihres Hinterleibs eine gelbliche Färbung zeigt. Das ist in der Regel bereits vor Eintritt der Geschlechtsreife der Weibchen der Fall. Letztere weisen die Annäherungsversuche der Männchen so lange ab, bis ihre Hinterschienen sich ins Rosarote verfärbt haben, dann sind auch sie zur Paarung bereit. Ihre Reifung wird durch einen von den Männchen ausgeschiedenen Duftstoff beschleunigt. Dieser Duft regt zugleich auch andere Männchen dazu an, ihn zu produzieren, so daß der Prozeß der Geschlechtsreifung des ganzen, viele Millionen Tiere zählenden Schwarmes rasch in Gang kommt und gewöhnlich binnen einer Woche abgeschlossen ist. Man nimmt an, daß der Sichtkontakt nicht nur ein wichtiger Faktor beim Schwärmen ist, sondern auch eine Rolle bei der schnell um sich greifenden geschlechtlichen Stimulation spielt.

Sobald das Männchen den Rücken eines Weibchen bestiegen hat, hält es seinen Partner mit den Vorderbeinen fest und vollzieht den Begattungsakt. Dieser kann bis zu 14 Stunden dauern, aber auch in so kurzer Zeit beendet sein, daß ein Männchen an einem Abend sich mit mehreren Weibchen paaren kann. Oft bewegt sich das Weibchen nach der Befruchtung schon fort, wenn das Männchen noch auf seinem Rücken sitzt (Abb. 6). Es sucht dann voller Ungeduld nach einem geeigneten Eiablageplatz.

Um die Eignung einer Stelle zur Eiablage zu prüfen, gräbt das Weibchen seinen Legebohrer mehrere Zentimeter tief in den Boden ein (Abb. 8). Ist dieser zu feucht, zieht es den Bohrer ebenso zurück wie wenn er zu trocken ist. Außer der Feuchtigkeit wird vom Weibchen auch der Salzgehalt des Bodens getestet. In Küstennähe werden die Eier erst dort abgelegt, wo der Boden nicht mehr vom Meersalz durchsetzt ist.

Gewöhnlich sucht das Weibchen auf diese Weise bis zu zwei Stunden lang, ehe es die richtige Stelle zur Eiablage gefunden hat. Sobald es bei der Eiablage ist, schließen sich ihm andere Weibchen an, die – wie man durch Experimente fand – dem Körperduft folgen. Die Bedeutung eines solchen Zusammenschlusses besteht darin, daß er ein wichtiger Faktor zur Vorbereitung der Schwarmbildung ist, denn wenn die Weibchen ihre Eier fleckenweise zusammen ablegen, bilden die daraus schlüpfenden jungen Heuschrecken bereits Gruppen, die eine Grundlage zum Zusammenschluß größerer Einheiten bilden.

Sehenswert ist es, wie stark das Weibchen der Wüstenheuschrecke beim „Probieren" des Erdbodens und vor allem bei der Eiablage seinen Hinterleib ausdehnt. Man könnte glauben, der Körper bestehe aus Gummi, so sehr wird der rechtwinklig im Erdboden steckende Hinterleib in die Länge gezogen (Abb. 7). Auf diese Weise wird eine Bodentiefe bis zu 15 Zentimetern erreicht, wo die Temperatur erheblich geringer ist als an der Oberfläche. Dadurch werden die Eier vor der Austrocknung und dem Hitzetod geschützt.

Es kommt auch vor, daß ein Weibchen keine zur Eiablage geeignete Stelle findet. Dann muß es spätestens drei Tage nach Beendigung der Eireife eine Not-Eiablage in zu trockenen Boden, auf die Bodenoberfläche oder an Pflanzenteilen vornehmen. Wenn das in größerem Umfang geschieht, kann es wesentlich mit zum Zusammenbruch einer Heuschreckenplage beitragen. Die Ursache einer solchen Situation kann darin liegen, daß der Regen gerade nur ausreichte, um die Geschlechtsreife herbeizuführen, nicht aber, um den Boden genügend zu durchfeuchten.

Die Eiablage ist bei näherer Betrachtung ein höchst bemerkenswerter Vorgang. Nachdem das Weibchen seine Probier- und Grabetätigkeit mit der Herstellung einer kleinen Erdhöhle beendet hat, zieht es seinen Hinterleib etwas zurück und scheidet eine schaumige Substanz aus, die zum Teil von den Wänden der Erdhöhle aufgesaugt wird, wodurch diese verfestigt werden. Gleichzeitig beginnt das Tier Ei für Ei durch die geöffnete Spitze des Legebohrers in die Höhle zu pressen. Sobald ein Ei auf dem Boden der Höhle angelangt ist, dreht es sich um seine Längsachse, so daß der Kopf des künftigen Embryos an den oberen Eipol zu liegen kommt, also in Richtung des Weges, den die schlüpfende Heuschreckenlarve später aus dem Erdboden hinauszunehmen hat. Zugleich mit jedem neuen Ei wird neuer Schaum in die Erdhöhle gepreßt, so daß mit der Vergrößerung des Eigeleges die Erdwände immer fester werden. Schließlich, wenn die ungefähr 80 Eier abgelegt sind (das ist die mittlere Eizahl in der Gregärphase, während sie in der Solitärphase höher ist), wird der übrigbleibende Hohlraum mit Schaum ausgefüllt. Durch diesen spröden Schaumpfropf hindurch und weiter durch den Sandboden graben sich dann die aus den Eiern geschlüpften kleinen Heuschrecken an die Erdoberfläche, sofern das Eigelege nicht bereits vorher durch feindliche Einflüsse, vor allem Verpilzung oder Austrocknung oder räuberische Insekten, zugrunde gegangen ist.

Für jemand der die Wüste nicht kennt, ist es überraschend, daß der Sand der Wadis in etwa 10 Zentimetern Tiefe selten völlig trocken ist. Allerdings ist die geringe Feuchtigkeit nur mit Hilfe von Meßinstrumenten nachweisbar. Das Ei der Heuschrecke braucht zu seiner Entwicklung ein Mindestmaß an Feuchtigkeit. Im Idealfall nimmt es aus dem umgebenden Boden innerhalb der ersten 5 Tage eine Wassermenge auf, die seinem eigenen Gewicht entspricht. Bekommt es dieses Quantum nicht, so bedeutet das noch nicht in jedem Fall eine Gefahr. Man hat beobachtet, daß Eier in trockenem Boden wochenlang lagen ohne an Gewicht zu verlieren oder zuzunehmen und ohne sich weiterzuentwickeln, bis ihnen ein erneuter Regenfall den Anstoß zur Weiterentwicklung gab. Werden an einem solchen Platz in der Zwischenzeit noch weitere Eier abgelegt, warten sie alle zusammen auf den erlösenden Regen und entlassen danach alle zu gleicher Zeit die jungen Heuschrecken, ungeachtet dessen, daß sie zu verschiedenen Zeiten abgelegt wurden. Die Folge ist oft eine schubartige Verstärkung der Plage.

Das Schlüpfen der Larven in einem Brutgebiet bietet ein unvergeßliches Schauspiel. Der Entomologe A. ASHALL beobachtete es in Ostafrika und schrieb darüber: „So weit das Auge reichte, brodelten die Tiere förmlich aus dem Boden heraus (Abb. 11). Innerhalb von drei Tagen waren sämtliche Eigelege des riesigen Brutgebietes von jungen Hüpfern verlassen."

Niemand weiß, wie es zu diesem gleichzeitigen Schlüpfen der Heuschrecken kommt. Man glaubt, daß innerhalb des einzelnen Geleges das erste Insekt nach Verlassen des Eies, bei seinem Bemühen nach oben zu gelangen, die übrigen Eier anstößt und sie damit zu gleichzeitigem Schlüpfen stimuliert. Was auch immer die Ursachen seien, ihr Ergebnis bestätigt nur einmal mehr den unaufhaltsamen Drang der Wüstenheuschrecke zum Zusammenschluß. Durch das gleichzeitige Schlüpfen einer großen Zahl Heuschrecken wird der Einfluß feindlicher Faktoren auf die Population geringgehalten und die Entstehung eines starken Schwarmes gewährleistet.

Bald nach dem Schlüpfen kann man im Brutgebiet eine eigenartige Erscheinung beobachten, zumal wenn eine leichte Brise weht: Millionen von glitzernden Bällchen schweben und tanzen über dem Boden, verfangen sich an Hindernissen und lösen sich wieder. Es sind die aufgerollten Häute, die von den jungen Heuschreckenlarven kurz nach dem Schlüpfen abgestoßen werden. Nach dieser 1. Häutung sind die Tiere ungefähr 1 Zentimeter lang, also noch recht kleine Kreaturen. Ihre Färbung ist überwiegend Schwarz, wird aber mit der Annäherung an die nächste Häutung immer heller. Fünf Stadien durchläuft die Larve, ehe sie mit der 5. Häutung zur erwachsenen Heuschrecke wird (Abb. 9). Die Häutungen sind notwendig, um das Wachstum trotz des harten Schutzpanzers zu ermöglichen. Kaum ist der starre Panzer gesprengt und abgeworfen, dehnt sich darunter die bereits angelegte neue, noch weiche Haut aus: die Larve wächst. Aber schon nach einigen Stunden ist auch der neue Hautpanzer wieder erhärtet und verhindert ein weiteres Wachstum bis zur nächsten Häutung.

Die ersten beiden Larvenstadien sind hinsichtlich Körperbau und

Färbung einander sehr ähnlich. Beim 3. Stadium kann man bereits die Flügelanlagen sehen. Diese verlagern sich im 4. Stadium von den Seiten nach dem Rücken zu. Im 5. Stadium bedecken sie schon fast die Hälfte des Hinterleibes. Die erwachsene Larve erklettert nunmehr, um sich zum letzten Male zu häuten, eine Pflanze, an der sie sich – den Hinterleib nach unten hängend – festklammert. Sie braucht diese freie Lage, um nach dem Abstreifen der alten Haut ihre Flügel durch Einpumpen von Blutflüssigkeit in das Flügelgeäder entfalten zu können. Nachdem die Flügel „ausgefahren" sind, bleibt die Heuschrecke noch einige Stunden am Zweig ruhig hängen, bis ihre Körperdecke einschließlich der Flügel erhärtet ist (Abb. 10).

4. Kapitel
Der Phasenwechsel

Wenn man von einer „Solitärphase" und einer „Gregärphase" bei der Wüstenheuschrecke spricht, könnte man meinen, es handele sich hier um die klare Unterscheidung zweier verschiedener Lebens- und Verhaltensweise-Formen. Meist jedoch, und so auch hier, lassen sich in der Natur keine klaren Grenzen ziehen. Selbst in den schlimmsten „Heuschreckenjahren" gibt es Zeiten und Orte, wo das Insekt nicht eindeutig einer der beiden Phasen zugeordnet werden kann. Über einen Zeitraum von mehreren Jahren betrachtet, ist jedoch der Phasenunterschied recht deutlich. Er zeigt sich in der Verhaltensweise, in der Färbung und sogar – wenn auch in geringem aber konstantem Ausmaß – in den Körperproportionen.

Harmlos erscheinend, mehr Opfer als Bedroher, lebt dieses Insekt isoliert und unter großen Schwierigkeiten an entlegenen Stellen der Wüste. Plötzlich aber, ohne erkennbare Ursachen, vermehrt es sich explosionsartig und wird zu der Geißel, die der Mensch seit altersher fürchtet. Derartige Extreme des Verhaltens bei ein und derselben Tierart müssen fast unerklärlich erscheinen. Man trifft sie so ausgeprägt nirgendwo wieder im Reich der Lebewesen, den Menschen ausgenommen. So widersprüchlich das Verhalten des Insekts ist, so widersprüchlich ist auch sein Name. Wie kann eine Heuschreckenart *Schistocerca gregaria* heißen, wenn sie auch einzeln lebt, also *solitaria* ist? Wie kann man andererseits von einer „solitären" Phase sprechen, wenn man die Tiere in eben dieser Phase zu Zehn- oder Hunderttausenden zusammen in einem Wadi antreffen kann? Man muß jedoch den Wissenschaftlern, die diese Namen schufen, Gerechtigkeit widerfahren lassen. Die Lebensweise der Wüstenheuschrecke ist zu kompliziert als daß sie durch zwei kurze Wörter gekennzeichnet werden könnte.

Der erste Forscher, der erkannte, daß diese zwei Formen nur verschiedene Entwicklungsstufen ein und derselben Tierart sind, war UVAROV. Gegenstand seiner Studien war ursprünglich gar nicht die Wüstenheuschrecke, sondern die mit ihr verwandte eurasiatische Wanderheuschrecke, *Locusta migratoria,* die 1912 den nördlichen Kaukasus, wo Uvarov damals arbeitete, heimsuchte.

Während Uvarov an jener Wanderheuschrecke arbeitete, richtete er sein Augenmerk zugleich auf eine zweite im Gebiet vorkommende, aber harmlos scheinende Heuschreckenart, *Locusta danica.* Über sie war damals nur so viel bekannt, daß sie im Gegensatz zu *migratoria* keine bestimmten Standorte bevorzugte. Man traf sie überall in den osteuropäischen und asiatischen Gebieten auf den Wiesen an. *Migratoria* dagegen bevorzugte für ihre Entwicklung eindeutig die dschungelartigen Schilfbestände im Uferbereich der Donau- und Wolga-Mündung sowie des Kaspi,- Aral- und Baikal-Sees. Als Brutplätze benutzte sie dort Inseln und Uferbänke, die frei von Schilf waren. Auch in ihrer Färbung und Verhaltensweise waren die beiden Heuschrecken grundverschieden.

„Ich muß gestehen", schrieb Uvarov später, „daß ich zu Anfang meiner Arbeit lediglich die Absicht hatte, Merkmale zur Unterscheidung von *migratoria* und *danica* zu finden, die ich für verschiedene Arten hielt." Bei dieser Untersuchung fand Uvarov zu seiner Überraschung, daß beide „Arten" trotz ihrer ins Auge springenden Unterschiede, in Wahrheit derselben Art angehören, und daß unter bestimmten Bedingungen sich die Unterschiede verwischen und die Tiere dann weder *migratoria* noch *danica* zuzuordnen sind. Uvarov entdeckte als sichere Merkmale zur Unterscheidung der beiden Formen einige Eigenheiten der Körpergestalt: die Form der Vorderbrust sowie das Verhältnis zwischen der Länge der Flügeldecken und jener der Hinterschenkel. Auf der Grundlage dieser Unterscheidung gelangte Uvarov zu seiner revolutionären Phasentheorie.

Anläßlich der Bekämpfungsaktionen gegen die Invasion der Wanderheuschrecke im Herbst 1912 in der kaukasischen Provinz Stavropol bemerkte Uvarov, daß die ersten Schwärme unzweifelhaft zu *migratoria* gehörten, daß dagegen die Nachfolgeschwärme zum Teil aus *danica*-Tieren bestanden, schon von weitem kenntlich an ihrer anderen Färbung sowie der Tendenz, den Schwarmverband zu verlassen. Daneben traten in erheblichem Umfang Tiere mit intermediärem Charakter auf, die nur an Hand der zwei genannten morphologischen Merkmale zu einer der beiden Formen gestellt werden konnten. Dies ließ den Schluß zu, daß im selben Maß wie die Schwärme unter dem Einfluß der Bekämpfung zusammenschrumpften, der Anteil der *danica*-Tiere zunahm, bis schließlich alle Überlebenden ihre gregäre Form verloren und solitäre *danica* sich über die Steppe zerstreuten. Leider konnte Uvarov nur zwei Generationen der Heuschrecke beobachten, da er dann vom Nordkaukasus nach Tiflis versetzt und mit Aufgaben betraut wurde, die nichts mehr mit dem Heuschrecken-Problem zu tun hatten. Zuvor hatte er jedoch bereits seine kühne Theorie des Phasenwechsels bei der Wanderheuschrecke aufgestellt. Ein unbekannter britischer Armee-Koch, der im 1. Weltkrieg in Tiflis stationiert war sowie ein britischer Entomologe, Dr. P. BUXTON, der gerade dort auf Urlaub weilte, haben das Verdienst, UVAROV der Heuschreckenforschung zurückgegeben zu haben. „Die britischen Soldaten in Tiflis", schrieb UVAROV später, „waren auf sich selbst gestellt und fühlten sich ziemlich verloren. Meine Frau und ich sprachen ein bißchen Englisch und luden sie öfter zu uns ein. Vor dem Krieg hatte ich mit dem Imperial Bureau of Entomology in London in einigen wissenschaftlichen Fragen in Verbindung gestanden. Als nun der britische Armee-Koch von Tiflis nach London auf Urlaub fuhr, bat ich ihn, ein Schreiben von mir an das Bureau of Entomology mitzunehmen, in welchem ich anfragte, ob man mich dort gebrauchen könne. Zu etwa gleicher Zeit kam Dr. BUXTON von Mesopotamien aus nach Tiflis, um hier einige Tage Urlaub zu machen und das sehr gute Naturhistorische Museum, in welchem ich arbeitete, zu besuchen. Wir freundeten uns schnell an, und er schrieb nach London, um meine Bewerbung zu unterstützen."

In der Zwischenzeit war UVAROV auf einige Ähnlichkeiten gestoßen, die zwischen der eurasiatischen Wanderheuschrecke und ihrer Verwandten, der afrikanischen Wanderheuschrecke *(Locusta migratoria migratoroides)*, deren Schwärme periodisch weite Gebiete West-, Ost-, Mittel- und Südafrikas verwüsteten, bestanden. Als er 1920 wissenschaftlicher Mitarbeiter des Londoner Bureau of Entomology wurde, begann er Literaturmaterial über dieses Insekt zu sammeln. Er konnte daran zeigen, daß auch die afrikanische Wanderheuschrecke einen Phasenwechsel durchmacht und daß auch dort zwei bisher getrennt betrachtete Arten in Wirklichkeit derselben Art angehören. Damit fand die Phasen-Theorie eine glänzende Bestätigung, und UVAROV erkannte auch sofort ihre wirtschaftliche Bedeutung. Denn wenn sich aus dem Phänomen der Umwandlung schwärmender Heuschrecken in einzeln lebende, harmlose Insekten und umgekehrt das Verschwinden bzw. die Entstehung von Heuschreckenplagen erklären lassen, so müsse man, meint UVAROV, den Schädling in seiner nicht schwärmenden Phase, also im Gebiet der Entstehung der Massenvermehrungen, bekämpfen. Diese Phase gelte es daher näher zu erforschen.

Einige Jahre nach UVAROVs Entdeckung wurde der Phasenwechsel der Wanderheuschrecken von J. C. FAURE in Südafrika auch bei *Locustana pardalina*, der sog. Braunen Wanderheuschrecke, entdeckt, die zeitweise von der Wüste Kalahari aus die südafrikanischen Anbaugebiete bedrohte.

Er schrieb hierüber an UVAROV:

„Meine persönlichen Erfahrungen mit diesem Tier begannen im Sommer 1914/15, als zerstreute Schwärme kurz nach Beendigung einer langen heißen Trockenperiode auftauchten. Hüpfer aller Stadien sowie Flieger schlossen sich zusammen, und es gelang nicht, sie wirksam zu bekämpfen. Die Schwärme bewegten sich weder in der sonst üblichen geschlossenen Formation, noch übernachteten sie in üblicher Weise in dichtgedrängten Gruppen. Viele erwachsene Tiere waren auffallend klein (eine Beobachtung, die auch UVAROV bei *danica* im Vergleich zu *migratoria* gemacht hatte, d. Verf.), und ein großer Teil sowohl Flieger als auch Hüpfer war abweichend gefärbt. Ich war, was ich damals noch nicht erkannte, Zeuge der Umwandlung der Hüpfer-Phase in die Flieger-Phase geworden."

Zu dieser Zeit gab es in Südafrika noch kein Meldesystem über Heuschrecken-Invasionen aus der Kalahari. Da aber im Sommer 1914 bereits überall verstreut Heuschrecken zu sehen waren, schloß FAURE, daß die aufgelockerten Schwärme des Mai und Juni 1915 sowie die dichten Schwärme vom September bis Dezember 1915 keine Invasion aus der Kalahari bildeten, sondern ohne Zuflug von außen in der Südafrikanischen Union selbst entstanden waren. Zwei Jahre später, 1917, kam es erneut zu starken Hüpfer-Ansammlungen im Gefolge verstreut aufgetretener Flieger im Frühjahr, und dieses Mal nutzte FAURE die Gelegenheit zu ausführlichen Untersuchungen an allen Stadien.

Er erkannte nunmehr, daß *pardalina* nicht nur in Form von Schwärmen existierte, sondern auch in Form von Hüpfern, die oft weit entfernt von den Schwärmen lebten sowie zu Zeiten, wo es keine Schwärme gab. „Die zu solcher Zeit von mir gefangenen Tiere", schrieb er, „zeigten fast ausschließlich die Färbung der Hüpfer und waren auch ein gut Teil kleiner als die Schwarmtiere." Es handelte sich dabei sowohl um Larven als auch um frisch entstandene erwachsene Tiere. Ihre Färbung war von dem typischen Farbmuster, das den schwärmenden Heuschrecken den Namen *pardalina* (pantherartig) gab, noch weit entfernt. In FAURES Schreiben an UVAROV heißt es weiter:

„Es wäre kaum möglich, alle Farbnuancen dieser Tiere zu beschreiben. Gewöhnlich hat das Farbmuster einen guten Schutzeffekt. Wo es viel grünes Gras gibt, sind beide, Hüpfer und Flieger, ganz oder teilweise grün. Wo die Steppe nur spärlich mit Gräsern und Büschen bestanden ist, gleicht sich die Farbe der Tiere mehr oder weniger jener des Bodens an. In Teilen der Wüste Karoo, vornehmlich in der Gegend von Beaufort West und Prince Albert, gibt es Kiesböden, deren Farbe zwischen Schieferblau und fast Schwarz variiert. 1917 war ich überrascht, hier unter den einzeln lebenden Hüpfern eine starke Tendenz zur Anpassung an diese außergewöhnlichen Farben vorzufinden. Als die Nachkommen dieser Tiere sechs Monate später in die Felder der Farmen desselben Gebietes einfielen, zeigten sie keine Spur dieser dunklen Färbung mehr. Alle trugen sie jetzt die reguläre ‚Schwarm-Uniform'."

Diese von FAURE völlig unabhängig gewonnenen Erkenntnisse bestärkten UVAROV in der Auffassung, daß seine Phasentheorie nicht nur für wenige Arten, sondern für alle Wanderheuschrecken Gültigkeit besitzt. In zwei Sätzen zusammengefaßt besagt seine Theorie, daß das Leben der Wanderheuschrecken in zwei Phasen verläuft, die sich in Färbung, Körperbau und Verhalten voneinander unterscheiden. Diese Unterschiede differieren von Art zu Art sowie auch innerhalb einer Art, letzteres dann, wenn die Tiere sich gerade im Übergang von einer zur anderen Phase befinden.

So einfach hört sich in den Grundzügen diese Theorie an, die – mit gewissen Modifikationen – nunmehr seit mehr als einem halben Jahrhundert Gültigkeit hat. UVAROV veröffentlichte sie 1921 in der englischen Zeitschrift Bulletin of Entomological Research. Es vergingen aber noch 8 Jahre bis zur Anwendung dieser Theorie auf die Wüstenheuschrecke.

Auch hier hatten die Entomologen geglaubt, es handele sich um zwei verschiedene Arten: Schistocerca gregaria und Sch. flaviventris. Die auffälligen spezifischen Merkmale von flaviventris schienen die Artentrennung zu bestätigen: entlegene Wüstenstandorte – Einzelleben – inaktives Verhalten sowie Schutzfärbung. Andererseits paßten gerade diese Merkmale in UVAROVs Konzeption vom Phasenwechsel bei Wanderheuschrecken. Die Schwierigkeit, UVAROVs Theorie auf flaviventris anzuwenden bestand nur darin, diese Heuschrecken überhaupt zu finden und zu beobachten. Dazu brauchte man ein Kamel oder ein Fahrzeug und viel Zeit.

H. B. JOHNSTON, Entomologe bei der Kolonialverwaltung des Sudan, besaß das Kamel, aber nicht die Zeit für flaviventris, als er in der Juli-Hitze 1929 von Port Sudan aus die Küste des Roten Meeres bereiste. Er berichtet darüber:

„Ich war ursprünglich nicht an Heuschrecken interessiert. Die erste Begegnung mit ihnen hatte ich während des Krieges, als ich Soldat im Sudan war. Damals sah ich einen unendlich langen stinkenden Wall toter Heuschrecken entlang der Küste des Roten Meeres. 1929 hatte ich im gleichen Küstengebiet Ausschau nach Lokalitäten zu halten, die sich für den Baumwollanbau eigneten. Im allgemeinen ist das Land dort sehr trocken, doch gibt es Wadis, die aus dem Hinterland zur Küste verlaufen und sich dort zu Trockendeltas verzweigen. Wenn die jährliche Regenmenge eine bestimmte Höhe erreicht, findet sich im Boden dieser Deltas so viel Feuchtigkeit, daß Baumwollanbau möglich wird.

Meine Aufgabe war also, die Deltas zu untersuchen, nicht aber mich um Heuschrecken zu kümmern. Jedoch traf ich gerade in den Deltas mit ihnen zusammen. So oft mein Kamel ein Bein zu Boden setzte, sprangen Heuschrecken empor. Sie waren grün gefärbt. Ich sammelte einige und sandte sie, als ich nach Port Sudan zurückkam, an UVAROV nach London, der sie als *Schistocerca flaviventris* bestimmte.

Nach Einsetzen des Regens suchte ich das Küstengebiet erneut in Sachen Baumwolle auf. Das Land war zu dieser Zeit zu einer Savanne geworden, in der ich *Sch. flaviventris* bei der Eiablage antraf. Die im Brutgebiet schlüpfenden Larven veränderten aber plötzlich ihre Farbe ins Gelbliche und schlossen sich zu großen Zügen zusammen. Das überraschte mich so sehr, daß ich die Baumwolle vergaß und mich auf die Heuschrecken konzentrierte. An ihnen waren alle Zeichen eines Phasenwechsels erkennbar wie sie von UVAROV beschrieben wurden. Bei meiner ersten Reise hatte ich die solitären Tiere kennengelernt; nunmehr waren gregäre Hüpfer entstanden. Damit hatte sich die als selbständig betrachtete *Schistocerca flaviventris* als Solitärphase der Wüstenheuschrecke herausgestellt. Leider konnte ich meine Untersuchungen nicht weiter vertiefen, da die Heuschrecke über die Baumwollfelder hierfiel und ich alle Hände voll zu tun hatte, sie zu bekämpfen. Jedoch fing ich einige dieser gregären Hüpfer und steckte sie in Käfige. Dies überraschte die Verwaltungsbeamten in Port Sudan so sehr, daß einer von ihnen, als er nach Khartum zurückkehrte, dort berichtete: ‚Ich sage Euch, dieser Bursche vernichtet die Heuschrecken nicht, sondern züchtet sie!‘

Mit diesen einfachen Zuchtexperimenten sollte ein Vergleich zwischen eingekäfigten und Freiland-Tieren durchgeführt werden. Es zeigte sich, daß Hüpfer, die im letzten Larvenstadium eingekäfigt wurden, sich zu gelben gregären Tieren umwandelten. Jüngere Tiere dagegen, obwohl sie bereits in Gelbfärbung begriffen waren, wurden mit den nächsten Häutungen wieder grün, d. h. nahmen den Solitär-Status an. Auch jene Tiere, welche die chemische Bekämpfung in den Baumwollfeldern überlebten, wandelten sich zu grünen solitären Tieren um, sofern sie noch jung genug hierfür waren. Das alles bildete eine Bestätigung der Phasentheorie.“

So erfreulich für UVAROV der Bericht JOHNSTONs über den Phasenwechsel nun bereits der dritten Heuschreckenart war, so blieben doch auch hier die wichtigsten Fragen unbeantwortet. Welches waren die Ursachen für die mysteriöse Umwandlung der einen Lebensweise in die andere? Warum lebten die Heuschrecken eine Zeitlang so isoliert und scheu, um dann so massiert aufzutreten, daß ihre Leiber den Erdboden und die Pflanzen dicht bedeckten? Wodurch kam es zu dieser phantastischen Bevölkerungsexplosion und andererseits zu deren Zusammenbruch? Welche Faktoren lösten den Phasenwechsel im Körper der einzelnen Heuschrecke aus? Welche Mechanismen sorgten dafür, daß die Tiere beim Schwärmen über Tausende von Kilometern zusammengehalten wurden? Und schließlich eine Frage, die für die Bekämpfungsmaßnahmen von großer Bedeutung ist: Lassen sich die Bewegungen vorhersagen?

In seiner grundlegenden Veröffentlichung von 1921 schreibt UVAROV: „Die Hauptursache unserer Unkenntnis über alle diese Dinge besteht darin, daß schädliche Insekten, speziell Heuschrecken, immer nur in den Jahren ihrer Massenvermehrung, nicht jedoch während der dazwischenliegenden Zeiträume untersucht wurden. Gerade diese Zwischenjahre bergen aber den Schlüssel zum Heuschreckenproblem."

Wären UVAROVS Worte damals beherzigt worden, hätte man die nachfolgenden Heuschreckenplagen, die von den nächsten 50 Jahren nicht weniger als 32 umfaßten, zwar nicht verhindern, sicherlich aber in ihren Auswirkungen auf ein erträglicheres Maß vermindern können. Ein Teil der aufgeworfenen Fragen wurde inzwischen dank der unermüdlichen Arbeit von UVAROV und seinen Mitarbeitern sowie einer Reihe von Entomologen aus anderen Ländern beantwortet. Eine Übersicht über das Erreichte und noch nicht Erreichte enthält UVAROVS Buch „Grashoppers and Locusts". Das Erscheinungsjahr des 1. Bandes, 1966, fiel mit dem goldenen Arbeits-Jubiläum des Autors zusammen. Nachdem UVAROV die Leitung des Anti-Locust-Research-Centre in jüngere Hände gelegt hatte, widmete er sich noch 11 Jahre lang der Heuschreckenforschung. Als ihm im März 1970 der Tod die Feder aus der Hand nahm, war er gerade mit dem 2. Band seines großen Heuschrecken-Buches beschäftigt.

5. Kapitel
Sahara - Panorama

Im Januar 1966 konnte man die Wüstenheuschrecke zwar überall in ihrem Verbreitungsgebiet finden, jedoch in nur sehr geringer Zahl. Nachdem ihre riesigen Schwärme 13 Jahre lang in den nördlich des Äquators gelegenen Wüsten zwischen dem Atlantik und dem Indischen Ozean hin -und hergebrandet waren, brach die Plage 1962 zusammen. Der Zusammenbruch ging schrittweise vor sich; er begann im Westen, dehnte sich dann über die mittlere Sahara zum Osten aus, wo die Pakistani und Inder mit einer umfangreichen Bekämpfungsaktion unter Einsatz von Flugzeugen kräftig nachhalfen.

In der Vergangenheit kümmerte man sich während der Pausen zwischen zwei Plagen nicht weiter um die Heuschrecke. Die Bauern waren froh, ihre harte Arbeit jetzt wenigstens mit Aussicht auf Erfolg tun zu können, und die staatlichen Pflanzenschutz-Organe wandten sich anderen Fragen zu. Aber gerade in solchen Ruhezeiten muß man die Wüstenheuschrecke näher studieren. Während der Plage selbst hat man alle Hände voll mit den Bekämpfungsmaßnahmen zu tun. Die Forschung findet dann hauptsächlich in den Laboratorien statt, und wenn schon im Freiland, dann fast ausschließlich im Hinblick auf die Wanderungen sowie auf Verbesserungen der Bekämpfungsmethodik. So viel Mühe es auch macht, die Tiere außerhalb der Massenvermehrung in den Wadis aufzuspüren, so lohnt diese Mühe doch reichlich, weil nur jetzt Aussicht besteht, den Geheimnissen des Phasenwechsels und damit des Ausbruchs der Plagen auf die Spur zu kommen.

Einen wichtigen Schritt in dieser Richtung tat 1962 und 1963 G. POPOV. Er suchte die Heuschrecken in den Wadis auf und stellte zum ersten Male fest, wie ihre Brutstätten beschaffen sind und wo man sie zu suchen hat. Im Gegensatz zu ihrer Verwandten, der Afrikanischen Wanderheuschrecke, die mit großer Standorttreue das Flußgebiet des mittleren

Niger in der Nähe von Timbuktu bewohnt und dort bekämpft werden kann, ist die Wüstenheuschrecke, wie Popov zeigte, überall im afrikanisch-asiatischen Wüstengürtel nördlich des Äquators verstreut und imstande, in Massenvermehrung zu treten. Die bisher bekannten Entstehungsorte der Plagen befanden sich am Persischen Golf, am Indischen Ozean und Roten Meer sowie im Inneren der Sahara. Das ist ein Gebiet von annähernd 8 Millionen Quadratkilometern. Popov erkannte bald, daß es nicht möglich ist, die Entwicklungsplätze der Heuschrecke in diesem Riesengebiet nach geographischen Gesichtspunkten zu umschreiben, daß aber topographische Merkmale dafür geeignet sind. Insbesondere fällt in den bergigen Teilen der Wüsten der Regen stärker als in den ebenen, wodurch die ersteren und ihre Umgebung Bedingungen bieten, die den Bedürfnissen der Wüstenheuschrecke entsprechen. Er zählte eine Reihe von Hochländern auf, von denen aus das ablaufende Regenwasser sich weit in das flache Land ergießt. Eines davon ist das Hoggar-Gebirge, dessen dunkelgefärbte Felsen aus der mittleren Sahara emporragen.

Gegen Ende des Jahres 1965 erhielt ich eine Einladung, innerhalb des Entwicklungshilfe-Programms der Vereinten Nationen an drei ausgedehnten Forschungsreisen durch Algerien, Saudi-Arabien und den Iran teilzunehmen. Aufgabe der Reisen war es, eine Kartierung aller Brutgebiete der Wüstenheuschrecke vorzubereiten. Bei der Algerienreise sollte die Sahara mit dem Landrover vom Hoggar-Gebirge aus bis zu den Grenzen Malis und Nigers auf der einen sowie Libyens auf der anderen Seite durchquert werden. Sie begann Anfang 1966 mit einem Flug von Algier nach der am Fuße des Hoggar-Gebirges gelegenen Oasenstadt Tamanrasset.

Ich kam in Algier am Ende der ersten Woche des neuen Jahres an und wurde von Professor Roger Pasquier, einem älteren Zoologen und Mitarbeiter der algerischen Landwirtschaftlichen Forschungsanstalt, der die Regierung in Heuschrecken-Fragen beriet, erwartet. Hager und etwas gebeugt, anfänglich zurückhaltend, dann aber schnell auftauend, als er einen aufmerksamen Zuhörer vorfand, sah er lächelnd meinen Anorak an und erklärte ihn als für Sahara-Nächte ungeeignet. Er selbst trug einen uralten Mantel sowie eine Baskenmütze, die bis zu den Ohren hinunterreichte. Ein neben ihm stehender junger Araber namens Hadj Benzaza, ein ehemaliger Schüler Pasquiers und heute Leiter des staatlichen Pflanzenschutzdienstes, lugte aus einer Djelleba heraus, einer Art Mantille mit Kapuze, die sich gut als Schlafbedeckung verwenden läßt.

Wir bestiegen eine Dakota-Maschine, die den Flugdienst zwischen den Oasen versieht. Nachdem diese schwerfällig abgehoben hatte, flog sie zunächst entgegengesetzt aufs Mittelmeer hinaus, um hier die nötige Höhe zum Überfliegen des nahe der Stadt steil aufragenden Tell-Atlasgebirges zu gewinnen. Bei dem Flugzeug handelt es sich um eine Art Luftbus, der zweimal in der Woche einen Rundflug durch die algerische Sahara unternimmt. Die Westroute, der wir folgten, geht nach Tamanrasset mit Zwischenlandungen in Laghouat, Ghardaia, Ouargla, El Goha und In Salah, während die Ostroute ihren Weg über Fort Flatters, In Amenas und Djanet nach Tamanrasset nimmt. Unser Plan, generalstabsmäßig vom Professor aufgestellt, ging dahin, Tamanrasset auf der Westroute zu erreichen und acht Tage später von Djanet aus die Ostroute zum Rückflug zu benutzen. Das ermöglichte uns, die wichtigsten Wadis der südlichen und östlichen algerischen Sahara zu besuchen, die während der vorangegangenen Monate möglicherweise Brutstätten der Wüstenheuschrecke gewesen waren.

Die Flugpassagiere bildeten eine Sammlung von Menschen wie sie für Reisen in derart abgelegene Gebiete typisch ist: Ingenieure, Ölbohrer, Kaufleute und die unvermeidlichen Touristen. Und was erwartete ich zu sehen? Ich wußte aus Büchern, daß die Sahara die „Wüste aller Wüsten" ist, durch die man 2500 km südwärts und 4500 km ost- oder westwärts wandern konnte, ohne etwas anderes zu Gesicht zu bekommen als Sand, Kies und Fels mit Ausnahme vielleicht einer Kamelkarawane. Die eigentliche Wüste beginnt, wie PASQUIER mir erklärte, am Innenrand eines Steppengürtels, dessen Breite zwischen einigen und mehr als hundert Kilometern wechselt.

Alles das waren Voraussetzungen und noch keine Wirklichkeit, als wir die ersten Bergketten des Atlas überflogen. Während einige Touristen zu frühstücken begannen, trafen andere Vorbereitungen zum Fotografieren des Sonnenaufgangs. Wir flogen in etwa 2500 m Höhe, die eine ideale Übersicht über die Landschaft gewährt. PASQUIER, der hinter mir saß, gab mir zunächst einige allgemeine Erläuterungen. Er war zum Zeitpunkt der Reise 65 Jahre alt und hatte mehr als 40 Jahre lang, oft auf dem Kamel, die Sahara bereist. Er skizzierte mir eine Landkarte in mein Notizbuch, die das Atlasgebirge in seinem 1000 km langen Bogen von der marokkanischen Atlantikküste durch Algerien und Tunesien zeigte. Dieses Gebirge ist für das Heuschrecken-Problem sehr wichtig, weil seine regnerische und kalte, nicht selten Schneefall bringende Winterwitterung eine Temperaturschranke für die von Süden her einwandernden Sommer- und Herbst-Generationen der Wüstenheuschrecke bildet. Für den Pflanzenschutzdienst bedeutet das, daß er die zum Halt gezwungenen Schwärme am Südrand des Gebirges lokalisieren und bekämpfen kann. Allerdings müssen dabei oft große technische Schwierigkeiten überwunden werden, wenn die

Schwärme sich in entlegenen und unzugänglichen Gebirgstälern niederlassen. Gelingt es nicht, die Heuschrecken zu dieser Zeit zu vernichten, können sie im Frühjahr die Berge überqueren und sich entlang der dichtbesiedelten und landwirtschaftlich intensiv genutzten nordafrikanischen Küste ausbreiten. PASQUIER erläuterte hierzu:

„Wenn solche Schwärme unerwartet oder weil wir sie im Winter nicht vernichten konnten, in die Küstengebiete Marokkos und Algeriens einfallen, schreiten sie hier zumeist zur Fortpflanzung. Es entsteht dann eine höchst unangenehme Kreislaufbewegung, indem ein Teil der neuen Generation sich nach Osten und von dort aus südwärts zurück zu jenen Wadis der Sahara bewegt, welche die Ausgangspunkte ihrer Eltern bildeten. Dort erzeugen sie eine Sommergeneration, die wiederum nach Norden fliegt."

Während dieser Erläuterungen PASQUIERs war es Tag geworden. Unmittelbar unter uns lagen die Höhen des Tell-Atlas, deren Schönheit wir aus den grünen Pünktchen und Flächen, als welche die Bäume und Bestände der sommergrünen Eiche erschienen, ahnen konnten. Bald hatten wir den Kamm überflogen und die Höhenzüge des südlichen Vorgebirges unter uns, dessen schwellende Formen von tiefen Tälern und Schluchten durchzogen sind. Einstmals waren sie mit Wäldern bedeckt; heute tragen sie hauptsächlich Getreidefelder. Sowohl für den mit uns fliegenden Leiter des algerischen Pflanzenschutzes wie auch für die Wüstenheuschrecke ist dieses Vorgebirge, wie gesagt, ein entscheidendes Gebiet. Zur Bekämpfung des Schädlings werden chemische Insektengifte, vor allem HCH-(Hexachlorcyclohexan-)Staub eingesetzt, die in sieben am Gebirgsrand zwischen Oran und Bône verteilten Depots auf Vorrat gehalten werden. „Das nächste Depot von hier aus", erklärte BENZAZA, „ist Boghari, das rechts hinter den Bergen liegt. In Algier befindet sich das Hauptdepot. Dort lagern 2500 Tonnen Stäubemittel und 250 000 Liter Sprühflüssigkeit sowie 100 kleinere Stäubegeräte mit Handbetrieb und 65 Großgeräte auf Zugmaschinen. Notfalls mieten wir Flugzeuge zum Sprühen aus der Luft an. Unsere Aufgabe in Algier ist es, die Gesamtleitung der Maßnahmen zu übernehmen sowie zusätzlich benötigte Leute, Bekämpfungsmittel und Geräte in die Befallsgebiete zu schicken. Sobald eine Heuschrecken-Invasion beginnt, werden Bekämpfungstrupps zu den Depots entsandt. Sie teilen das Befallsgebiet in Sektoren ein, wobei es wie bei einer militärischen Operation zugeht. Zuerst wird ein Sperrgürtel an der nördlichsten Grenze des Befallsgebietes gelegt, von welchem aus wir südwärts vorrücken und Fläche für Fläche säubern. Manchmal müssen wir auch zurückgehen, wenn den Heuschrecken der Durchbruch gelang. Bisher sind wir dabei stets ohne Einsatz von Flugzeugen ausgekommen."

Das Bergland des Sahara-Atlas, das dem Tell-Atlas parallel läuft, endete mit einem Steilabfall, an dessen Fuß Laghouat, unser erster Landepunkt, auftauchte. Man nennt diese Stadt das „Tor zur Sahara", jedoch beginnt die eigentliche Wüste hier noch nicht, sondern erst hinter einem etwa 150 km tiefen Steppengürtel, Daia genannt. Vom Flugzeug aus betrachtet, besteht dieser Gürtel aus zahlreichen, in sich zerklüfteten Kreisflächen von etwa fünfzig bis zu mehreren hundert Metern Durchmesser. In einigen von ihnen schimmerte es grün auf dem dunklen Steppenuntergrund; andere waren sauber gepflügt, manche mit Obstbäumen bestanden, wieder andere mit Gestrüpp bedeckt. Sie erinnerten mich an die ähnlich bebauten Parzellen in den Causses, jenem trockenen französischen Hügelland über dem Flusse Tan. Die algerischen *Daia* sind Inseln guten Bodens, in denen sich hinreichend Feuchtigkeit zum Anbau von Kulturpflanzen hält. Das ist bei einer solchen Lage am Rande der Wüste erstaunlich. Je südlicher wir flogen, desto ärmer und undeutlicher wurden diese Parzellen, bis man sie schließlich nur noch an einzelnen Gruppen verkümmerter Bäume erkannte. Ähnlich den Oasen sind auch die Daia in besonderem Maße dem Befall durch Heuschrecken ausgesetzt. Als wir auf unserer Rückreise in Ghardaia zu Mittag aßen, erzählte uns der Wirt, daß er die Straßen der Stadt schon mit einer meterhohen Schicht Heuschrecken bedeckt gesehen habe, während die Dattelpalmen unter dem Gewicht der Heuschreckenmassen mit pistolenähnlichem Knall gebrochen wären. „Es war ein furchtbarer Anblick. Ein Riesenstrom von Heuschrecken ergoß sich in die Stadt. Alles wogte durch- und übereinander und kletterte an den Häusern hoch. Obgleich wir die Türen und Fenster abdichteten, gelangten viele ins Haus. Man erzählte sich, daß Kinder von ihnen aufgefressen worden seien, doch denke ich, daß es sich hierbei um Babys handelte, die unter den Heuschreckenmassen erstickten." PASQUIER bestätigte, daß in vielen Oasen ähnliches erzählt werde und fügte hinzu: „Solche Invasionen hinterlassen Chaos, Ruin und Hoffnungslosigkeit."

Früher erhielt man die meisten Informationen über die Bewegungen der Wüstenheuschrecke von den Nomaden, deren ausgedehnte Reisen sowie die Notwendigkeit, vor Menschen und Naturgewalten immer auf der Hut zu sein, sie zu idealen Beobachtern aller Erscheinungen in der Wüste machen. In der nördlichen Zentral-Sahara gehören die meisten von ihnen dem Stamm der Chaamba an, deren Lager die Steppe beiderseits der unter uns sichtbaren Straße von Laghouat nach Ghardaia übersäten. Sie begannen zu dieser Zeit gerade ihre Winterlager zwischen den fünf Städten des M'Zab zu verlassen, um ihre jährliche große Rundreise anzutreten. Hier und da konnten wir ihre Schafherden als weiße Flecken erkennen. Sie besitzen auch Ziegen und Esel und treiben alle ihre Tiere auf den Wanderungen mit sich. Im Sommer unterbrechen sie ihren Marsch, um auf südlicheren Weideplätzen bis zum Herbst Quartier zu nehmen, dann kehren sie in ihr Winterlager zurück.

Soeben tauchten die von Mauern umgebenen fünf Städte des M'Zab auf, jede auf einem Hügel erbaut. Sie bieten ein höchst romantisches Bild. Ungefähr 150 km südlich von Ouargla gelegen, sind sie die letzten größeren menschlichen Siedlungen, bevor die eigentliche Wüste beginnt. Die größte von ihnen, Ghardaia, hat einen Flughafen.

Unmittelbar hinter Ghardaia sahen wir unter uns ein trostloses felsiges Hochland liegen. Jenseits desselben dehnen sich die zwei riesigen Sandmeere aus, der östliche und der westliche Erg, deren Dünen am Horizont in einem gelblichen Dunstschleier versanken, der aus dem vom Wind emporgewirbelten Sandstaub besteht. Dieser Schleier vermittelte ein fast noch eindringlicheres Bild von der Öde der Sahara als es die Oberfläche tat, über die wir hinwegflogen. Zusammen bedecken die zwei Ergs (der Name ist arabisch und heißt soviel wie „Dünenland") ungefähr 120 000 Quadratkilometer. Der aus ihnen herausgewehte gelbe Sandstaub färbt die Luft über einer mindestens fünfmal so großen Fläche und wird oft über tausende Kilometer weit verfrachtet. In Westafrika ist die Sonne oft wochenlang verschleiert, wenn der Harmattan-Wind aus der Sahara weht.

Nur der östliche Erg wird von einer Straße durchzogen, die sich an eine alte Karawanenstraße anlehnt. Den westlichen, etwa 450 km langen und 150 bis 200 km breiten Erg kann man nicht auf einer Straße durchqueren. Die Tarmac-Straße von Algier in den Süden endet noch im ersten Drittel der Sandwüste. Die Zentral-Sahara der Ergs, über die wir jetzt hinwegflogen, sieht von oben aus wie ein riesiges Reibeisen. Die Dünen werden zuweilen durch salzüberkrustete glitzernde Flächen sowie durch dunkelgraue Felsen mit phantastischen Schluchten unterbrochen.

Wir landeten kurz in El Golea nahe dem Ostrand des westlichen Ergs. Die nun folgende 400-km-Etappe bis zur nächsten Oase In Salah verschliefen die meisten von uns. Nur Professor PASQUIER blieb wach, beobachtete die Landschaft, schrieb Notizen und fertigte Skizzen an. Plötzlich legte sich die Maschine auf die Seite und beschrieb einen Bogen über dem Steilrand des Tademait-Plateaus. Im Hinuntergehen sahen wir flüchtig die bienenwabenähnlich gebauten Häuser sowie die Palmen der Oase In Salah. Als wir auf dem einige Kilometer von der Siedlung entfernten Landeplatz aus der Maschine traten, traf uns die Hitze wie ein Schlag. Aber am Boden fühlten wir einen kalten Wind. Ich verstand nun, warum PASQUIER vor dem Flug darauf bestand, daß wir uns mit Baumwolle-

Hemden und Wolle-Pullovern ausrüsteten. Für den Sahara-Winter ist der schnelle Wechsel zwischen heiß und kalt typisch. In Salah hat im Winter – ebenso wie andere Oasen der zentralen und südlichen Sahara – einen täglichen Temperaturunterschied von mindestens 14° C. Am Tage unserer Ankunft hatten die Einwohner einen Temperaturwechsel zwischen einem algerischen Sommertag und einer englischen Winternacht zu bestehen.

Uns fehlte die Zeit, den Landeplatz zu verlassen. Doch reichte sie, um eine Besonderheit der Gegend kennenzulernen. Im Garten eines kleinen Gebäudes standen Tamarisken. PASQUIER riet mir, ein Blatt davon zwischen den Fingern zu reiben und dann mit einem Finger die Zungenspitze zu berühren: Meine Finger waren salzig. Wie mir PASQUIER erklärte, nehmen die Bäume mit den Nahrungsstoffen aus dem Boden soviel Salz auf, daß sie den größten Teil davon aus den Blättern wieder ausscheiden müssen. Er deutete auf eine Baumgruppe in der Nähe: „Wie Sie bemerken, stehen sie alle auf Erdhügeln. Können Sie sich das erklären: jeder Baum auf einem kleinen Hügel inmitten der flachen Wüste?" Ich trat näher heran und sah, daß es sich um seltsame, steilwandige und harte Hügel handelte. Aus der Spitze des einen ragte ein toter Ast, ähnlich einem gebleichten menschlichen Armknochen heraus. Ein anderer Hügel war auf der einen Seite des Baumes viel stärker ausgebildet als auf der anderen. Ich drückte meine Vermutung aus, daß die Gebilde etwas mit der Salzausscheidung der Bäume zu tun haben könnten. „Richtig", bestätigte PASQUIER, „Sie schmeckten das Salz auf den Blättern. Hier sehen Sie nun, daß die von den Bäumen ausgeschiedenen Salztropfen zu Boden fielen und sich mit den Sandkörnern zu einer harten Masse verbanden. Im Laufe der Jahre entstehen dann diese Sand-Salz-Hügel, die rund um den Baum emporwachsen, oft so hoch, daß die Bäume schließlich darin ersticken." Die Nomaden prägten für die Hügel den Namen Nebka.

Die soeben genannte Tamariske, *Tamarix articulata,* gehört zu den wenigen Baum- und Straucharten, die imstande sind, der lebensfeindlichen Umwelt in der offenen Wüste zu trotzen. Ebenso wie die Wüstenakazien, *Acacia raddiana* und *A. seyal,* kann die Tamariske mehrere Jahre lang ohne Regen leben. Die geringe Feuchtigkeit in den tieferen Bodenschichten reicht offenbar aus, ihr das Überleben zu sichern. Der Botaniker nennt solche Pflanzen xerophil (trockenfreundlich). Bei fast allen mehrjährigen Pflanzen wußte die Natur den Herausforderungen von Sonne und Trockenheit dadurch zu begegnen, daß sie die Assimilations- und Verdunstungsorgane, also die Blattflächen, auf ein Minimum reduzierte. Ein Weg hierzu, den z. B. die Akazien beschritten, ist die Umwandlung der Blätter in Dornen.

In der Halle des Flugplatz-Gebäudes von In Salah vergaß man für einen Augenblick die öde und furchtbare Umgebung. Erst als wir uns wieder in der Luft befanden, konnten wir den Würgegriff der Sahara erkennen, der den winzigen Lebensraum einer Oase bedroht. Ich fotografierte die Spuren einer verlorenen Schlacht der Oasenbewohner gegen die Wüste: Trümmer einer Ansiedlung, die erst von der Wüstenheuschrecke, dann von der Wüste selbst überfallen worden war. Der Sand türmte sich zwischen den Haus- und Baumruinen. Geometrische Linien im Sandmeer ließen von oben die Formen früherer Felder erkennen. Von ihnen aus verliefen Reihen perlschnurartig aneinandergereihter verfallener Erdschächte (Abstand zwischen zwei Schächten etwa 50 bis 100 Meter) in Richtung auf höher gelegenes Land. PASQUIER erläuterte, daß dies Foggara seien, Schächte, die durch unterirdische Wasserkanäle miteinander verbunden waren.

Eine Oase ist das Ergebnis eines auf undurchlässigen Felsschichten verlaufenden unterirdischen Wasserzuges, der an einer Stelle oder an mehreren solchen als Quelle zutagetritt und damit Leben in der Wüste ermöglicht. Die Oasenbewohner waren jedoch seit jeher meistens gezwungen, diese zu geringe und unsichere Stütze ihrer Existenz zu verstärken. Sie fanden eine geniale Lösung des Problems in den Foggara, und zwar, wie man entdeckte, bereits vor 3000 Jahren. Als erstes suchte man nach jener Stelle in der Umgebung, wo der Grundwasserspiegel sein höchstes Niveau erreichte. Dort grub man einen so tiefen Schacht, daß das Wasser an seinem Grund sich wie in einem Brunnen ansammelte. Sodann wurden in Richtung auf die Ansiedlung in bestimmten Abständen weitere solche Schächte gegraben, wenn notwendig, viele Kilometer lang. Schließlich verband man die Wasservorräte aller Schächte durch Tunnels, die oft nur sehr geringe Neigung besitzen, aber dennoch ausreichen, das Wasser zu den Feldern fließen zu lassen und diese zu bewässern.

Man glaubt, daß die Idee der Foggara von den Juden und Berbern lange Zeit vor Christi Geburt aus östlichen Wüsten nach Westen gebracht wurde, und daß diese sie wiederum von östlicheren Ländern übernahmen, wahrscheinlich von den Persern, deren Qunats noch heute im Iran allgemein gebräuchlich sind. Möglicherweise hat sogar die Wüstenheuschrecke zur Erfindung dieser Anlagen beigetragen, indem sie mit ihrem feinen Gespür für Feuchtigkeit bei der Suche nach Eiablage-Plätzen den Menschen die Stellen mit hohem Grundwasserstand zeigte. Ein Hydrologe der FAO, R. P. AMBROGGI, schrieb denn auch in jüngster Zeit, daß ein näheres Studium der Verhaltensweise der Wüstenheuschrecke sich für die Suche nach Wasser in den Wüsten nützlich erweisen könnte. Die Tuareg ließen früher die Foggara von Negersklaven bauen und instand halten. Als die Sklaverei abgeschafft war, verfielen viele dieser Anlagen. In der zur westlichen Sahara gehörenden Wüste Touat werden die Foggara besonders intensiv genutzt. Dort sollen noch heute Bewässerungstunnels von mehr als 1500 km Gesamtlänge in Betrieb sein.

Unsere Maschine dröhnte dem Ziel ihrer letzten, 600 km langen Etappe entgegen. Links tauchten die Vorberge des Hoggar-Gebirges und kurz darauf die ostwärts streichende Nordfront des Hauptkammes auf, dessen gewaltige Gipfel im Licht der untergehenden Sonne glühten. Die Bergkette endet mit dem 3300 m hohen Mont Tahat, dem höchsten Punkt der algerischen Sahara. Das Hoggar-Gebirge nimmt mit seinen unzähligen Wadis und Wasserrinnen eine Schlüsselposition im Leben der Wüstenheuschrecke ein.

Das Heuschrecken-Forschungsteam erwartete uns auf dem Flugfeld von Tamanrasset. PASQUIER beugte sich über eine französische Militärkarte, die auf der Kühlerhaube eines Landrovers ausgebreitet war, während ihm die jüngsten Beobachtungen über die Heuschrecke mitgeteilt wurden. Dies war eine uns im folgenden vertraut werdende weil immer wiederkehrende Situation. Dann fuhren wir zur nahen Oasenstadt, dem Endziel unseres Fluges.

6. Kapitel
In die Große Leere

Der Name „Sahara" ist übersetzt worden mit „Große Leere", „Große Verlorenheit" und „Großes Nichts". Die Oase Tamanrasset ist ihr Vorposten. In ihr befinden sich die einzigen Gasthäuser auf der 1600 km langen Wüstenstrecke zwischen In Salah in Algerien und Agadiz in Niger. Sie ist auch Ausgangs- und Endpunkt für die Kamelkarawanen sowie Durchgangslager für vielerlei Handelsgüter, insbesondere für das in den historischen Minen des Hoggar-Gebirges gewonnene Salz.

Eine Gruppe Kamele verlegte uns den Eingang in die Stadt. Vorsichtig bahnten wir uns zwischen den Tieren einen Weg, während ihre Besitzer, Tuareg-Nomaden, sie in eine Ecke des Platzes trieben, der sich neben einem Triumphbogen aus orangegelben Lehmziegeln befand. Eine kleine Tafel an einem der Bogenpfeiler enthielt die Höhenangabe für Tamanrasset: 1390 m über dem Meeresspiegel. Damit ist die Oasenstadt die am höchsten gelegene größere Siedlung Algeriens, wenn nicht sogar der gesamten Sahara.

An den großen Torbogen schloß sich die von zwei Reihen Tamarisken eingefaßte Hauptstraße an, deren Bild von den zahlreichen kleinen höhlenähnlichen Verkaufsständen bestimmt wurde. Das Ende der Straße bildete wieder ein Platz, an welchem sich die Präfektur und die Kasernen befanden. Über dem Wachtposten am Kasernentor flatterte die algerische Flagge. Unmittelbar hinter den Kasernen schien das Gebirge fast senkrecht aufzusteigen. In Wirklichkeit lag es noch einige Kilometer entfernt, aber die in dieser Höhenlage besonders klare Luft rückte es optisch so nahe heran.

An diesem Platz befand sich auch unser Tagesziel, das Hotel L'Amenokal, benannt nach dem Titel des ehemaligen Tuareg-Präsidenten der Ahaggar-Konföderation. Uns empfing ein anspruchsloses niedriges weißes Haus inmitten eines Gartens, der vom Präfektur-Platz durch eine hohe Mauer abgeschirmt war. Meine Anmeldung füllte ich unter einem großen, schon vergilbten Plakat der British European Fluggesellschaft aus, das zu einem Besuch nach England einlud. Nachdem wir uns an einem gebratenen Hähnchen gestärkt hatten, besprachen wir unseren Reiseplan.

Die bisher im Rahmen der Heuschreckenforschung von Tamanrasset aus unternommenen Fahrten hatten zu folgenden Zielen geführt: 450 km südwärts nach Tin Zaouaten an der Grenze nach Mali – in gleicher Entfernung südwestwärts nach In Guezzam an der Niger-Grenze – 400 km westwärts nach den Kiesebenen von Tanezrouft – in die ebenso weite aber nordwestlich gelegene Ebene von Tidekelt – 500 km nordostwärts zum großen Wadi Igharhar sowie 800 km ostwärts nach Djanet. Zusätzlich waren von diesen Routen Abstecher unternommen worden. Insgesamt umfaßt das gesamte bisher zur Brutzeit der Heuschrecke durchforschte Gebiet in diesem Teil der Sahara mehr als 450 000 Quadratkilometer. Es gibt auf der Erde keine einsameren Gebiete, die Polarzonen ausgenommen. Ein algerisches Wissenschaftler-Team war gerade aus dem Gebiet südlich des Hoggar-Gebirges zurückgenommen. Die Forscher berichteten von einer „interessanten" Anzahl erwachsener Heuschrecken der Solitärphase nahe der Grenze nach Niger. PASQUIER, der ursprünglich westwärts in Richtung Tanezrouft fahren wollte, entschied sich auf Grund dieser Berichte zu einer südlichen Route.

Wir verließen Tamanrasset vor Tagesanbruch, zunächst in nördlicher Richtung, um in einem Bogen auf die Südwest-Route entlang den Hoggar-Vorbergen zu gelangen. Es war noch dunkel, als wir etwa 50 km nordwestlich von Tamanrasset inmitten der Staubfahne des vor uns fahrenden Landrovers die noch schlafende Oase Tit durchquerten, um danach in einen von der Hauptstraße abzweigenden schmaleren aber glatteren Weg einzubiegen. Tit ist eine von einem halben Dutzend kleinerer Oasen, denen Tamanrasset als Hauptstadt vorsteht. Eine knappe Stunde später durchfuhren wir Abelassa, wo die Haratin-Frauen den Sand von ihren Türschwellen fegten. Diese Oase hatte einst größere Bedeutung. An ihrem Rand liegt die gefeierte Tuareg-Königin Tin-i-Nane begraben. Die Morgensonne beleuchtete einen am Ufer eines Wadis aufragenden Steinhaufen, die Überreste des Grabmals von Tin-i-Nane. Hier endeten auch die einigermaßen guten Wegverhältnisse, die uns ein ziemlich schnelles Vorwärtskommen gestattet hatten.

Hinter Abelassa wurde unsere Geschwindigkeit durch eine mit Lavabrocken übersäte Strecke auf 15 Stundenkilometer gesenkt. An nackten Felsen entlang kamen wir torkelnd und holpernd nach Silet, der letzten Oase, einem armen Ort auf einer grauen, mit kränklich aussehenden Palmen bestandenen Schuttfläche am Rande eines Wadis. Wir hielten vor einer Handvoll ärmlicher Hütten, deren eine unserem Reiseführer, Bennounou Ag Rali, gehörte. Bennounou stieg aus dem vorderen Landrover, in welchem er mit PASQUIER fuhr, und führte uns in sein Haus. Ich sah von diesem Mann auf der ganzen Reise nie mehr als seine Augen und ein Stück des Nasenrückens, denn er war ein Tuareg, wenn auch wohl kein reinblütiger, und trug daher stets den Teguelmoust. Dieser Gesichtsschutz ist typisch für alle Angehörigen des Tuareg-Stammes. Er wird um den ganzen Kopf gewunden und ist so eingerichtet, daß sein Träger mit der rechten Hand zum Essen in eine Falte hineinschlüpfen kann, während die linke Hand den Stoff so hält, daß der Mund unsichtbar bleibt. Die Tuareg-Frauen tragen den Teguelmoust nicht. Bei den Moslems der nördlichen Sahara ist es genau umgekehrt: Hier ist das Gesicht der Männer unbedeckt und das der Frauen verhüllt. Ein so großer Unterschied in den Gebräuchen zwischen nördlichen und südlichen Stämmen ein und desselben Volkes mit derselben Religion ist erstaunlich.

Viele Autoren haben bereits zu erklären versucht, warum die Männer des Tuareg stets den Gesichtsschutz tragen. Die Erklärung der Tuareg selbst lautet: Wir tragen ihn, weil wir ihn immer schon trugen! Aus einer arabischen Schrift aus dem 11. Jahrhundert geht hervor, daß diese Gewohnheit schon seit mindestens tausend Jahren besteht und wahrscheinlich zu jener Zeit entstand, als die Berber, die Vorfahren der Tuareg, auf der Flucht vor den Arabern von Norden her in die Tiefen der Wüste vordrangen. Wenn das zutrifft, so liegt dem Teguelmoust wahrscheinlich eine praktische Bedeutung zugrunde. Die Sahara befand sich bereits damals in einem vorgeschrittenen Stadium der Austrocknung mit heißen trockenen Winden, die in alle Spalten der Zelte und Kleidung eindringen. Da erscheint es natürlich, daß die zu jeder Jahreszeit in der Wüste reisenden Männer ihre Atemwege vor diesen Winden schützen. Tatsächlich sind katarrhalische Erkrankungen infolge der Reizwirkung des feinen Staubes bei allen wüstenbewohnenden Arabern heute weit verbreitet mit Ausnahme der Tuareg. Der Teguelmoust bildet offensichtlich einen recht wirksamen Schutz der Atemwege, da der Stoff nicht nur Sand und Staub zurückhält, sondern auch einen Hohlraum läßt, der vom Atem her stets eine gewisse Luftfeuchtigkeit enthält, die Mund und Rachen vor dem Austrocknen bewahrt. Im Lauf der Jahrhunderte wurde diese Einrichtung dann zusätzlich so etwas wie ein Statussymbol der Tuareg. Wenn also Bennounou gelegentlich sagte, er trage den Schutz seiner Würde als Tuareg wegen, so meinte er das auch so.

Von dieser letzten Oase ab lag unsere Sicherheit, aber auch das Ergebnis unserer Reise in Sachen Heuschrecke fast gänzlich in der Hand Bennounous. Ein Teil der Verbundenheit dieses Mannes mit der Wüste beruhte ohne Zweifel auf Vererbung, der andere Teil auf langjährige Erfahrung. Wie andere Tuareg, die in den Oasen geboren wurden und aufwuchsen, hatte er bereits als Junge die Wüstenpfade kennengelernt, als er mit den Karawanen seines Vaters und Großvaters unterwegs war. Mit 17 Jahren trat er dem Kamelreiter-Korps der französischen Armee bei, welcher er 24 Jahre lang angehörte. Danach wurde er Reiseführer. Zum Zeitpunkt unserer Reise war er 43 Jahre alt und hatte sein ganzes Leben in der Wüste verbracht. Für Bennounou hatte die Sahara dort ihre Grenzen, wo seine Erfahrungen endeten. In jeweils einer Entfernung von 700 bis 800 km von Tamanrasset aus nach allen Himmelsrichtungen hörte für ihn die Welt auf zu existieren. Innerhalb dieser Grenzen kannte er aber alles und nahezu jeden Menschen. Wenn er z. B. einen harten Boden betrachtete, auf dem wir keine Spuren eines Weges entdecken konnten, wußte er zu sagen, wann hier die letzte Karawane zog, wieviele Kamele sie hatte, ob diese leicht oder schwer beladen waren und zumeist auch – weil Belastung und Größe der Karawanen individuell verschieden sind – wem die Karawane gehörte. Seinem Gedächtnis waren Datum und Dauer jedes Regens, der während seiner Lebenszeit oder jener seines Vaters und Großvaters gefallen war, eingeprägt. Er besaß eine genaue Kenntnis aller von den Bergen herabführenden größeren Regenrinnen und Wadis und, was für uns noch besonders wichtig war: Umfang und Art aller nach einem Regenfall emporsprießenden Pflanzenteppiche.

Physisch betrachtet, war Bennounou ein echter Tuareg: schlank, schmalhüftig und flachbrüstig, mit langen Armen und Beinen. Seine Nase war, soweit man sie sehen konnte, gerade und schmal. Die dunklen Augen waren das Bezeichnendste an ihm, vielleicht weil die anderen Teile des Gesichts unsichtbar waren. Nach der Meinung Pasquiers hatte er einen Schuß Haratin-Blut in seinen Adern. Die Haratin sind Neger, die vor längerer Zeit, hauptsächlich als Sklaven der Tuareg, in die Sahara kamen, um die Oasen-Kulturen anzulegen und zu pflegen. Bis zum Beginn der Unabhängigkeit Algeriens und der Errichtung der schwarzafrikanischen Republiken blieben sie Halbvasallen der Tuareg, von denen sie ein Fünftel der Ernten erhielten. Theoretisch betrachtet, besteht diese Abhängigkeit seitdem nicht mehr. In Wirklichkeit ist eine unklare Lage entstanden, bei der niemand recht weiß, wer hier wirklich der Herr ist. Die Gesellschaft zur Bekämpfung moderner Sklaverei in London hat jüngst festgestellt, daß es im Gebiet von Tamanrasset noch immer 20 000 Sklaven gäbe. Die algerische Regierung dagegen bestreitet die Existenz von Sklaven. Da jedoch der staatliche Einfluß in den weit entfernten Wüstengebieten gering ist, liegt die Wahrheit vermutlich zwischen den beiden Behauptungen. Wenn es noch Sklaverei in der Sahara geben sollte, so ist sie zumindest nicht mehr von jenem Typ, gegen den Wilberforce zu seiner Zeit ankämpfte.

Ungefähr 450 000 Tuareg leben heute verstreut im weiten Niemandsland zwischen den Grenzen Algeriens, Malis und Nigers. Nachdem die beiden zuletzt genannten Staaten ihre Unabhängigkeit proklamiert hatten, soll es nach mehreren Berichten zu einer beträchtlichen Flucht der Tuareg in die algerischen Wüsten gekommen sein. Offenbar will hierüber aber keiner der drei Staaten etwas wissen oder gar verlautbaren. Das große Problem der Tuareg besteht darin, daß sie jetzt den Preis ihrer Geschichte zahlen müssen. Durch 2000 Jahre hindurch war ihr Wohlstand im Karawanenhandel begründet. Dieser geht jetzt seinem Ende entgegen. Die Lebensweise der Tuareg steht im Widerspruch zur modernen Entwicklung. Im fernen Europa zerbricht man sich seit längerem schon die Köpfe, wie und wo die Tuareg-Nomaden seßhaft gemacht werden könnten. Aber abgesehen davon, daß der Versuch, einen Karawanentreiber in einen Bauern umzuwandeln etwa vergleichbar wäre mit jenem, ein Rennpferd vor den Pflug zu spannen, fehlt es an geeignetem Land, denn in den Anliegergebieten der Wüste befinden sich die Bauern ohnehin in einem harten Existenzkampf. Sollte es Wissenschaft und Technik gelingen, die Wüsten mit Wasser zu versorgen, könnte das Blatt sich wenden. Doch fürchte ich, daß bis dahin Bennounous Stamm längst ausgestorben ist.

Bennounou war nicht nur unser Reiseleiter, sondern auch der „Bürgermeister" der Oase Silet. Mit einer Art schüchternem Stolz zeigte er uns sein Lehmziegelhaus, das an der besten Stelle der Oase, dicht neben einem kleinen Bächlein, lag. Eine Lehmmauer umgab seinen Garten, in welchem seine Neffe Gemüse und Getreide angebaut hatte. Zusammen mit einigen Hühnern war das sein ganzer Besitz, seine Burg gegen die von allen Seiten angreifende Wüste. Außer für seine beiden Frauen und seine eigenen Kinder hatte er auch noch für eine bei ihm lebende Schwester und deren Kinder zu sorgen. Die wenigen anderen Bewohner der Oase waren nicht besser gestellt. Die Oase glich einem verlassenen Außenposten der Menschheit. Wir fuhren hinüber zu den Resten einer verlassenen Fremdenlegionärsstation, die etwa 800 m von Bennounous Haus am Rande einer Plantage von zerzaust aussehenden Palmen lag. PASQUIER deutete auf diese Bäume, die oberhalb einer Höhe von 5 bis 7 Metern von den Heuschrecken während der vergangenen Plage abgefressen waren. Trotz neuer Austriebe werden sie keine normale Krone wieder bekommen.

Während des letzten Krieges, als dieser Außenposten besetzt war, hatten die französischen Truppen auf dem grauen Lavaboden eine schmale Bahn für die Landung leichter Flugzeuge hergerichtet. In einem fruchtbareren Gebiet wäre diese Landebahn in den seitdem vergangenen Jahren längst von Pflanzen überwuchert und unbrauchbar geworden. Hier aber war sie noch glatt wie zu den Tagen ihrer Benutzung. HADJ BENZAZA, der mit seinem Landrover eine Runde darauf drehte, meinte bedauernd, daß es auf Grund des Fehlens einer Funkeinrichtung in der Subpräfektur Tamanrasset leider nicht möglich sei, uns im Falle der Not von dem 600 km nordöstlich gelegenen Flugplatz der Ölstation Fort Flatters hierher, zum Flugplatz der Oase Silet, zu Hilfe zu kommen. Inzwischen ist diesem Mangel im Rahmen eines UN-Projektes abgeholfen worden.

Es war jetzt etwa 9 Uhr morgens, und wir hatten rund 150 km zurückgelegt. Am Wege lag ein totes Kamel, das wie alle toten Tiere in der Wüste zu einer Mumie zusammengedörrt war. Wir fuhren am Rande eines grauen Lavafeldes entlang, das sich mit einer halbmeterhohen Steilkante aus der Ebene erhob. Wir waren nun in die eigentlichen Regs, die sonnendurchglühten Wüsten aus Dünen und Felsen, eingedrungen. Und während wir in diesem „Nichts" dahinfuhren, und die Hitze ständig zunahm, entstand um uns herum eine eigenartige Luftspiegelung, eine Fata Morgana: der Horizont löste sich auf und die uns umgebende Landschaft ward zu einem gleißenden See, in welchem wir auf einer sich vorwärtsbewegenden Insel schwammen. So schnell wir auch fuhren, konnten wir doch den Inselrand nicht erreichen; wir blieben immer in der Inselmitte. Von unserem an zweiter Stelle fahrenden Landrover aus schien das vorderste Fahrzeug mit PASQUIER, Abdel und Bennounou ständig im Begriff, sich in Luft aufzulösen. Manchmal sahen wir es, manchmal war es verschwunden, meist sahen wir nur bestimmte Teile davon. Die hinter uns fahrende dritte Gruppe sah das vordere Auto gar nicht mehr und das unsere im Zustand der Auflösung.

Während ich in Tamanrasset das Gefühl gehabt hatte, mich an der Grenze der bewohnten Welt zu befinden, begann ich jetzt, südlich von Silet, die Unermeßlichkeit der Sahara zu begreifen. Gewiß ist auch diese Wüste „meßbar"; man kann sie mit Hilfe von Längen -und Flächenmaßen abgrenzen und berechnen oder durch Distanzen von Bergland zu Bergland bzw. Wasserloch zu Wasserloch gliedern. Aber alle derartigen Messungen schienen mir völlig abstrakt zu sein und außerhalb jeder persönlichen Erfahrung zu liegen. Man weiß, daß die Wüste Sahara rund 6 Millionen Quadratkilometer Flächenausdehnung hat. Kann man sich das aber vorstellen? Irgendwo südlich von uns zeigen die Karten eine Staatsgrenze.

Was bedeutet sie für den, der sich in der Sahara befindet? Nur eine kartographische, von weit entfernten Regierungen geschaffene Fiktion! Die einzige Wirklichkeit für uns bestand in dem was unsere Sinne und unsere Instrumente anzeigten.

Für weite Strecken war unser Weg allein für Bennounou sichtbar. Es gibt einige Felsenzeichnungen in den Hoggar- und anderen Sahara-Bergen, auf denen zweirädrige, von vier Pferden gezogene Wagen dargestellt sind, etwa von jener Art wie sie HERODOT als in der Sahara gebräuchlich beschrieb. Einige Autoren sind auf Grund dieser Zeichnungen der Ansicht, daß hier, über Tamanrasset, die vor-römische Straße von Tripolis nach Gao am Niger verlief. Wir entdeckten jedoch mit Ausnahme einiger Steinhaufen, die von der französischen Fremdenlegion als Orientierungshilfen zusammengetragen worden waren, nichts auf unserer Fahrt, was auf eine solche Straße hingedeutet hätte. Wie sollten wir auch! Selbst die Spuren unserer Reifen wurden von Wind und Sand in Sekundenschnelle wieder beseitigt.

So fuhren wir Stunde um Stunde auf unseren „schwimmenden Inseln" im gleißenden Wüstenmeer. Und doch kann man nicht sagen, daß die Fahrt monoton gewesen wäre, denn unsere „Inseln" veränderten unablässig ihre Gestalt: jetzt noch ein Bergland, waren sie im nächsten Augenblick ein Tal, soeben noch abgerundet, wurden sie plötzlich von Meeresbuchten und Kanälen geteilt (Ursachen dieser Veränderungen waren die – oft nur geringen – Veränderungen der Bodenoberfläche und der über ihr lagernden heißen Luftschichten). Nicht genug damit, bildete ich mir ein, Boote auf dem Wasser und sogar ein Café-Haus am Ufer zu sehen. Eingelullt durch das monotone Motorengeräusch schienen wir uns in einer illusionären Welt zu bewegen.

Aber da war es immer wieder PASQUIER, der uns in die Wirklichkeit zurückholte. Er schien von Illusionen frei zu sein. Offensichtlich fühlte er sich in der Wüste zu Hause. Sein grauer Mantel, seine Baskenmütze und seine Stiefel waren auf vielen Sahara-Reisen schon fast zu einem Teil seiner selbst geworden. Sie waren auf einem Stadium der Verwitterung angelangt, wo ihnen Sturm, Staub, Hitze, Kälte und Regen nichts mehr anhaben können. PASQUIERS schönes weißgraues Haar, das er vor unserem Besuch beim Subpräfekten in Tamanrasset mit Kamm und Bürste bearbeitet hatte, umwehte jetzt im Fahrtwind sein Haupt wie eine Strahlenkrone. Wir erwachten plötzlich aus unseren Illusionen, als PASQUIER anhielt, den Landrover verließ und uns zuwinkte, ein Gleiches zu tun. Kritisch betrachtete er ein Gestrüpp aus trockenen Pflanzenstengeln.

„*Hyoscyamus falezlez*", erklärte er, „eine der Wüstenheuschrecke sehr zusagende Pflanze. Die Tuareg nennen sie Faléle, da wir aber so gute Moslems unter uns haben", hier deutete er ironisch auf unsere sich gerade an einigen Büchsen Bier (also an für Moslems verbotenem Alkohol) labenden Begleiter Abdel, Fuad und Mahomed, „wollen wir das arabische *Bettina* gebrauchen." Er nahm einige Stengel davon mit und ging dann langsam hin und her, wobei er auf diese und jene Pflanzenreste hinwies und ihre Namen seinen Begleitern ins Gedächtnis zurückrief. Die Auswahl an Arten war nicht groß: Morkba *(Panicum turgidum)*, ein Gras, dessen Samen in Notzeiten zu Mehl verarbeitet werden, – *Chloris barbata*, ein anderes Gras, von Bennounou als Kerdenellagte bezeichnet sowie Gartoufa, ein langsam wachsendes Kraut, dessen Blätter auch als Tee-Ersatz Verwendung finden.

Der Anblick einiger kränklich aussehender Akazien zeigte uns mehr als alle anderen wahrnehmbaren Veränderungen der Wüstenlandschaft, daß wir den Rand eines Wadis, einer der vielen derzeit oberirdisch trockenen Abflußrinnen des Berglandes, erreicht hatten. Bennounou stimmte mit PASQUIER darin überein, daß es sich hier um einen Zweig des großen Wadi Tamanrasset handele, dessen gelegentlicher Wasserstrom weit westwärts in der Tanezrouft-Ebene versickert. POPOV hatte das Gebiet vor einigen Jahren durchquert, aber hier offenbar keine Pflanzen gefunden.

Der Wind aus Nordost war stürmisch geworden. Derartige Winde kennzeichnen nach den Begriffen der Klimatologie die nördliche Passatzone, ein breites Band, das sich um den Erdball zieht und ebenso wie die jenseits des Äquators gelegene südliche Passatzone in einem Kreislauf die aus dem Äquatorgürtel in ziemlicher Höhe nach Norden und Süden abfließende Luft bodennahe wieder zum Äquator zurückführt. Diese bodennahen Passatwinde sind trocken und haben wesentlich mit zur Entstehung der Wüsten beigetragen. An manchen Stellen werden sie aber zum Aufsteigen gezwungen und geben dann bei bestimmten Konstellationen in höheren und kälteren Luftschichten ihre Feuchtigkeit unter Gewittern und Stürmen ab. Wehe denjenigen, die dann gerade im Bergland oder an dessen Rand ihr Lager aufschlagen! Unter Blitzen und Donnern ergießen sich wahre Wasserfluten auf die Berge und von den Bergen, wo sie, in unzähligen Wasserrinnen verteilt, bis tief in die Wüstenebenen hineinfließen. Die größten dieser Rinnen, die Wadis, können 300 km und mehr Länge erreichen und ermöglichen an Stellen, wo sich genügend Bodenfeuchtigkeit halten kann, ein meist kurzes Pflanzenwachstum.

Daneben können auch Flächenregen aus gelegentlichen Tiefdruckwirbeln in- oder auch außerhalb der Wadis ein sporadisches Pflanzenleben hervorzaubern. Dazu sind aber in der Regel mindestens 30 mm Niederschlagshöhe notwendig. Es ist immer wieder beeindruckend mitzuerleben, wie aus dem Nichts blühende Wiesen und Kräuterbestände entstehen. Fast alles geht dann in der größten Geschwindigkeit vor sich. Bei manchen einjährigen Pflanzen ist der gesamte Lebenszyklus binnen 3 Wochen beendet. Eine von der Wüstenheuschrecke bevorzugte Nahrungspflanze allerdings, die große blaublütige *Schouwia*, vermag ihre Entwicklung auf 2 bis 3 Monate auszudehnen.

An diese kurzlebigen Bedingungen hat sich die Wüstenheuschrecke angepaßt. Auch sie ist mit dem wichtigsten Teil ihres Lebenszyklus an den kurzen „Frühling" gebunden, der aus einem gelegentlichen Regenfall hervorgeht. Aber im Gegensatz zu den Pflanzen können die Heuschrecken selten ihre volle Entwicklung bis zur Reifung an ihrem Geburtsort durchmachen, sondern sie müssen auf die Wanderschaft gehen, um neue Weidegründe zur Fortsetzung ihrer Entwicklung zu finden. Hierin gleichen sich Wüstenheuschrecke und Nomade: Beide besitzen in der Ortsbewegung einen Mechanismus gegen die Lebensfeindlichkeit der Wüste. Nicht immer führt dieser Mechanismus aber im einzelnen Fall zum Ziel. Wenn die Regenfälle sehr weit voneinander niedergehen, können die jungen Heuschrecken diese weiten Entfernungen nicht immer überbrücken und müssen sterben. Selbst wenn aber ein Teil von ihnen stirbt, ist doch die Existenz des Ganzen, der Heuschreckenart, gesichert. Irgendwo in der grenzenlosen Weite der Wüste gibt es immer Stellen, wo die Wüstenheuschrecke überlebt. Ob es die solitären oder die gregären Tiere sind, welche die Art in der Zeit zwischen zwei Vermehrungsperioden am Leben erhalten, ist eine von den Entomologen noch diskutierte Frage.

Inzwischen merkten wir, daß sich in der Nähe unseres Halteplatzes Menschen befinden mußten, denn ein weißes Dromedar kam auf uns zu und umkreiste mit zornigem Zischen unsere Kraftfahrzeuge, während mehrere Stuten in einiger Entfernung friedlich weideten. Wir holten jetzt unsere langstieligen Käscher hervor und begaben uns in das hier etwa 800 m breite flache Wadi-Bett, um nach Heuschrecken Ausschau zu halten. Neben mir ging Abdel und erzählte: „Wir waren schon einmal, vor etwa einem Monat an dieser Stelle. Damals waren die Pflanzen noch grün und wir sahen allerhand Heuschrecken. Der Professor will kontrollieren, ob sie sich noch hier befinden." Wir gingen umher, suchten den Boden ab und käscherten an den Pflanzen, doch war nirgend eine Heuschrecke zu sehen. Das Dromedar hatte sich uns angeschlossen und umkreiste uns weiterhin zischend. Wenn Abdel einen Stein nach ihm warf, wich es ein paar Meter zurück und kam dann wieder näher. Wahrscheinlich wollte es uns daran hindern, den weiblichen Tieren zu nahe zu kommen. Bennounou hatte inzwischen den Eigentümer der Herde entdeckt; es war einer seiner Nachbarn aus Silet. Er war die 150 km bis hierher in 3 Tagen geritten, um seiner Herde Weide zu verschaffen. Heuschrecken hatte er nicht gesehen.

Wir bestiegen wieder die Fahrzeuge und fuhren am Rande des Wadis entlang bis zu einem Punkt, wo das Trockenbett zwischen Bänken von etwa einem Meter Höhe sich stark verengte. Hier fuhren wir hinunter und befanden uns bald in einem dichten Gewirr von fast mannshohen Pflanzen, die mit kleinen blaßblauen Blüten übersät waren. Während wir uns durch ihr Gestrüpp hindurchzwängten, sahen wir plötzlich ein mehrere Zentimeter langes Insekt von der Kühlerhaube unseres Wagens emporschnellen und in weitem Bogen glitzernd davonfliegen: unsere erste Wüstenheuschrecke. Wir stiegen aus und fingen in den nächsten 10 Minuten drei Tiere. Das sah wahrlich nicht nach einer gefährlichen Heuschreckenvermehrung aus! PASQUIER betrachtete die Tiere sorgfältig von allen Seiten, breitete ihre Flügel aus, und erkannte sie als Angehörige der Solitärphase. Nachdem Fuad sie in ein Tötungsglas gesteckt hatte, breiteten die drei Algerier ihre vorbereiteten Formblätter auf den Kühlerhauben ihrer Fahrzeuge aus, um alle Daten einzutragen: Datum, Tageszeit, Ort, Pflanzen u. a. Fuad bohrte eine Anlaßkurbel etwa 30 cm tief in den Boden und holte eine Bodenprobe herauf. PASQUIER stellte eine sehr geringe Bodenfeuchtigkeit fest, ein Zeichen dafür, daß die Brutbedingungen hier nicht gerade ideal waren.

Das war ein guter wenn auch nicht überwältigender Beginn unserer Untersuchungen. Zufrieden nahmen wir im Schatten der Fahrzeuge unser Mittagsmahl ein, bestehend aus Büchsen-Sardinen und rohen Zwiebeln. Anschließend ging's weiter und zwar nunmehr in einen als Ténéré bezeichneten Teil der großen Ergs hinein. Diese Wüste reicht bis über die nigerische Grenze hinaus und ist durch ihren harten, aus verschieden feinem Kies und Schotter bestehenden Boden gekennzeichnet. Ich wünschte, ich könnte etwas Dramatischeres berichten, als daß wir auf diesem Teil der Fahrt besonders schnell vorankamen. Wir konnten mit einer Geschwindigkeit von 60 bis 70 Stundenkilometern fahren. Die Frage war nur, in welche Richtung. Wir überließen uns wieder vertrauensvoll der Führung Bennounous. Beruhigt durch die Erfahrung, daß dieser Sohn der Wüste uns bereits im ersten Teil der Reise sicher geleitet hatte, machte ich es mir so bequem wie das möglich ist, wenn drei Mann nebeneinander in einem zweisitzigen Landrover hocken. Nach kurzer Zeit wechselte Bennounou die Richtung, ob an Hand des Sonnenstandes, der Bodeneigenschaften oder aus ererbtem Richtungssinn, blieb rätselhaft.

Während wir an der Grenze der Leistungskraft unserer Fahrzeuge dahinfuhren, beobachteten wir, wie die untergehende Sonne am Horizont einen Kranz von Cirruswolken in ein wunderbar glühend-rotes Licht tauchte. Der Zweck unserer Richtungsänderung wurde jetzt klar: es ging darum, uns noch vor Einbruch der Dunkelheit an einen geeigneten Lagerplatz zu bringen. Bennounou kannte ein nahegelegenes Wadi von früheren Karawanen-Treks her. Bald tauchte auch eine Gruppe kümmerlicher Tamarisken vor uns auf, ein Baum davon bereits abstorben. Während wir das zur Übernachtung nötige Gepäck abluden, fällte Bennounou den toten Baum und zerkleinerte ihn zu Feuerholz. Plötzlich stieß er einen erstaunten Ruf aus. Wir sahen, wie er aus Büscheln vertrockneten Grases einen Schädel hochhob: einen gebleichten Tuareg-Schädel. Der Name des Trokkenflußbettes war Wadi Ilkerk; wir nannten es von jetzt ab das „Schädel-Wadi".

Bald knisterte das Lagerfeuer. Die Fahrer arbeiteten fluchend an der Aufstellung eines Zeltes, dessen Gerüst offenbar jenem des Eiffelturms nachgebildet war. Jedenfalls hat die Wüste wohl noch nie ein so kompliziertes Zelt gesehen. Bennounou bereitete in zeremonieller Form Tee aus getrockneter Gartoufa, den er stark süßte. Er schmeckte ausgezeichnet. Anschließend scheuerte er die Zinnkanne und -tassen mit Sand, bis sie glänzten und verpackte sie wieder sorgsam in seinem Kraftfahrzeug. Inzwischen stellte Fuad einen Topf mit Suppe über das Feuer. Wir aßen die nach nichts schmeckende Brühe schweigend und dachten voller Sehnsucht an das Salz, das wir bei unserer Verproviantierung in Tamanrasset vergessen hatten. Sodann ging Fuad an das Backen von Brot. Als ich es in Händen hielt, kam mir der Gedanke, daß so etwa Lava im Übergang zwischen dem flüssigen und festen Zustand aussehen könnte. Wir aßen es dennoch mit Vergnügen, belegt mit Scheiben von Corned beef und tranken lauwarmes Bier dazu.

Einige von uns „wuschen" sich vor und nach dem Essen, indem sie sich eine halbe Tasse Wasser über die Hände rieseln ließen, wobei die untere Hand das von der oberen abtropfende Wasser auffing. Bennounou tat dies nur vor der Tee-Zubereitung. PASQUIER, der den mühsamen Zeltaufbau mit ironischen Kommentaren begleitet hatte, erklärte, er werde sich in seinen Mantel einwickeln und im Freien schlafen. Zuvor aber hielt er mir noch eine „Privatvorlesung". Rückgreifend auf die Erlebnisse des Tages, führte er mich in das geheimnisvolle Leben der Wüstenheuschrecke ein. „Ich werde englisch sprechen", sagte er. „Dies ist zwar eine absurd unlogische Sprache, die ich jahrelang nicht gesprochen habe. Aber ich werde auf diese Weise gezwungen, meine Gedankengänge einfach und klar zu formulieren, und Sie werden sie verstehen." So begann das erste unserer nächtlichen Gespräche in der Wüste. Sie sind mir in unvergeßlicher Erinnerung durch ihren Stil und die romantische Kulisse: das funkensprühende Feuer im Schweigen der Wüstennacht, unter einem kristallklaren sternübersäten Himmel. Diese nächtlichen Unterhaltungen bilden die Grundlage eines großen Teiles dessen, was ich in diesem Buch über die Wüstenheuschrecke schreibe.

7. Kapitel
Drei Wadis und ein Brunnen

Der nächste Morgen zeigte die Wüste wieder in ihrer ganzen Öde und zerstörte das gemütliche Bild des Lagerfeuers der vergangenen Nacht. Jetzt, bei Tageslicht, sahen wir, daß wir in einem schmalen flachen Wadi übernachtet hatten. Die Vegetation an seinem Grund sah derart vertrocknet aus, daß der Gedanke, sie könnte eines Tages zu neuem grünen Leben erwachen, fast absurd erschien. Jenseits des Flußbettes dehnte sich nach Süden der flache kiesige Erg bis zum Horizont aus. Nach Norden bot sich dem Auge eine Abwechslung. Hier erhoben sich einige abgeflachte Berge inselhaft aus der Ebene. Aus dem zunächst gelegenen Berg modellierte die aufgehende Sonne in Verbindung mit dem zunehmenden Hitzedunst eine Reihe bizarrer Skulpturen wie ich das nicht für möglich gehalten hätte.

Zuerst entstand ein tiefer Spalt, der den Berg mitten durchzuschneiden schien. Sodann wurden aus den zwei Gipfeln rechteckige Stücken herausgeschnitten, und zwar so, daß in der Kammlinie schmale Brücken stehenblieben. Im nächsten Augenblick vertieften sich die Ausschnitte, so daß zwei hohe Viadukte zustande kamen. Nun löste sich der ganze Sockel des Berges in Dunst auf; dadurch schien es, als schwebten die Viadukte in der Luft. Im letzten Stadium dieser Luftspiegelung verschwanden die Pfeiler der Viadukte bis auf eine am Anfang befindliche Auflagestütze, so daß jetzt aus dem Berg zwei große „Sprungbretter" geworden waren. Schließlich lösten auch diese sich auf und der Berg war verschwunden. In ähnlicher Weise verschwanden auch die anderen Berge Stück für Stück im Hitzegeflimmer.

Jenseits einer weiten Fläche mit großen Felsblöcken, die zum Teil Ähnlichkeit mit menschlichen Körpern oder Körperteilen hatten, verließen wir kurz nach 9 Uhr den Felsboden und nahmen unseren Weg durch die Sandwüste in Richtung auf eine Lücke zwischen zwei niedrigen Granithügeln. Sie öffnete sich in ein langes sandiges Trockenflußbett, das Wadi In Sarfi, auf dessen Grund wir nunmehr eine Stunde lang fuhren, bis vor uns eine Reihe hoher, bis zur Hälfte im gelben Sand vergrabener dunkler Felsen sowie eine Gruppe von Akazien auftauchten. Die Schönheit dieses Anblicks ist schwer zu schildern. Sie bestand in dem Kontrast einmal zwischen den kohlenschwarzen Felsen und dem leuchtend gelben Sand sowie zum anderen zwischen der öden Wüste und den hier ganz unerwarteten Bäumen. Letztere deuteten darauf hin, daß hier einst eine Oase bestand, als die Sandwüste ihre heutige Ausdehnung noch nicht hatte. Als wir den Hang eines Plateaus emporfuhren, begegneten wir einem rätselhaften, aus Steinen errichteten Mal, wahrscheinlich einem Grabmal aus früheren Zeiten. Auf der Höhe angelangt, erklärte PASQUIER, daß dieses Plateau zu den stark abgetragenen Resten des Tassili du Ahaggar gehöre, dessen hohe Felsen wir etwa 500 km von hier hinter der Oase Tamanrasset aufragen sahen.

Seit wir die Oase Silet vor eineinhalb Tagen verlassen hatten, war uns keine grüne Pflanze, geschweige denn Wasser zu Gesicht gekommen. Jetzt hatten wir beides vor uns: den In Tedein-Brunnen, was soviel heißt wie „Brunnen der Zecken". Die blutsaugenden Zecken leben in der Wüste vor allem dort wo es Kamele gibt. Und tatsächlich sahen wir beim Näherkommen etwa ein Dutzend Kamele, die von einem Jungen mit kahlgeschorenem Kopf gegen ihren Widerstand vom Brunnenrand weggezerrt wurden. Am Brunnen stand, verhüllt bis zu den Augen, ein Mann, offensichtlich der Vater des Jungen, und zog Eimer um Eimer des brackigen Wassers herauf, um damit unzählige Ziegenleder-Beutel zu füllen. Der Mann war, wie er Bennounou erzählte, in einem 30-Tage-Marsch von Niamey in Niger gekommen und wollte weiter nach Tamanrasset. Bennounou riet uns ab, von dem Wasser zu trinken, weil „manchmal Nomaden in den Brunnen fallen und ertrinken" würden. Er kannte eine Frau, die auf diese Weise ums Leben kam: Sie war über ein Kamelseil gestolpert und in den tiefen Brunnen gestürzt.

Bennounou fragte den Händler, ob er Heuschrecken gesehen habe. Das war nicht der Fall, doch erwähnte der Mann, daß er und sein Sohn ein paar Stunden zuvor einer Negernomaden-Familie mit Rindern und Ziegen an einer Stelle begegnet seien, wo Weidegras stände. PASQUIER hörte das mit Interesse und bat daraufhin Bennounou, die Route zu ändern und diese Stelle aufzusuchen. Wir fanden sie am frühen Nachmittag. Inmitten vertrockneter Vegetation stand ein Zelt aus schwarzem Ziegenleder, das sich von dem roten Kies und grauen Schiefer des Bodens abhob. Ein halbes Dutzend Kühe und etwa 20 Ziegen beantworteten unser Herannahen mit wilder Flucht. Ein Mann, seine zwei Frauen und eine Vielzahl nackter

Kinder, die bei einer Feuerstelle saßen, beäugten uns. Der Mann verhielt sich scheu und abweisend und war nicht imstande oder willens, die von Bennounou verdolmetschten Fragen: woher sie kämen, ob sie Wasser, Vegetation und Heuschrecken gesehen hätten, zu beantworten. Er zeigte südostwärts in Richtung zur Grenze, wo es – wie auch wir wußten – in etwa 250 km Entfernung Wasser beim Wachtposten von In Guezzam gab.

Wir befanden uns jetzt in der südlichen Sahara, nicht weit von dem Tamesma genannten Teil, wo es Herbst-Regenfälle gegeben hatte. PASQUIER vermutete, daß dabei auch einzelne Niederschläge weiter nördlich gefallen waren und stellenweise eine Vegetationsdecke entstehen ließen, wie z. B. an der Stelle, wo wir uns gerade befanden. Auch die hier lagernde Familie schien von diesen Vegetationsinseln gehört zu haben; jedoch hatte sie sich zweifellos eine bessere Weide erhofft. Wir aber konnten annehmen, daß sich in dieser Region weitere Flächen befanden, die den Heuschrecken Lebensmöglichkeiten boten. Mit einem neuen Fahrgast in Gestalt einer 20 cm langen Eidechse, die dem Professor in den Daumen gebissen hatte, als er einen Büschel Kerdenellagh-Gras nach Heuschrecken durchsuchte, fuhren wir weiter in Richtung Süden. Zuerst ging es an einer Kette eigenartig schwarzer Hügel entlang, die eine gewisse Ähnlichkeit mit industriell erzeugten Schlackenhaufen hatten. Etwa einen Kilometer lang begleiteten uns Gazellen, die mühelos mit unseren Wagen Schritt hielten, obgleich wir etwa 70 Stundenkilometer fuhren. An einer Gruppe Akazien, am Rande eines großen Wadis, drehten sie schließlich ab.

Wenige Minuten später hatten auch wir das Wadi erreicht und fuhren in es hinein. Sofort befanden wir uns inmitten eines so dichten *Schouwia*-Bestandes, daß unsere Fahrzeuge darin völlig verschwanden. Wiederholt sahen wir vor uns Heuschrecken davonfliegen. Endlich hatten wir jene Tiere, denen unsere mühevolle und aufwendige Reise galt, in größerer Anzahl entdeckt!

Das Wadi In Attenkarer, in welchem wir uns befanden, ist etwa 400 km lang und erstreckt sich vom Tassili-du-Ahaggar-Bergland in Algerien, dem es seine periodische Wasserführung verdankt, bis zur westlichen Tamesma-Wüste in Mali, wo es in den Niger entwässert. Es liegt zwischen zwei Karawanenwegen, mehr als 300 km von jeder der beiden entfernt, und wird daher wohl kaum von anderen Leuten als von Heuschrecken-Forschern besucht. PASQUIER glaubte, daß noch keines Europäers Fuß, auch nicht eines französischen Kolonialsoldaten, dieses Wadi betreten hätte. Der Lebensraum des Wadi In Attenkarer ist für die Wüstenheuschrecke ideal: ein Brutplatz, der – nach Maßstäben der Heuschrecke – nicht zu weit von den Rändern der Wüste entfernt ist, mit hinreichender

Bodenfeuchtigkeit für die Brut und mit einer als Nahrung ausreichenden Vegetation versehen ist und bei alledem weit außerhalb der Reiserouten liegt. Früher, als über die Wüstenheuschrecke nur die Nomaden oder die Reisenden berichteten, deren geographische Kenntnisse meist eng begrenzt und deren biologisches Wissen über diesen Schädling stets mangelhaft waren, konnte die Heuschrecke in den einsamen Wadis ihre Entwicklung ungestört beenden, ehe Gegenmaßnahmen ergriffen wurden. Nach unseren heutigen Kenntnissen benötigt die Wüstenheuschrecke drei unter günstigen Bedingungen sich entwickelnde Generationen, um zu einer Plage anzuwachsen und jede dieser Generationen war imstande, Hunderte von Kilometern herumzufliegen. Wenn ein Bekämpfungsteam, vorausgesetzt, daß ein solches in 1000 km Umkreis überhaupt vorhanden war, einen solchen Ort, wo viele Heuschrecken beobachtet worden waren, erreichte, hatten diese bereits ihre Eier abgelegt und waren verschwunden. Für eine erfolgreiche Bekämpfung sind daher zwei Dinge grundlegend: Man muß alle als Entwicklungsstätten in Frage kommenden größeren Wadis kontrollieren – und man muß die erste Generation der Heuschrecke noch vor ihrer Eiablage antreffen. Allerdings muß eine bestimmte „kritische Zahl" an Individuen vorhanden sein, um eine Bekämpfungsmaßnahme zu rechtfertigen. Die Feststellung der Zahl an Heuschrecken pro Flächeneinheit ist somit eine wichtige Aufgabe der Kontrolleure.

Die gebräuchlichste Methode zur Ermittlung der Heuschreckenzahl auf einer bestimmten Fläche besteht darin, daß mehrere geübte Personen im Abstand von etwa 10 Metern durch das Gelände gehen, mit einem Stock an die Pflanzen schlagen und die davonhüpfenden oder -fliegenden Heuschrecken zählen. Die derart auf einer bestimmten Fläche ermittelte Zahl wird auf den Quadratmeter umgerechnet. Erreicht oder überschreitet sie einen krtischen Erfahrungswert, bedeutet das Gefahr und man muß bekämpfen. Das klingt alles sehr einfach, sieht aber anders aus, wenn man in sengender Sonne sich durch mannshohe *Schouwia*-Bestände hindurchwinden muß. Unsere drei Fahrer hatten Mühe, einander im Blickfeld zu behalten. Auf der Kühlerhaube unseres Wagens stand Hadj und versuchte so genau wie möglich die davonfliegenden Heuschrecken zu zählen. Diese Prozedur wiederholten wir an zwei weiteren Stellen, darunter einer solchen mit niedrigem Pflanzenwuchs. Aus den Zählungsergebnissen errechnete PASQUIER, das in diesem Abschnitt des Wadi In Attenkarer auf etwa 15 km Länge zur Zeit mehr als 1 Million Individuen der Wüstenheuschrecke lebten. Wir mußten es uns verkneifen, das Wadi über die Grenzen hinaus zu verfolgen, da den algerischen Heuschrecken-Forschern damals noch nicht gestattet war, das Territorium von Mali zu betreten. Inzwischen ist diese Beschränkung aufgehoben (s. Kap. 15).

Nach einigen Stunden hatten wir so viele Heuschrecken gefangen, daß die Tötungsgläser mehrmals damit gefüllt wurden. PASQUIER strahlte und rieb sich die Hände. Er hätte es am liebsten gesehen, wenn wir hier übernachtet hätten, um am nächsten Tage den Heuschrecken-Biotop noch näher untersuchen zu können. Wir befanden uns jedoch in Zeitnot. Es hatte länger als vorgesehen gedauert, das Wadi In Attenkarer zu erreichen, und wir besaßen nur mehr für vier Tage Proviant und Wasser. Zudem fehlte uns ein Funkgerät – 200 km außerhalb der nächsten Karawanen-Route kein angenehmer Gedanke! Und schließlich stand der Sonnenuntergang bevor, ohne daß Brennmaterial für ein Lagerfeuer zu sehen gewesen wäre.

Die Enttäuschung darüber, daß wir zu diesem vielversprechenden Zeitpunkt umkehren mußten, wurde vorübergehend zurückgedrängt, als wir auf der Rückfahrt die Felsen und Hügel im Licht der Abendsonne wunderbar erglühen sahen. Wiederum wurden wir eine Zeitlang von Gazellen begleitet. Ein Bock stand in kurzer Entfernung von uns auf einem Felsen und beäugte uns neugierig. Die scheuen Tiere können genau unterscheiden! Sie hätten sich zweifellos anders verhalten, wenn statt uns eine bewaffnete Karawane des Weges gekommen wäre. Hoch über uns kreisten einige Greifvögel. Als wir wieder bei der Nomadenfamilie eintrafen, ergriffen die Ziegen und Rinder erneut die Flucht. Der Eigentümer und Hadj jagten hinter einer Geiß her, die wir als lebenden Proviant mitnehmen wollten. Sie wurde mit zusammengebundenen Füßen auf dem Rücksitz eines unserer Wagen verstaut und unterhielt uns während der Fahrt mit ihrem Gemecker.

Am In Tedeini-Brunnen war es bereits vollständig dunkel. Aber Bennounou entschied weiterzufahren, und so holperten wir durch die Nacht, geführt von dem unglaublichen Gedächtnis und Richtungssinn des Tuareg. Er teilte uns mit, daß wir geradewegs auf das Wadi In Selfini zufahren würden, wo er vor Jahren einen absterbenden Baum gesehen hätte. Dieser könne uns jetzt als Feuermaterial dienen. Wenn er diesen Baum in der Nacht finden wollte, so mußte es sich, wie ich glaubte, um ein großes Wadi handeln. Als ich aber am nächsten Morgen aufwachte, sah ich nichts als einige flache Hügel, zwischen denen drei Tamarisken standen. Weiterhin lagen die Reste eines aus dem Kriege stammenden Jeeps umher.

Nachdem wir einige Stunden durch eine große Ebene gefahren waren, sahen wir in der Ferne mehrere Pünktchen auftauchen, die sich allmählich zu einer Karawane von 50 bis 60 Kamelen vergrößerten. Wir fuhren noch ein paar hundert Meter und ließen dann die Karawane an uns vorüberziehen. Sie bewegte sich in gleichmäßiger Geschwindigkeit. Keine Karawane hält bei einer Begegnung untertags an. Das hätte sofort ein Chaos zur Folge, denn die Tiere würden ihre Plätze verlassen, sich raufen und ihre Lasten abwerfen. Der Karawanen-Führer, ein Tuareg, schritt an der Spitze der Karawane und warf nur flüchtige Blicke auf uns. Dagegen kamen acht seiner Begleiter – Männer und Kinder – auf uns zu. Sie kannten Bennounou offensichtlich gut und begrüßten ihn freundlich und mit Achtung. Uns allen schüttelten sie die Hände. Sie waren auf dem Wege nach Timbuktu, das sie in 20 Tagen erreichen wollten. Dankbar nahmen sie Zigaretten von uns entgegen, plauderten ein wenig und rannten dann zu ihrer Karawane zurück.

In der Oase Silet schlugen wir unser Lager in dem alten französischen Fort auf, speisten jedoch in Bennounous Haus. Als Bürgermeister der Oase wünschte er, uns seine Gastfreundschaft zu bezeigen. Er legte einige Teppiche im Innenhof seines Hauses aus, auf denen wir Platz nahmen. Um eine Mauerecke sahen wir die neugierigen Augen eines hübschen etwa 10-jährigen Mädchens lugen: Bennounous Tochter. Mit gekreuzten Beinen im Kreise sitzend, begannen wir das Tee-Zeremoniell. Nach dem Tee wurde Couscous serviert. Ich weiß nicht, ob es nur an der liebenswürdigen Atmosphäre lag, die unser Gastgeber verbreitete, aber ich habe nie wieder in Algerien ein so schmackhaftes Couscous gegessen. Zugleich wurde ungesäuertes Brot gereicht, das wir brachen und als Löffel für den Couscous-Brei verwendeten. Als Hauptgang gab es Ziegenbraten. Wir beendeten unser Mahl mit Orangen und abermals Tee.

Nach 1200 km langer Wüstenfahrt kam uns Tamanrasset wie eine wirkliche Stadt vor. Aber PASQUIER erlaubte uns nur einen kurzen Aufenthalt, um unsere Nahrungs-, Wasser- und Benzin-Reserven aufzufüllen. Danach verließen wir die Oase auf demselben Weg, den wir gekommen waren, also wieder in Richtung Norden, bis wir etwa zwei Stunden später in die nach Osten abzweigende „Piste du Hoggar" einbogen. Ein dreiseitig behauener Wegweiserstein machte an der Abzweigung die ganze Verlassenheit dieser Süd-Oasen deutlich; seine Inschriften lauteten: nach Süden: Tamanrasset = 119, Agadez = 1019; nach Norden: In Salah = 581, El Golea = 980, Algier = 1930; nach Osten: Hirafok = 70, Ideles = 100, Djanet = 616 Meilen (1 Meile = 1,6 km).

PASQUIERS Vorhersage, daß der nunmehr folgende zweite Teil unserer Reise sich vollkommen vom ersten unterscheiden würde, bestätigte sich allein schon dadurch, daß wir während der gesamten Fahrt das Hoggar-Gebirge neben uns hatten. Zuerst begleitete uns auf mehr als 100 km Länge der majestätische Hauptkamm mit seinen durchweg über 2500 m

Abb. 1. Reliefdarstellung von Heuschrecken an einem Grabmal-Sockel. Saqqara, Oberägypten, 2400 v. Chr

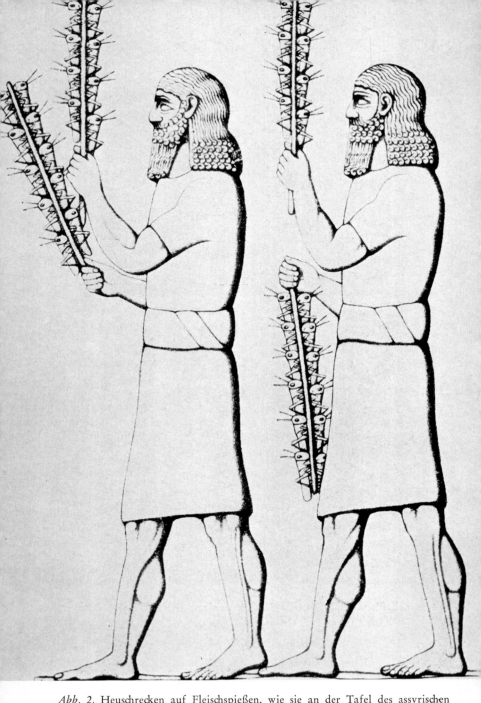

Abb. 2. Heuschrecken auf Fleischspießen, wie sie an der Tafel des assyrischen Königs Sennacherib serviert wurden. Sockelrelief, Niniveh, 8. Jahrh. v. Chr.

Abb. 3. Von Heuschrecken kahl-
gefressenes Maisfeld.

Abb. 4. Wüstenheuschrecke beim
Fraß. Ein Tier frißt etwa sein
Körpergewicht an Pflanzenmas-
se pro Tag.

Abb. 5. Ein Schwarm geflügelter Wüstenheuschrecken hat sich auf Pflanzen niedergelassen. Binnen kurzem wird er alles Blattgrün aufgefressen haben. Das Gewicht der Tiere eines großen Schwarms kann bis 80 000 Tonnen betragen.

Abb. 6. Ein Pärchen der Wüstenheuschrecke in Kopulation. Das Männchen bleibt oft nach der Begattung noch eine Zeitlang auf dem Rücken des Weibchens sitzen und wird von diesem bei der Suche nach einem Eiablageplatz mit herumgetragen.

Abb. 7. Weibchen bei der Eiablage. Der Legebohrer kann bis zu 15 cm Tiefe ausgedehnt werden. Das Eigelege wird mit schützendem Schaum umhüllt.

Abb. 8. Eine weibliche Wüstenheuschrecke prüft mit ihrem Legebohrer, ob die Eigenschaften des Bodens, besonders die Feuchtigkeit, für eine Eiablage günstig sind.

Abb. 9. Die 6 Entwicklungsstadien der Wüstenheuschrecke, *Schistocerca gregaria.* Die ersten 5 Stadien von links nach rechts sind Larven; das 6. Stadium ist das erwachsene geflügelte Tier. Die Larven wandern in Bodenschwärmen (Hüpferschwärmen), die erwachsenen Tiere in Luftschwärmen. Die gesamte Entwicklungs- und Lebenszeit der Wüstenheuschrecke beträgt etwa 6 Monate. Das Weibchen legt 300 bis 400 Eier, in Paketen zu etwa 100, in den Boden. Die Flügelspannweite umfaßt etwa 10 Zentimeter.

Abb. 10. Häutung. Links: Die Hüpferlarve des letzten Stadiums bei der Häutung zum geflügelten Tier. Am Zweig bleibt die verlassene Haut hängen, während die Heuschrecke zu Boden fällt. – Rechts: Die frischgehäutete geflügelte Heuschrecke klettert an einen Zweig, wo sie so lange hängenbleibt, bis die Flügel sich geglättet und erhärtet haben.

Abb. 11. Dieses Stück Sandboden in der Wüste Saudi-Arabiens, dessen Größe an der Radspur abgeschätzt werden kann, ist von vielleicht 100 000 frischgeschlüpften Heuschreckenlarven bedeckt. Das Bild wurde früh am Morgen aufgenommen, etwa zwei Stunden nach dem Schlüpfen der noch hellgefärbten Larven aus den im Boden befindlichen Eiern. Die schwarzen Flecken auf dem Bild sind die Schatten der Tiere. Im Boden derartiger Brutfelder werden bis zu 100 Eigelege von je etwa 100 Eiern pro Quadratmeter gezählt. Innerhalb weniger Stunden schließen die Larven sich zu Hüpferschwärmen zusammen und beginnen zu wandern.

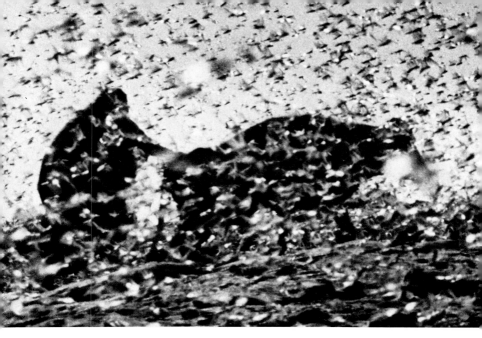

Abb. 12. Marokkanischer Bauer beim Pflügen, während ein Heuschrecken-schwarm vorüberzieht. Der Schwarm vernichtete 1954 allein in einem Tal des Atlas-Gebirges Erntegut im Wert von 50 Millionen DM.

Abb. 13. Streuen von Fraßgiftködern inmitten eines Heuschreckenschwarmes. Bei den Ködern handelt es sich um kleine Krümel einer auf Heuschrecken fraß-anlockend wirkenden Substanz (z. B. Carboxylsäureester), die mit Dieldrin oder einem anderen Insektengift vermischt ist.

Abb. 14. Heuschrecken-
bekämpfung vom Kraft-
fahrzeug aus. Das flüs-
sige Insektizid wird vom
Druck der Auspuffgase
zu einer Düse getrieben
und dort zu einer Sprüh-
wolke umgeformt.

Abb. 15. Stäuben eines
Insektizids mit dreh-
barem Handtrommel-
Stäubegerät. Der insek-
tizide Staub zieht mit
dem Wind. Die das Ge-
rät bedienende Person
trägt zum Schutz eine
Atemmaske.

Abb. 16. Eindecker-
Flugzeug beim Sprühen
eines Insektizids im Ge-
birge. Die in das Sprüh-
gestänge an den Trag-
flächen gepumpte Insek-
tizidflüssigkeit wird von
zwei rotierenden Düsen
zu Sprühschleiern zer-
rissen.

hohen Gipfeln. Danach begann das Massiv mehr und mehr zu zerbröckeln, um schließlich in das Hoggar-Tassili-Bergland überzugehen. Prähistorische Malereien mit tanzenden Menschen und wilden Tieren im Innern von hoch an den Hängen gelegenen Höhlen beweisen, daß dieses Gebiet einstmals vom Menschen bewohnt, von Wäldern bedeckt und von Flüssen durchzogen wurde, und daß es damals den Jägern an Beutetieren nicht mangelte. Heute würde es sogar der Wüstenheuschrecke schwerfallen, zwischen Hirafok und Djanet ihr Leben zu fristen. Auf dieser öden, von Gesteinsbrocken übersäten, etwa 750 km langen Strecke gibt es nur an zwei Stellen, wo Wadis sie kreuzen, etwas Vegetation.

Wir übernachteten in der Nähe der Oase Hirafok. Sie und die 50 km weiter östlich gelegene Oase Ideles, sind die letzten Siedlungen vor der langen Wüstenstrecke bis Djanet. Hirafok hat drei- bis vierhundert Einwohner. Einige von ihnen kamen zögernd näher, als wir ihre Häuser erreichten, die sich als Silhouetten gegen einen von der Abendsonne beschienenen kegelförmigen Berg abhoben. Sie verhielten sich zurückhaltend und betrachteten unseren Besuch offensichtlich mit Mißtrauen. Die Stimmung schlug aber sofort um, als ein Junge glückstrahlend „Bennounou" ausrief. Die Gesellschaft, die uns umringte, war sehr gemischt. Unter anderen sah ich: einen Neger in schneeweißem Burnus mit einem Waschmittel von bekannter Marke unter dem Arm, einen Moslem-Priester –, einen Beamten der Ortsverwaltung sowie einen jungen Mann, dessen gewandte Umgangsformen auf einen höheren Staatsbeamten hinwiesen. PASQUIER, Hadj und Bennounou entfernten sich mit den Behördenvertretern, um ihnen Zweck und Ziel unserer Reise zu erläutern. Inzwischen schlenderte ich ein wenig in der Ansiedlung umher.

Den Lebensnerv der Oase bildete ein kleiner Bach, der aus einem Schacht herausfloß. Es war unschwer zu erkennen, daß es sich hierbei um den Teil einer Foggara (Bewässerungsanlage) handelte. Bachabwärts, auf einem weiten Platz, spielten Kinder, deren Augen zum Teil durch eine Krankheit verklebt waren, neben und in dem Wasser. Ein kleines Mädchen wusch in dem Bach seine Kleidungsstücke.

Während der französischen Kolonialzeit war Ideles Garnison, umgeben mit Lehmmauern und in seiner Mitte mit dem für Garnisonen üblichen kleinen Park. Versetzen wir uns einen Augenblick in diese Zeit zurück: Eine Handvoll Soldaten tritt zur Flaggenhissung zusammen – das Schmettern ihrer Trompeten und das Krachen der schlagartig auf den Boden aufgesetzten Gewehre schallen über die winzige Zivilisationsinsel hinaus in die unermeßliche echolose Wüste. Heute liegt der Exerzierplatz verlassen da, und niemand kümmert sich um den verfallenen Park.

Die Häuser der Oasenbewohner sind aus Lehm oder aus Zeribah, dem Elefantengras, gebaut, das in den meisten Oasen wächst. In Ideles werden in bescheidenem Umfang Tomaten angebaut. Man zerquetscht sie mittels einer Handmühle in einem kleinen Haus. In eingedickter Form wird der Tomatenbrei von Händlern mit nach Tamanrasset genommen. Eine Inschrift über der Tür der „Tomatenmühle" besagt, daß dieses Haus „den revolutionären Bewohnern von Ideles" gehöre. Die Inschrift stammt somit noch aus der Zeit der Loslösung Algeriens von Frankreich. Mit der Herstellung von Mehl schien es dagegen schon schwieriger bestellt: Ich sah eine Frau, die mühsam das Getreide in einem Mörser zu Mehl zerrieb. Vor einer anderen Hütte war ein Mann mit der Herstellung eines Kamelsattels beschäftigt, während seine Frau daneben am Webstuhl saß. Hammerklang führte mich zu einer Schmiede. Der Schmied saß mit untergeschlagenen Beinen am Boden und arbeitete an einem ebenso schönen wie komplizierten Schloß. Schlüssel und Schloß zeigten die stilisierten Figuren von Mann und Frau. Derartige Schlösser sind im fernen Timbuktu sehr begehrt und werden dort hoch bezahlt. Ich wollte gern ein solches handwerkliches Kunstwerk kaufen, jedoch hielt mich PASQUIER, der seit Algier, wo ich vergaß, meine Reiseschecks einzulösen, mein „Bankier" war, von dem Kauf mit dem Bemerken zurück, daß wir unser Geld wahrscheinlich noch in Djanet dringend benötigen würden. Ich trauerte dem unterlassenen Kauf lange nach. Die Schmiede des Hoggar-Gebietes gehören zu den ältesten Geheimnissen der Sahara. Niemand weiß, woher sie kamen; sie sind weder mit den Tuareg noch mit den Haratin verwandt.

Die Vegetation in der näheren Umgebung von Ideles besteht zum wesentlichen Teil aus dem Christus-Dorn, *Zizyphus spini-Christi*, von dem es heißt, daß aus ihm die Dornenkrone Jesu hergestellt worden sei. Auffällig war, daß der steinige Boden hie und da von kleinen Vegetationsflecken unterbrochen wurde. Die nähere Betrachtung zeigte, daß es sich hierbei um kleine Bodenmulden handelte, die durch Entnahme von Felsbrocken zum Bau der Straße entstanden waren. In diesen Mulden war die Bodenfeuchtigkeit etwas erhöht, wahrscheinlich infolge der Ansammlung von Tau, wodurch etwa einem halben Dutzend Pflanzenarten die Existenz ermöglicht wurde.

Eine gute Fahrstunde hinter Ideles kreuzten wir ein Wadi, tiefer und ausgeprägter als alle Trockenflußbetten, denen wir bisher begegneten. Wir fuhren durch sein Bett hindurch, an einer Gruppe wohlgestalteter Tamarisken-Bäume vorbei, um dann erneut in ein Wadi-Bett hinabzufahren, das parallel zum ersteren verlief. Beide Täler sind Zweige des großen Wadi Irgharghar, das einst die ganze östliche algerische Sahara mit Wasser versorgte. An der Stelle, wo wir uns befanden, in der Nähe der Berge, fließen die gelegentlich fallenden Regenmassen in dem engen felsigen Flußbett so schnell ab, daß eine gemischte Vegetation, wie sie die Wüstenheuschrecke für ihre Entwicklung benötigt, sich nicht bilden kann. Weiter abwärts dagegen, wo das Bett sich verbreitert und der Boden sandiger wird, kann das Wasser den Boden durchtränken und einen Lebensraum für die Heuschrecke schaffen. Daher ist es auch in diesem Gebiet, bei Fort Flatters, in der Vergangenheit wiederholt zu schweren Heuschreckenplagen gekommen.

Jenseits des Wadi Irgharghar hörten die dunklen Felsbrocken auf. Den Boden bedeckte jetzt ein grauer Kies, der in fast weißen Sand überging. Der Weg führte uns stufenförmig aufwärts, bis wir – zwei Stunden von Ideles entfernt — eine sandige Plattform von etwa 3 km Durchmesser erreichten. Ich fuhr, wie gewöhnlich, zusammen mit Abdel. Unser Landrover war auf diesem Abschnitt das führende Fahrzeug. Kurz nach 12 Uhr hielten wir am Fuß einer Geröllbank an und warteten auf die zwei anderen. Eine Staubfahne, die über dem Kamm unseres letzten Passes erschien, kündigte die Ankunft des nächsten Wagens an. Er enthielt Fuad als Fahrer sowie PASQUIER und Bennounou. Wir warteten zusammen eine Weile auf den dritten Wagen, doch er kam nicht. Ich bestieg eine nahe gelegene Felskuppe, um besser Ausschau halten zu können. Was ich um mich herum sah, war ein eintöniges Hügelland, übersät mit Felsen und Felsbrocken. Von unserem dritten Fahrzeug keine Spur. Plötzlich vernahm ich Motorengeräusch und sah zu meinem Erstaunen, wie unsere zwei Wagen sich in Bewegung setzten und den Weg, den sie soeben gekommen waren, zurückfuhren, offensichtlich, um den dritten Wagen zu suchen. Wie konnten sie aber mich hier allein auf diesem Felsen zurücklassen?!

Nach einer langen Stunde, in der mir die Verlassenheit und Öde der Wüste wie nie zuvor ins Bewußtsein drang, sah ich zu meiner Erleichterung alle drei Automobile in langsamem Tempo über den Paß zurückkommen. Das langsame Fahren deutete darauf hin, daß mit dem dritten Fahrzeug etwas nicht in Ordnung war. Ich begab mich hinab zum Halteplatz, wo mir schon Abdel entgegeneilte und sich wortreich entschuldigte. Er habe angenommen, ich sei, wie ich dies schon einige Male getan hatte, zu PASQUIER in den Wagen gestiegen. An unserem dritten Landrover war eine Feder gebrochen. Wir entlasteten ihn so gut es ging und rumpelten weiter über schier endlose Schotterebenen in Richtung auf eine Bergkette, die im schwindenden Tageslicht dunkler und dunkler wurde. Die Dämmerung überfiel uns, als wir uns zur Abwechslung durch feinen Sand quälten, hier Fechfech genannt. Einen Augenblick griffen die Räder, im nächsten mahlten sie wieder auf der Stelle. Ein bißchen besser kamen wir voran, als die Sandebene in ein Hügelland aus Dünen, den Erg D'Admer, überging. Laut Karte verläuft die Route durch diesen 150 km langen Erg.

Angesichts dessen, daß wir bis Djanet nur noch rund 250 km zu fahren hatten, war die Versuchung groß, uns noch so weit wie möglich durch den Erg hindurchzukämpfen und spät zu lagern, um am nächsten Morgen die Reststrecke zu erledigen und bereits in Djanet frühstücken und baden zu können. Aber Bennounou disponierte anders. Er veränderte die Richtung und fand prompt wieder ein kleines Wadi mit zwei abgestorbenen Akazien, von denen wir Feuerholz nehmen konnten. Bald kochte das Wasser im Kessel – der Schein der Flammen tanzte auf unseren erwartungsvollen Gesichtern – und Gelächter erfüllte die Stille der Wüstennacht. PASQUIER zeigte Unmut, als er bemerkte, daß wir in sicherem Glauben an das unmittelbar bevorstehende Ende unserer Reise die eisernen Reserven öffneten. Aber bald fand auch er seinen Humor zurück, und zum Ausklang hielt er mir wieder – auf einem Benzinkanister sitzend – seine obligatorische „Nachtvorlesung". Es war unsere letzte Nacht in freier Wüste. Wir wandten dem herunterbrennenden Feuer unsere Rücken zu, um die Wärme bis zuletzt auszunutzen. Wie in allen Nächten zuvor strahlten am schwarzen Firmament die Sterne. Ein tiefes Gefühl des Bedauerns über das Ende unserer Wüstenreise beschlich mich.

Wir waren am nächsten Morgen gerade beim Frühstück, als das an- und abschwellende Geräusch eines Motors ertönte, der sich im 1. Gang in Richtung auf unseren Lagerplatz durch die Dünen quälte. Wenige Minuten später hielt vor uns ein Volkswagen-Minibus. Der Fahrer, ein stämmiger Mann mit braungebranntem Gesicht stieg aus und kam mit breitem Lächeln auf uns zu, wobei seine zahlreichen Goldzähne in der Sonne blitzten. Er begrüßte uns in französischer Sprache mit stark italienischem Akzent, schüttelte uns die Hände und benahm sich, als würde er alte Bekannte in seinem Mailänder Stamm-Café treffen. Wenig später stieg eine zweite Gestalt aus dem Wagen, von der ich im ersten Augenblick glaubte, es sei eine Fata Morgana: eine zierliche hübsche Frau in langen modischen Hosen und engem Pullover. Unsere Araber starrten sie wie ein Wunder an, als sie uns mit gewinnendem Lächeln ihre Hand bot. Als dritte Person kletterte ein kleiner Junge aus dem Auto. „Gib den Herren schön die Hand", befahl die Dame, was ihr Söhnchen auch gehorsam tat. Schließlich entdeckten wir noch ein zweites, etwa zwei Jahre altes Kind, das im Auto blieb und durch die Scheibe lugte.

Inzwischen unterhielt sich der Mann, ein italienischer Ingenieur, mit Bennounou über die Fahrtroute nach Djanet. Bennounou warnte ihn, allein zu fahren und riet ihm, mit uns zum Rand des Erg auszuweichen und lieber einen Umweg in Kauf zu nehmen als im Dünensand steckenzubleiben. Der Italiener entgegnete, er fahre stets allein und faltete eine zerfetzte Landkarte auf der Kühlerhaube eines unserer Wagen aus. Er deutete auf eine durch den Erg verlaufende punktierte Linie und erklärte, daß er dieser folgen wolle. „Nicht gut!" warnte Bennounou. „Wir werden sehen", meinte der Italiener, „auf Wiedersehen in Djanet!" Der Volkswagen wendete und fuhr zurück zu der durch den Erg verlaufenden Trasse. „C'est un type, ça!" sagte PASQUIER kopfschüttelnd.

Auch wir brachen nun auf, jedoch in nördlicher Richtung. Die Berge und Felsen zeigten immer stärkere Spuren der Verwitterung. Einige bestanden nur noch aus Geröllhaufen. In ferner Zeit werden auch sie zu Sanddünen geworden sein. Gegen Nachmittag wurde uns klar, wie richtig es von Bennounou war, uns in weitem Bogen nach Norden geführt zu haben. Wir waren der Bergkette des Tassili n'Ajjer nahe gekommen und fuhren zwischen dieser und den Sanddünen in einer Gasse mit ebenem hartem Boden in östlicher Richtung auf Djanet zu. Allmählich gerieten wir immer mehr ins Bergland. Der Weg führte durch Schluchten und an zerklüfteten Felsen vorbei. Plötzlich tauchten Baumhaine auf und kündeten die Nähe einer menschlichen Siedlung an. Kurz darauf fuhren wir zuerst an primitiven Grashütten, sodann an den wabenförmig gebauten Lehmhäusern des äußeren Stadtringes vorbei in das Zentrum von Djanet ein. Wie in allen größeren Orten der Sahara beherrschten auch hier dicht aneinandergereihte Läden und Verkaufsstände das Straßenbild. Wir fanden das Gästehaus der Regierung in der Mitte der Ortschaft. Es war im Zeribah-Stil gebaut: alle Zimmer gruppierten sich um den mit einem Springbrunnen versehenen Innenhof. Bisher hatte noch niemand im Hotel etwas von der italienischen Familie im Volkswagen-Bus gehört. Sechs Stunden nach uns kam sie endlich an. Der Ingenieur berichtete, daß er die in der Karte angegebene Fahrstraße durch den Erg nicht habe finden können; sie sei offenbar von den vorrückenden Dünen verschüttet worden. Dies habe ihn zu einem Umweg von 150 km gezwungen. Auch er wich – uns folgend – an den Rand des Ergs aus. Nun wollten sie sich erst einmal richtig ausschlafen. Ach, wenn ich das doch auch gekonnt hätte! Aber bereits um 5 Uhr früh riß mich der laute spaßhafte Ruf von Abdel: „Allons! Allons! On va chercher les sauterelles!" (Auf! Auf! Zum Heuschrecken-Suchen!) aus tiefstem Schlaf. PASQUIER wartete schon am Tor und schaute ungeduldig auf die Uhr.

Wir hatten eine Stunde durch ein Meer aus weichem Sand zu fahren, bis wir die Stelle erreichten, wo Heuschrecken zu vermuten waren: das

Wadi In Debirene. Es liegt etwa 30 km südlich von Djanet. Eine Kette einzeln stehender Bäume markiert seinen Verlauf. PASQUIER hatte das Wadi bereits Anfang Januar, unmittelbar vor unserer Reise besucht und damals 25 hüpfende und fliegende Wüstenheuschrecken gefunden und zwar in den über das Wadi-Bett verstreuten Büscheln des *Bettina*-Grases. Dieses Gras bildet eine der wichtigsten Existenzgrundlagen des Schädlings in der gesamten Sahara. Allein schon als Aufenthaltsorte sind seine Büschel ideal: Die Heuschrecken sonnen sich auf der Oberseite und können bei Störungen oder wenn sie ruhen wollen, sich rasch in das Innere der Büschel zurückziehen.

Vor drei Wochen fand PASQUIER die meisten Tiere auf der von Djanet abgelegenen Seite des Wadis; dagegen sahen wir sie jetzt vornehmlich im anderen Teil. Dennoch glaubte PASQUIER nicht an eine inzwischen erfolgte räumliche Verlagerung, sondern hielt es für wahrscheinlicher, daß die Tiere in dem von Djanet abgewandten Teil stärker vermindert worden waren. Welche Faktoren kamen aber für eine derartige örtliche Verminderung der Heuschreckenzahl in Frage? Der Professor wies zuerst auf einen Schwarm grauer Mauerschwalben hin, der am Himmel kreiste und sodann auf den Boden. Überall fanden wir abgerissene Beine, Flügel und andere wenig genießbare Teile der Heuschrecke, deren Frische bewies, daß es sich hier um Überreste von Mahlzeiten insektenfressender Tiere, überwiegend wohl der Schwalben, handelte. Diese sind als Heuschreckenfresser bekannt und bilden eines der Werkzeuge, deren sich die Natur zur Regulation der Heuschrecken-Population bedient.

Bei seinen langjährigen umfangreicheren Untersuchungen hatte POPOV wiederholt beobachtet, daß die Wüstenheuschrecke zwar imstande ist, bei Hunger nahezu alle Pflanzen als Nahrung zu verwenden, außerhalb der Plagen jedoch eine Bindung an bestimmte Pflanzenarten aufweist. Daraus ergibt sich eine Einengung ihres Lebensraumes und ein erster Schritt in Richtung zur Konzentration der Heuschrecken-Population. Ein zweiter Schritt besteht darin, daß diese Vorzugspflanzen in der Regel fleckenweise wachsen, wodurch es zur Gruppenbildung der Heuschrecke kommt. Schließlich tritt als dritter Faktor die schrittweise Vertrocknung der Nahrungspflanzen hinzu, die in den Randzonen des Wadis zuerst beginnt und zur Wadi-Mitte hin fortschreitet. Sie führt dazu, daß die Tiere sich immer mehr zusammendrängen. Alle diese zur Gruppenbildung und Konzentration beitragenden Faktoren stehen aber im Kampf mit den Vernichtungsfaktoren, in erster Linie insektenfressenden Tieren, von denen die Heuschrecken um so leichter erbeutet werden, je mehr sie sich zusammendrängen.

Die von uns im Wadi In Debirene erbeuteten Heuschrecken befanden sich nahezu alle noch im Larvenstadium. PASQUIER suchte einige ältere Larven heraus, deren dunkle Zeichnung den Übergang in die Gregärphase ankündigte. Es gab aber auch Tiere, die im 5. Larvenstadium noch rein grün waren und sich damit als Angehörige der Solitärphase auswiesen. Je mehr die Sonne an Kraft zunahm, desto mehr Heuschrecken kamen hervor, um sich zu sonnen. Der Präfekt von Djanet, der sich unserer Tagesfahrt angeschlossen hatte, entpuppte sich als ein Meister im Heuschreckenfang mit der bloßen Hand oder mit der Kopfbedeckung. Abdel zeigte, wie man es normalerweise macht: Er schlich sich vorsichtig, auf „indianische" Weise, an das sich sonnende Tier heran und zwar so, daß sein Schatten stets hinter ihm blieb. Mit einem schnellen Schlag des Netzes hatte er dann meistens Erfolg. Nicht selten aber flog ihm die Heuschrecke vor der Nase weg und zeigte damit, was ihr weiter Blickwinkel und ihr schnelles Reaktionsvermögen wert sind. Der größte Teil unserer Ausbeute wurde zur näheren Untersuchung an PASQUIERS Laboratorium nach Algier geschickt.

Auch hier zeigte sich wie schon in den anderen von uns besuchten Wadis, daß nicht der Mensch, sondern die Natur der wirksamste Gegenspieler der Wüstenheuschrecke ist. Die höchste Zahl Heuschrecken, die wir an bzw. in einem Büschel des *Bettina*-Grases fanden, betrug 6. Für den ganzen Wadi berechnete PASQUIER eine Zahl, die weit unterhalb des „kritischen Wertes" lag, von welchem ab mit einer schnellen gefährlichen Massenvermehrung des Schädlings zu rechnen ist. Trotzdem war die Entwicklung der Heuschrecken-Population in diesem Wadi interessant genug, um eine nähere Untersuchung zu rechtfertigen. Mit etwas spöttischem Lächeln wandte sich daher PASQUIER an Mahomet: „Sie müssen ohnehin eine Woche in Djanet bleiben und auf die Ankunft der neuen Feder für Ihren Landrover aus Algier warten. Das ist eine vortreffliche Gelegenheit, sich noch etwas näher mit der Wüstenheuschrecke in diesem Wadi zu beschäftigen. Abdel wird Ihnen dabei Gesellschaft leisten." Die beiden „Auserwählten" nahmen den Auftrag mit gelassener Heiterkeit entgegen. Wahrscheinlich sahen sie sich im Geiste bereits den größten Teil dieser Woche in Djanet und nicht im Wadi verbringen! Bennounou und Fuad erhielten den Auftrag, die Untersuchungen noch nordwärts bis Amguid und den mittleren Bereich des Wadi Irgharghar auszudehnen.

Professor PASQUIER und ich verabschiedeten uns am nächsten Morgen von unseren Reisebegleitern auf dem Flugfeld von Djanet, dessen Betriebsmannschaft aus einem Mann, einem Jungen und einem Hund bestand. Zwei Tage später saßen wir wieder in Algier und konnten das Fazit aus unserer Reise ziehen. Wir waren fast 2000 km im Auto durch die Sahara gefahren und hatten dabei in drei großen Wadis Wüstenheuschrecken gefunden. Jene im Wadi In Debirene waren offenbar im Begriff auszusterben; und tatsächlich wurden sie dort in den folgenden Jahren nicht mehr gesehen. Die wenigen Tiere, die wir am ersten Tag unserer Reise nahe bei der Oase Silet fliegen sahen, entstammten wahrscheinlich einer wichtigen Brutzone in der südlichen Sahara. Da das Untersuchungs-Team einige Wochen zuvor in dieser Gegend noch weitaus mehr fliegende Tiere beobachtete, kann das Ganze als Wanderung eines kleineren, auseinandergezogenen Schwarmes betrachtet werden, der durch räuberische Feinde laufend dezimiert wurde. Die weitaus größte Zahl Heuschrecken fanden wir im Wadi In Attenkarer, der die Grenze zwischen Algerien und Mali überquert und relativ nahe bei den Felsengebirgen von Adrar Des Ifarhas und Air liegt. Beide ergießen zur Regenzeit ihre Fluten weit in die Wüste hinein bis in das Gebiet von Tamesna, wo in der Vergangenheit sich schon mehrfach große Heuschreckenschwärme entwickelten. Alle Heuschrecken, die wir im Wadi In Attenkarer fingen, gehörten noch der Solitärphase an, und wenn die Zählung von HADJ BENZAZA stimmte, gab es keinen Grund zu der Befürchtung, die Population würde hier in Kürze zu gefährlicher Höhe anwachsen. Allerdings gab es in diesem Wadi sehr dichte *Schouwia*-Bestände. Auch ist nicht ausgeschlossen, daß wir in der Kürze der Zeit nicht gründlich genug suchten. Außerdem gibt es in jenem Bereich noch andere Wadis, in denen sicher auch Heuschrecken leben. Aber alles in allem schien es doch sehr unwahrscheinlich, daß unsere Einschätzung der Lage falsch war. Die Erfahrungen zeigen, daß die Heuschreckenfeinde so stark an der Substanz der Heuschrecken-Population zehren, daß nicht mehr als etwa 10 % zur Wanderung (Migration) gelangen oder, wie PASQUIER lieber sagte, zur „Ortsveränderung". (Nach seiner Auffassung impliziert der Begriff „Wanderung" eine bewußt oder instinktiv gerichtete Ortsbewegung, wie sie für die Wüstenheuschrecke nicht zutrifft.)

Wohin gehen diese Wanderungen, wie ich sie hier weiterhin nennen möchte? Sofern die Tiere der Solitärphase angehören, legen sie wahrscheinlich keine sehr großen Entfernungen zurück. Ein Teil wird des Nachts quer durch die Tamesma-Wüste zur Wüste Sahel fliegen; ein anderer Teil wird vielleicht westwärts bis nach Mauretanien oder ostwärts bis in die Gegend von Tibesti kommen. Ihre Nachkommen der dritten bis vierten Generation können dann wieder zu den Brutplätzen ihrer Groß- oder Urgroßväter zurückkehren, sei es in verstärkter oder verminderter Anzahl. So betrachtet, könnten die von uns gefundenen Tiere die Vorfahren einer Plage sein.

Angeregt durch diese Betrachtung legte Pasquier die zwei derzeit bestehenden Theorien über die Ursachen der Heuschreckenplagen dar. Die erste Theorie nimmt an, daß nach Regenfällen zusammen mit der Vegetation die Plagen neu entstehen. Sie betrachtet also die Rückverwandlung der Population in die Solitärphase als einen unentbehrlichen Bestandteil des Lebenszyklus. Die andere Theorie geht dagegen davon aus, daß die Plagen in abgeschwächter Form bestehen bleiben, indem ein Teil der Tiere sich in der Gregärphase erhält und bei günstigen Umweltbedingungen an bestimmten Orten schnell wieder zu einer starken Plage werden kann.

„In Wirklichkeit", meinte Pasquier, „sind diese beiden Theorien gar nicht so verschieden wie es im ersten Augenblick aussieht. So könnte es zum Beispiel vorkommen, daß kleine Schwärme auch nach Beendigung der Plage erhalten bleiben und sich über mehrere Generationen – durch Erzeugung stets wieder gregärer Nachkommen – regenerieren, obgleich wir hierfür keine Belege haben. Anderseits wissen wir, daß solitäre Heuschrecken in die Gregärphase übergehen können. So mag es denn durch Kombination beider Fälle zur Entstehung neuer Plagen kommen, allerdings nur unter ganz bestimmten Voraussetzungen, die es zu erforschen gilt. Das Ziel unserer Wüstenfahrten ist nicht in erster Linie das Sammeln und Zählen von Heuschrecken, sondern viel wichtiger ist, alle Umweltbedingungen kennenzulernen, von denen diese Tiere abhängen. Nur auf solche Weise werden wir die beste Möglichkeit, den Schädling zu bekämpfen, finden.

8. Kapitel
Zähne des Windes

„Moses hob seinen Stab über Ägyptenland; und der Herr
trieb einen Ostwind ins Land den ganzen Tag und die
ganze Nacht. Und des Morgens führte der Ostwind die
Heuschrecken her."

2. Buch Mose (Exodus), Kap. 10, Verse 13 und 14

Während des ganzen Jahres 1966 und des größten Teiles von 1967 verhielt
sich die Wüstenheuschrecke – vom Blickpunkt des Bauern und Gärtners
aus betrachtet – ruhig. Sie war zu einem scheuen und harmlosen Insekt
geworden, das nur wenige Reisende in geringer Anzahl zu Gesicht bekamen. Ein von Pakistan und dem Iran gemeinsam eingesetztes Kontroll-
Team fuhr von Teheran bis zur Küste des Indischen Ozeans und zurück,
ohne auch nur eine einzige Heuschrecke zu Gesicht bekommen zu haben.
In Saudi-Arabien hatte eine Arbeitsgruppe, welcher auch ich angehörte,
nicht viel mehr Erfolg. Wir fingen ungefähr ein Dutzend solitärer Nacht-
flieger in Lichtfallen, die wir im Hochland östlich von Mekka sowie in
den Asir-Bergen aufgestellt hatten. Die Berichte aus Afghanistan, Pakistan, Nordindien, Ostafrika und dem Sudan – alles Gebiete, die häufig
von Heuschreckenplagen heimgesucht werden – waren ebenfalls negativ.
Worauf beruhte diese allgemeine Flaute?

Die Überzeugung, daß Heuschreckenplagen mit bestimmten Wetter-
lagen zusammenhängen, ist bei allen Völkern, die unter diesem Insekt zu
leiden haben, tief verwurzelt. An einer Stelle des Koran, der heiligen
Schrift der Mohammedaner, werden die Heuschrecken als „Zähne des
Windes" bezeichnet. Den Wind betrachten die Bewohner der Wüste als
lokalen, nicht als geographischen Faktor. Sie wissen nicht, und es kümmert
sie auch nicht, daß der Wind von sehr weit herkommen kann. Für den
arabischen, persischen oder indischen Bauern sind die Winde und alles was
sie mit sich bringen – ob nützliche oder schädliche Regenfälle, Trockenheit,
Krankheit oder Heuschrecken –, nur Werkzeuge ihres Gottes. Man kennt
zwar die allgemeine Periodizität der Winde und ihre jahreszeitlich wechselnden Richtungen – und dieses Wissen vererbt sich von Generation zu
Generation –, aber man verquickt diese Erfahrungen mit religiösen An-
schauungen und magischen Zahlen. So behaupten zum Beispiel fast alle

Oasen-Bewohner der Sahara, daß eine Heuschreckenplage stets sieben Jahre dauere und von einer siebenjährigen Pause abgelöst würde. Erst in jüngerer Zeit hat die moderne Wissenschaft damit begonnen, die passive, fatalistische Ergebenheit der Wüstenbewohner gegenüber den Naturgewalten zu verändern.

Mit dem Wetter ist aber der Anfang der Ursachenkette noch nicht gefunden. Wovon hängt wiederum das Wetter – im allgemeinen und speziell in der Wüste – ab? Spielen vielleicht auch kosmische Einflüsse dabei eine Rolle? Zur letzteren Frage ist eine Theorie aufgestellt worden, die längere Zeit eine ungewöhnliche Faszination ausübte: die Vermutung, daß zwischen Heuschreckenplagen, Wetteränderungen und Sonnenfleckenperioden Beziehungen bestehen. Einer der ersten, der diese Theorie für einige Insektenarten (nicht für die Wüstenheuschrecke) aufstellte, war der Engländer A. H. SWINTON (1883). Etwa ein halbes Jahrhundert später übertrug der indische Heuschreckenforscher RAMCHANDRA RAO die Theorie auf die Wüstenheuschrecke und baute darauf eine Vorhersage auf, daß Nordwest-Indien mehrere Jahre frei von Heuschreckenplagen bleiben werde. Leider war es eine Fehlprognose: Bereits im folgenden Jahr erlitt das Land eine schwere Heuschrecken-Invasion. 1942 war es dann mein späterer Reisegefährte und Lehrmeister, ROGER PASQUIER, der auf Grund der Überprüfung zahlreicher Angaben aus dem 19. Jahrhundert zu dem Schluß gelangte, daß es einen Zusammenhang zwischen den Heuschrecken- und den Sonnenflecken-Zyklen gäbe. Er stellte fest, daß die Invasionen in Nordafrika immer eine Reihe von Jahren später auftraten als in Indien und schloß daraus auf eine großräumig wiederkehrende Bewegung von Ost nach West, die mit den Sonnenflecken in Zusammenhang stehe. PASQUIER verband allerdings seine Sonnenflecken-Theorie nicht mit bestimmten Witterungseinflüssen, sondern behauptete nur, eine Veränderung der Sonnenflecken würde zu einer Veränderung des Wetters auf der Erde führen, gleichgültig ob zu Regenfällen oder zu einer Trockenperiode. Dabei würde auch die Heuschrecken-Population eine positive oder negative Veränderung erfahren. Diese Auffassung PASQUIERs hatte längere Zeit Gültigkeit, bis sie in einer neueren Theorie, der Witterungstheorie aufging, die im Zusammenhang mit den neuen Erkenntnissen über die Heuschrecken-Wanderung aufgestellt wurde.

Betrachtet man auf einer Karte die Hauptbrutgebiete und Schwarmrichtungen der Wüstenheuschrecke, wie sie sich aus den jahrzehntelang gesammelten Informationen ergeben, fällt ein Hunderte von Kilometern breiter und Tausende von Kilometern langer Korridor auf, der die ganze Breite Afrikas nördlich des Äquators durchzieht und sich jenseits des Roten

Meeres über Persien, Afganistan und Pakistan nach Nordwest-Indien fortsetzt. Dieser über Länder und Kontinente reichende Brut- und Schwarmgürtel zeigt die immense wirtschaftliche Bedeutung der Wüstenheuschrecke und läßt zugleich ahnen, wie schwierig das Aufsuchen der Brutplätze für den Menschen und wie kompliziert das internationale Problem der Heuschreckenbekämpfung ist.

Innerhalb dieses gewaltigen Gürtels suchen die wandernden Schwärme sowohl ihre Nahrung als auch jene Stellen auf, deren Bodenfeuchtigkeit zur Eiablage ausreicht (Sommerbrutgebiete). Ihre Nachkommen fliegen zum größten Teil nord- und ostwärts zu Gebieten, in denen ihre Eltern sich im Frühjahr entwickelten (Frühjahrsbrutgebiete). Die hier entstehenden Nachkommen der Sommertiere fliegen – es ist inzwischen Herbst geworden – zum Sommerbrutgebiet zurück, also wiederum dorthin, wo ihre Eltern sich entwickelten.

Das auf diese Weise entstehende „Saison-Karussell" ermöglicht es einer Heuschreckenplage sich über mehrere Jahre am Leben zu erhalten. Irgendwo in den unermeßlichen Wüsten und Halbwüsten gibt es immer Regenfälle und Vegetation, die den Tieren ein Überleben ermöglichen. Jedoch fallen die Regen unregelmäßig und überspringen oft Gebiete für mehrere Jahre. Entsprechend sind auch die Flugbahnen der Wüstenheuschrecke unregelmäßig. Die Natur hat hier einen Überlebensmechanismus von außerordentlicher Flexibilität geschaffen. Sobald die vom Regen hervorgerufene Vegetation vertrocknet, sind die an jenen Plätzen entstandenen jungen Heuschrecken so weit, daß sie Flügel bilden und einzeln oder in mehr oder weniger dichten Schwärmen dank ihrer im Insektenreich einzig dastehenden Flugkapazität die lange Reise zur nächsten Regen- und Vegetations-„Insel" antreten können, um sich dort fortzupflanzen.

Bis nach dem ersten Weltkrieg glaubte man, daß die Wüstenheuschrecke ihre bestimmten festen Brutgebiete habe in ähnlicher Weise wie ihre südliche Nachbarin, die afrikanische Wanderheuschrecke, deren Massenvermehrungen stets im Gebiet des großen Niger-Bogens bei Timbuktu ihren Ausgang nehmen. Einige Forscher vermuteten, daß die Wüsten in der Umgebung der Salzseen im südpersischen Ias-Murian-Gebirge ein solches permanentes Brutgebiet seien. Die Nachforschungen erbrachten jedoch keine Bestätigung dieser Vermutung.

Was die Wanderungen der Wüstenheuschrecke betrifft, versuchte man bis in die jüngere Zeit sich aus den vorliegenden, teils sehr alten Berichten ein Bild zu machen. Die danach gezeichneten Karten ließen eine Anzahl bestimmter Flugrouten erkennen, die aber zum großen Teil mit neueren Beobachtungen nicht übereinstimmen. Das ist nicht verwunderlich, denn für den Beobachter ist es in der Regel äußerst schwierig, einen Heuschreckenschwarm nach Größe und Bewegungsrichtung genau einzuschätzen. Er sieht die Tiere nach allen Richtungen fliegen, hier in dichterem und dort in dünnerem Schwarm, hier sich setzend, dort weiterfliegend, alles in wirbelnder Bewegung und meist in solchem Ausmaß, daß er die Grenzen nicht erkennen kann. Ein am Boden sitzender Schwarm von mittlerer Größe läßt sich einigermaßen überblicken; wenn er sich jedoch zum Flug erhebt, können ihn die von der Struktur der Landschaft abhängigen örtlichen Winde in eine ganz andere Richtung lenken als der Beobachter vermutete.

Die Beeinflussung durch lokale Winde ist auch bei anderen Insekten lange bekannt. Die Stubenfliege zum Beispiel versucht sie in geschlossenen Räumen zu überfliegen. Viele Insekten werden von örtlichen Winden emporgerissen und in höheren Luftschichten an Windströmungen übergeben, die sie über weite Strecken verfrachten. So sagt man dem Baumwollkapselkäfer nach, daß er durch Zyklone und Hurrikane überall in Amerika verbreitet worden sei. Auf Spitzbergen fand man einmal, 1300 km von ihrem kanadischen Entstehungsort entfernt, eine große Zahl Fichtenblattläuse, und auf den Kokos-Inseln wurden Libellen entdeckt, die von dem 1100 km entfernten Sumatra dorthin verfrachtet waren. Derartige Flüge sind keine Wanderungen, sondern irreguläre Ortsveränderungen infolge besonderer klimatischer Bedingungen. Andererseits gibt es Insekten, die für ihre Verbreitung die Windverfrachtung geradezu ausnutzen. Als Beispiel seien die jungen Raupen des Schwammspinners genannt, die mit langen aerostatischen Haaren versehen sind und mit deren Hilfe überall hingetragen werden.

Die Wüstenheuschrecke fliegt aus eigener Kraft und läßt damit alle passiven Verfrachtungen oder aktiven Flüge anderer Insekten weit hinter sich. Mit regelmäßigen Zwischenlandungen kann ein Schwarm der Wüstenheuschrecke ganz Afrika durchqueren und dabei 5000 km zurücklegen. Noch eindrucksvoller sind ihre Flüge über dem Meer. Wiederholt sichteten Schiffe in der Arabischen See Heuschreckenschwärme auf ihrem Flug nach dem östlichen Afrika und warnten per Funk die dortigen Länder. Im Atlantik ließen sich Schwärme auf Schiffen nieder in einer Entfernung vom afrikanischen Festland, die fast unglaublich anmutet: 2200 und 2400 km!

Als Maximum wurde ein Flug der Wüstenheuschrecke über dem Meer von den Kanarischen Inseln bis zur Westküste von Irland, das ist eine Strecke von rund 2600 km, gemeldet. Bei diesem Flug müssen die Tiere etwa 60 Stunden in der Luft gewesen sein, da zwischen den beiden genannten Gebiete keine Landemöglichkeit besteht. Selbst wenn man annimmt, daß ihnen dabei teilweise ein starker Rückenwind geholfen hätte und daß sie streckenweise vom Segelflug Gebrauch machen konnten, bleibt es für ein Insekt eine ungeheuerliche Leistung. Bei Laborversuchen im Windtunnel hielten sich dagegen Heuschrecken höchstens 17 Stunden fliegend. Experten glauben daher, daß der Energievorrat selbst einer optimal genährten Heuschrecke nur für einen höchstens 20stündigen ununterbrochenen Flug ausreicht. Angesichts dieser erheblichen Differenz zwischen Laborbefund und Freilandbeobachtung sind manche Wissenschaftler geneigt, auf eine alte Meinung zurückzugreifen, wonach bei einem über dem Meer fliegenden Schwarm, der am Ende seiner Kräfte auf das Wasser niedergeht, eine untere Schicht von Tieren gewissermaßen als Floß für die darauf sitzenden dient. Die oberen Heuschrecken ruhen sich dabei nicht nur auf ihren sterbenden Artgenossen aus, sondern fressen diese zum Teil auf, um auf diese Weise neue Reserven für einen Weiterflug zu gewinnen. Es gibt über ein solches Verhalten allerdings nur einen einzigen, noch dazu alten Bericht: Die Mannschaft eines auf der Fahrt von Indien nach Teneriffa befindlichen Schiffes will im Jahre 1649 ein derartiges „Heuschreckenfloß" beobachtet haben. Dagegen sind treibende Massen toter Heuschrecken schon des öfteren bis in die jüngste Zeit hinein weit draußen auf den Meeren gesichtet worden.

Solche weiträumigen Meeresflüge sind mit Landflügen, die in Tagesetappen stattfinden, nicht zu vergleichen. Der Tagesflug bringt die Wüstenheuschrecke manchmal 20, manchmal auch 200 km weiter. Ihre großräumigen Flüge dauern dementsprechend oft mehrere Wochen. Bestimmend für sie sind die Winde. Bis kurz vor der großen Plage von 1950 wußte noch niemand, daß der Schlüssel zur Beantwortung der Frage, warum es die Heuschrecken gerade an diesem Orte gäbe und an einem anderen nicht, bei der Wetterkunde, der Meteorologie liegt. Was war aber mit dieser neuen Erkenntnis gewonnen, wenn in den riesigen Wüstengebieten sich nur wenige und weit auseinanderliegende Wetterstationen befanden? Es gab allerdings – zum Glück – eine Ausnahme von besonderem Gewicht: Rund um den Golf von Aden war während des zweiten Weltkrieges eine Reihe von Wetterstationen zur Unterstützung der alliierten Luftstreitkräfte bei der U-Boot-Bekämpfung eingerichtet worden. Ein Blick auf die Karte zeigt, daß gerade dort, in den Küstengebieten des Roten Meeres, sich die Wanderungswege der Wüstenheuschrecke kreuzen. Die Bauern in diesen Gebieten hatten so oft erlebt, wie die Schädlinge vom Meer her in das Land einfielen, daß sie vielfach noch heute glauben, diese würden sich in den Mägen von Walen entwickeln. Ich selbst habe einen Dorfbewohner von Saudi-Arabien fragen hören, ob die Heuschrecke nicht eine Art Fisch sei; und in Persien, wo man sie auch meist vom Meer her einfliegen sieht, lautet ihr gebräuchlicher Name „See-Heuschrecke". Für die Heuschrecken-Bekämpfer im östlichen Afrika war die Vielfalt der lokalen Winde verwirrend, die einen Schwarm in Richtung zur Küste fortführten und ihn an anderer Stelle wieder landeinwärts zurückbrachten, wo er irrtümlich als neuer Schwarm betrachtet wurde. Und doch war es gerade in diesem Gebiet, daß man dem Geheimnis der Wanderzüge auf die Spur kam und einen neuen Zugang zum gesamten Heuschreckenproblem fand.

Der entscheidende Schritt bestand in der Betrachtung der Windverhältnisse im gesamten Gebiet zwischen dem Himalaya und dem Atlantik. Die Idee, daß die Richtung der großen Heuschreckenschwärme mit dem Wetter zusammenhänge, war schon früher aufgetaucht. Insbesondere ist hier ein mutiger französischer Entomologe, VOLKONSKY, zu nennen, der zusammen mit seiner Frau vor dem ersten Weltkrieg eine Reihe langer Reisen auf dem Kamel unternahm, um die von den Wadis im Süden des Hoggar-Gebirges aus westwärts gerichteten Heuschreckenschwärme zu erforschen. Ob er dabei Erkenntnisse sammeln konnte, die zur Aufstellung einer Hypothese über die Heuschreckenwanderung ausgereicht hätten, ist unbekannt. Er starb, bevor er seine Ergebnisse mitteilen konnte, in der von ihm geliebten Wüste an einer Krankheit, die von den in der Sahara herrschenden großen Temperaturunterschieden zwischen Tag und Nacht verschlimmert worden war.

Grundlage unserer heutigen Erkenntnisse über den Flug der Wüstenheuschrecke ist die Entdeckung der Klimatologen, daß das Klima eines beträchtlichen Teiles der Erde durch die Bewegung von Winden bestimmt wird, die ihren Ursprung in der „tropischen Konvergenzzone" haben. Dies ist eine Zone wechselnder Breite, die den Erdball in der Nähe des Äquators umzieht. Sie verharrt nicht in einer festen Lage, sondern bewegt sich im Jahresverlauf – der Stellung der Sonne um die Erde folgend – nord- und südwärts. In dieser Zone steigen die stark erhitzten Luftmassen nach oben und fließen in Richtung zum Pol ab, während in die durch das Emporsteigen geschaffene äquatoriale Rinne niederen Luftdrucks in der Nähe der Erdoberfläche Luft in entgegengesetzter Richtung einströmt. Diese wird durch die Drehung der Erde abgelenkt, so daß auf der Nordhalbkugel die rückkehrenden Winde von Nordost nach Südwest und auf der Südhalbkugel von Südost nach Nordwest wehen. Den Seeleuten sind sie als Passate bekannt. Sie sind trocken, bringen also keinen Regen mit sich, es sei denn, daß sie an einem Gebirge zum Aufsteigen gezwungen würden, in welchem Falle sich ihre Luftfeuchtigkeit kondensiert und als

Regen abgegeben werden kann. Die Intensität und Richtung der Winde innerhalb des großen Passatgürtels sind nicht überall gleich. Der von uns hier betrachtete Teil zwischen Nordwestasien und Afrika ist etwa 12 000 km lang und durch Gebirge und Meere gegliedert. Da ist natürlich Raum für allerlei lokale und regionale, insbesondere saisonbedingte Abwandlungen. In einigen Fällen sind solche Abänderungen sehr ausgeprägt und haben starke Auswirkungen auf das menschliche Leben. So ist z. B. an den Küsten des Roten Meeres ein jahreszeitlich wechselnder Wind als Tanganbili bekannt, was soviel heißt wie „zwei Segel". Gemeint ist damit, daß die an der Küste entlang segelnden Händler den Windwechsel ausnutzen können, um mit seiner Hilfe hin- und zurückzukommen. Daß diesem Windwechsel auch ein Wechsel zwischen Ankunft und Abflug von Heuschreckenschwärmen entspricht, ist der Bevölkerung dieser Gegenden seit vielen Generationen bekannt. Die synoptische Meteorologie, die Wissenschaft von den täglichen atmosphärischen Bewegungen, hat diese Beobachtungen der Küstenbevölkerung nicht nur bestätigt, sondern auch nachgewiesen, daß eine direkte Verbindung zwischen den Bewegungen der Winde und jenen der Heuschrecke in dem gesamten, etwa 20 Millionen Quadratkilometer umfassenden Brut- und Invasionsraum dieses Insektes besteht.

Die Nutzbarmachung der Meteorologie für die Heuschreckenforschung war zum guten Teil das Verdienst eines jungen Engländers, R. C. RAINEY, der sich bezeichnenderweise in seiner Freizeit mit dem Fliegen und Gleiten beschäftigte. RAINEY stellte die Theorie auf, daß die Hauptflüge der Wüstenheuschrecke mit dem Wind erfolgen und zwar in Richtung auf Zonen, wo konvergierende Luftströme sich treffen und die Entstehung von Regen wahrscheinlicher ist als anderswo. Man könnte auch so sagen: Die Wüstenheuschrecke reitet auf dem Wind in Gegenden, wo der Fortbestand ihrer Art gesichert ist.

RAINEY war in der Nachkriegszeit zur Heuschreckenforschung auf indirektem Wege gelangt. Er hatte sich auf der Universität, wo er Biologie studierte, einem Flugklub angeschlossen und hierbei vertiefte Kenntnisse über Wind und Wetter gewonnen. Seine erste Aufgabe als frischgebackener Biologe und Entomologe führte ihn im Auftrag der Königlichen Baumwoll-Corporation nach Transvaal, wo er Baumwollschädlinge und Möglichkeiten sie zu bekämpfen untersuchen sollte. Viele dieser Schädlinge wanderten fliegend in die Baumwollfelder ein. Das führte ihn auch hier zu Flug -und Witterungsstudien. Bei Ausbruch des zweiten Weltkrieges meldete er sich zur Luftwaffe. Sein Wunsch, Pilot zu werden, erfüllte sich zwar wegen mangelnder Sehleistungen nicht, jedoch kam er auf Grund seiner Kenntnisse zum meteorologischen Stab der Luftstreitmacht und verbrachte seinen Kriegsdienst in Ost-Afrika, Somalia und in den Ländern des Mittleren Ostens. Hier kam er bald mit der Wüstenheuschrecke in Berührung, und obgleich er außerhalb der damals gegen diesen Schädling geführten Bekämpfungskampagne stand, beschäftigte er sich mit den Flügen dieser Tiere und ihren Beziehungen zum Wind. Als er nach Kriegsende zur Baumwoll-Corporation zurückkehrte, setzte er dort seine Studien über den Flug von Insekten fort.

„Ich hatte damals", so erzählte er rückblickend, „auf Wunsch der Königlichen Metorologischen Gesellschaft eine kleine Arbeit über meteorologische Probleme des Gleitfluges veröffentlicht. J. KENNEDY, ein Heuschrecken-Experte, hatte sie gelesen und bat mich darauf, einmal in der Entomologischen Gesellschaft in London mit einigen Heuschrecken-Forschern zusammenzutreffen. Es waren dies Dr. B. P. UVAROV, der Direktor des Anti-Locust-Research-Centre, Dr. D. L. GUNN, sein Stellvertreter sowie Frau ZENA WALOFF, also alles Leute, deren Arbeiten über die Heuschreckenwanderung die Grundlage der während des Krieges durchgeführten Heuschreckenbekämpfung bildeten. GUNN sagte, sie seien auf der Suche nach jemandem, der Entomologe und Meteorologe zugleich sei und fragte mich, ob ich Erfahrungen sowohl in der synoptischen wie auch in der Mikro-Entomologie hätte. Als ich dies bejahte, schlugen sie mir vor, mit ihnen zusammenzuarbeiten und als ersten Schritt mit Frau WALOFF nach Ost-Afrika zu gehen, um dort zu erkunden, ob und welche Beziehungen zwischen Heuschreckenflügen und dem Wetter bestehen." Das war 1947 und damit begann eine neue Epoche in der Wanderheuschrecken-Forschung. Die Wüstenheuschrecke verharrte gerade in weitgehender Inaktivität, ehe sie 1950 erneut mit erschreckender Wucht auftrat und die Bewohner vieler Wüstengebiete in Atem hielt.

Diese „Ruhe vor dem Sturm" war für die meteorologisch-entomologischen Untersuchungen von RAINEY und WALOFF sehr günstig, denn die beiden Forscher konnten jetzt in aller Ruhe die Unterlagen der meteorologischen Station von Aden auswerten und sie zu den alten und neuen Berichten über den Heuschreckenflug rund um den Golf von Aden in Beziehung setzen. Es war ein äußerst interessantes Bild, das hierbei entstand. Nachdem einmal erkannt worden war, daß die Flugrichtung der Heuschrecken vom Wind bestimmt wird, schien es RAINEY nur logisch, daß damit die Tiere zwangsläufig auf den subtropischen Passatwind-Gürtel hingelenkt werden. Mit anderen Worten: Wenn die Schwärme aufbrechen, um von einem Brutgebiet ins andere zu gelangen, werden sie nicht – wie früher angenommen – vom Instinkt oder Zufall geleitet, sondern vom

Wind. Dabei spielt insgesamt keine Rolle, daß es zu örtlichen Unregelmäßigkeiten zum Beispiel durch nebeneinander oder übereinander entgegengesetzt strömender Winde kommen kann. Der Wind verursacht auf jeden Fall eine „Verlagerung" der Heuschrecken-Population, ein Wort, das viel besser den Sachverhalt kennzeichnet als „Wanderung".

Noch war dies alles jedoch eine Theorie. Nach London zurückgekehrt, besprach RAINEY seine Ideen mit UVAROV. Beide waren sich einig, daß die Prüfung der Gültigkeit dieser Theorie nur bei großräumigen Untersuchungen in der Wüste möglich war. Nur gab es dort leider zur Zeit keine großen Schwärme. Die in London eintreffenden Berichte sprachen von isolierten Bruten und nur kleinen Schwärmen. So mußte die Nachprüfung bis zur nächsten Plage vertagt werden.

Für die Bauern von Indien bis zum Senegal war die Flaute eine Erholungspause, für UVAROV und seine Leute aber gerade das Gegenteil. UVAROV setzte alles in Bewegung, um die Forschungen in der Wüste während dieser Zeit zu intensivieren. Er stellte ein Forschungsteam zusammen und schickte es nach Ostafrika mit dem Auftrag, in dem großen von Kenia über Saudi-Arabien bis zum Persischen Golf reichenden Gebiet bestimmte Fragen der Heuschrecken-Biologie zu klären. Dieses Team sollte bald in einen schwereren und längeren Kampf mit der Wüstenheuschrecke verwickelt werden als er je zuvor ausgefochten wurde.

Noch aber gab es keine unmittelbaren Anzeichen einer neuen Plage. RAINEY erhielt eine Stelle als Chef-Entomologe im Hauptquartier der Heuschreckenforschung zu Nairobi. Eine seiner ersten Tätigkeiten bestand darin, zu veranlassen, daß von der meteorologischen Abteilung täglich eine Wetterkarte herausgegeben wurde, die das ganze ostafrikanischasiatische Untersuchungsgebiet einschließlich der täglichen Lage des subtropischen Passatwindgürtels umfaßte. Er brauchte nicht lange auf die Gelegenheit eines Vergleichs zwischen Passatwinden und Heuschreckenflug zu warten, denn bereits 1949 war die Pause zwischen zwei Invasionen, eine der kürzesten Pausen, die je bekannt wurde, beendet. Im Februar 1950 begann auf der arabischen Halbinsel und im Sudan eine neue Plage. Im Juli trafen auch Meldungen aus Indien, Pakistan, Persien und Somali ein, deren Übertragung in die Karte eine deutliche Übereinstimmung der Heuschreckenverbreitung mit der Lage der damals an ihrem nördlichsten Punkt angelangten Passatwindzone ergab.

Am 26. September kam der erste Bericht über einen in Somaliland südwärts fliegenden Schwarm. Das stimmte wiederum mit der Bewegungsrichtung der Passatzone überein. Nun wartete RAINEY auf eine Gelegenheit, den Beweis der Richtigkeit seiner Windtheorie in Form einer richtigen

Schwarmvorhersage zu erbringen. Die Gelegenheit hierfür bot sich drei Wochen später, als das meteorologische Amt mitteilte, daß die Passatwindzone sich kräftig südwärts, also auch in Richtung Kenia zubewege. Bis zu diesem Zeitpunkt war in jenem Jahr noch kein Heuschreckenschwarm in Kenia beobachtet worden. RAINEY gab Warnungen an alle amtlichen Stellen der Nordprovinz von Kenia durch, daß in Kürze Heuschreckenschwärme zu erwarten seien. Die seiner Vorhersage folgenden Tage waren, wie er später berichtete, die quälendsten seines Lebens. Die Ungewißheit endete mit einem Sieg: 5 Tage nach RAINEYs Warnung fielen die Heuschrecken in Nordkenia ein.

Nun genügt natürlich eine einzelne richtige Vorhersage immer noch nicht, um damit die Passatwind-Theorie zu „beweisen" und die Heuschrecken-Vorhersage darauf aufzubauen. Es vergingen noch mehrere Jahre, in denen der vermutete Zusammenhang immer wieder überprüft wurde, ehe in der Mitte der 50er Jahre RAINEYs Theorie der Verzahnung der Heuschreckenflüge mit den subtropischen Passatwinden anerkannt war. Daß die von ihm gefundene Regel nicht ohne Ausnahme ist, wurde RAINEY einmal mehr klar, als er auf einem Flug von London nach Ostafrika zu einem verlängerten Zwischenaufenthalt auf dem Flugplatz von Rom gezwungen wurde. Als Grund der Verzögerung gab man den verärgerten Fluggästen eine außergewöhnliche Wetterlage mit wechselnden Winden über dem östlichen Mittelmeer an. RAINEY war sicher der einzige Passagier, der diese Meldung mit besonderem Interesse aufnahm und sich näher darüber informierte. Die Passatwindzone war zu jenem Zeitpunkt an ihrem südlichsten Punkt angelangt. In dieser Konstellation rückt oft die Polarfront nach und führt nördliche Winde bis weit nach Afrika hinein. An und für sich bedeutet dies für die Heuschrecken, daß sie aus der Sahara nicht in Richtung Norden, also zur Mittelmeerküste schwärmen können, weil – selbst, wenn sie gegen den Wind ankämen – die Temperatur dieser Nordwinde zu niedrig ist, um eine normale Flugaktivität zu ermöglichen. In Wirklichkeit erschienen die Schwärme der Wüstenheuschrecke trotzdem in den betreffenden Tagen in der nordafrikanischen Küstenregion. RAINEY grübelte über diesen Widerspruch nach und kam zu dem Schluß, daß das Vorrücken der Polarluft von kurzen, durch eingelagerte Tiefs bedingten Perioden wärmerer Südwestwinde – also entgegengesetzter Luftströmungen – unterbrochen wurde und daß die Heuschrecken diese kurzen Gegenströmungen zum Flug ausnutzten.

Wie recht er mit diesen Überlegungen hatte, zeigte sich, als später bei einer ähnlichen Polarluftwetterlage Heuschreckenschwärme mit Hilfe von Tiefdruckstörungen im Schutz des Atlas-Gebirges nach Marokko vordrangen und sich von dort über das gesamte nordafrikanische Küstengebiet bis hin zum Nildelta ausdehnten. Bei einer so großflächigen Ausbreitung tritt der Schädling allerdings nicht überall gleich stark auf, vor allem deshalb, weil er nur an bestimmten Stellen Eier ablegen und neue Schwärme aufbauen kann. Bei allen großen Plagen ist ein solcher lokaler Wechsel der Befallsstärke beobachtet worden. Die Bedeutung von RAINEYs Winddrift-Theorie besteht darin, daß man mit ihrer Hilfe in Verbindung mit einer Kenntnis der für die Eiablage notwendigen Bodeneigenschaften die Gebiete, in denen Heuschreckenplagen zu erwarten sind, einengen und abgrenzen kann.

Während sich RAINEYs Theorie bei den Heuschreckenexperten langsam durchzusetzen begann, waren er und einige andere Wissenschaftler bemüht, sowohl vom Boden als auch vom Flugzeug aus durch Beobachtung und Fotografie die Struktur der Heuschreckenschwärme sowie das Verhalten der Tiere innerhalb derselben zu erforschen. Dieser Fragenkomplex ist sehr schwierig und auch heute noch zum erheblichen Teil unbeantwortet. Seine Aufklärung ist nicht nur von großer Bedeutung für die Bekämpfungsmaßnahmen vom Flugzeug aus, sondern auch zur Beurteilung der von einem Schwarm ausgehenden Bedrohung und zwar sowohl was die Stärke als auch was die Form der Bedrohung betrifft. Es gibt Heuschreckenschwärme, die nur wenige Meter tief sind (gemessen von der obersten Schicht zur untersten), dabei aber viele Quadratkilometer Flächenausdehnung haben. Andere wieder besitzen eine relativ kleine Grundfläche, dafür aber mehrere tausend Meter Tiefe. Ein Schwarm kann im Laufe des Tages von einer Form in die andere übergehen und dabei seine Dichte wesentlich verändern.

RAINEY berechnete, daß ein von ihm in Ostafrika beobachteter Schwarm pro Quadratkilometer rund 40 Millionen Heuschrecken enthielt. Schätzungen bei anderen Schwärmen sprechen von 150 Millionen Tieren pro Quadratkilometer. Ein Schwarm von 100 qkm Flächenausdehnung würde demnach etwa 10 000 Millionen Heuschrecken umfassen. Doch wäre es irrig anzunehmen, daß diese sich alle auf einmal in der Luft befänden. Während ein so großer Schwarm sich langsam vorwärtsbewegt, befindet sich stets ein Teil der Tiere am Boden, während andere Teile dabei sind, sich gerade niederzulassen oder vom Boden zu erheben.

Ein Schwarm der Wüstenheuschrecke kann so dicht gepackt sein, daß man nur wenige Meter weit hindurchsehen kann (Abb. 12). Von der Seite aus betrachtet, reflektiert sich das Sonnenlicht an den schwirrenden Flügeln und man erhält den Eindruck eines wogenden Meeres aus Millionen glitzernder Punkte. Von diesem Blickwinkel aus sieht man auch wie Teile des

Schwarmes in Form hauchdünner Schleier oder Säulen emporsteigen. In einem Fall wurde beobachtet, wie eine solche hochsteigende Heuschreckensäule Spiralform annahm. Manchmal bildet der Schwarm einen einheitlichen Block, oft aber ist er gegabelt oder Y-förmig gestaltet. Bezüglich der Vertikalstruktur kann er geschichtet oder einfach haufenförmig sein.

„Von unten gegen den Himmel betrachtet", schreibt RAINEY, „erinnern haufenförmige Schwärme oft an Rauchwolken und sind deshalb aus weiterer Entfernung schon wiederholt mit einem Buschfeuer verwechselt worden. In der Regel unterscheiden sie sich aber vom Rauch durch ihren fasrigen, streifenförmigen Aufbau sowie durch das Emporsteigen von Streifen oder Büscheln aus der Masse. Einmal wurde ein solcher Streifen beobachtet, der scharf begrenzt wie ein Holzkohlestrich war. Er neigte sich in einem bestimmten Winkel zum Horizont und verschwand in wenigen Minuten, als sich dem Schwarm ein Flugzeug näherte."

Andere Berichte sprechen davon, daß haufenförmige Schwärme sich in eine Anzahl „großer Pfeiler" umgewandelt hätten. Die Bildung derartiger Pfeiler, Büschel oder Streifen beruht auf lebhaft emporwirbelnden Luftströmungen, die sich während der Tageshitze bilden. Von ihnen sind einzelne Heuschrecken schon mehrere tausend Meter hochgetragen worden, wie aus Flugzeugen beobachtet wurde. Man hat erwogen, ob nicht die aufsteigenden warmen Luftströmungen von dem fliegenden Schwarm selbst hervorgerufen werden, dessen Millionen von Tieren ja beim Flug Wärme abgeben. Trotz dieses Herausreißens von Teilen ist aber die Kohäsion des Heuschreckenschwarmes, also seine Kraft, sich zusammenzuhalten, sehr groß.

Auf Fotografien von Schwärmen erkennt man allerdings eine Eigenart der fliegenden Heuschrecken, die den Zusammenhalt zu zerstören scheint: Die Tiere fliegen durchaus nicht alle in einer Richtung, sondern ein Teil bewegt sich einzeln oder in Gruppen schräg oder gar entgegengesetzt zur Hauptflugrichtung. Diese Tiere bilden zusammen mit den landenden oder vom Boden auffliegenden und sich wieder einreihenden Teilen ein instabiles Element des Schwarmes. Trotzdem entsteht durch sie keineswegs der Eindruck, als würde der Zusammenhang verlorengehen. Vor allem die Ränder des Schwarmes erscheinen immer scharf begrenzt.

Heuschreckenschwärme können aber auch stationär sein. In solchem Fall fliegen alle Tiere im Kreise, so daß hier die verschieden gerichteten Einzelflüge sich gegenseitig aufheben: der Schwarm „steht". Ein stationärer Schwarm wartet gewöhnlich auf einen Wind, der ihn in der eingeschlagenen Richtung weiterführt, nicht selten aber auch wieder zum Ausgangspunkt zurückträgt. Befindet sich der wartende Schwarm über einem trockenen heißen Gebiet, und dauert hier die Wartezeit zu lange, geht er zugrunde. Das gleiche kann geschehen, wenn ein starker Wind den Schwarm unaufhörlich vorwärtstreibt in Regionen, wo die Tiere keine Lebensmöglichkeiten finden. Solange der Schwarm aber lebt, ist er bestrebt sich zusammenzuhalten, weil darin die beste Überlebenschance der Heuschreckenpopulation liegt. Das Streben nach Zusammenhalt ist ein Charakteristikum nicht nur des fliegenden, sondern auch des hüpfenden Schwarmes.

9. Kapitel
Am Boden wandernde Schwärme

Dies ist das Wort des HERRN, das ergangen ist an Joel,
den Sohn Pethuels: Höret dies, ihr Ältesten
und merkt auf, alle Einwohner des Landes,
ob ein solches geschehen sei bei euren Zeiten
oder bei eurer Väter Zeiten!
Sagt euren Kindern davon
und laßt's eure Kinder ihren Kindern sagen
und dieselbigen Kinder ihren Nachkommen.
Denn es zeucht herauf in mein Land
ein mächtig Volk und ohne Zahl;
das hat Zähne wie Löwen
und Backenzähne wie Löwinnen.
Dasselbige verwüstet meinen Weinberg
und streifet meinen Feigenbaum ab,
schälet ihn und verwirft ihn,
daß seine Zweige weiß dastehen.
Vor ihm her gehet ein verzehrend Feuer
und nach ihm eine brennende Flamme.
Das Land ist vor ihm wie ein Lustgarten,
aber nach ihm wie eine wüste Einöde,
und niemand wird ihm entgehen.

Prophet Joel, Kap. 1 und 2

So wie es in den Tagen des JOEL war, ist es die ganze Geschichte hindurch gegangen. In überaus anschaulicher Sprache vermitteln diese und andere Verse des Alten Testaments Bilder von Heuschreckenplagen. Aus den soeben zitierten Versen geht hervor, daß es sich um hüpfende Tiere auf ihrem Wanderzug handelte. In einem anderen Vers: „Keiner wird den anderen irren, sondern ein jeglicher wird in seiner Ordnung daherfahren", beschreibt JOEL auch eine der hervorstechendsten Eigenschaften der wandernden Tiere: ihre „Marschordnung".

Die Bereitschaft zur gemeinsamen Wanderung ist ein Grundmerkmal der Gregär-(Zusammenschluß-)Phase der Wüstenheuschrecke. Bei den noch ungeflügelten hüpfenden Tieren können entweder kleinere Gruppen oder bereits große Schwärme wandern. Die größten Hüpferschwärme nehmen eine Fläche von etwa 10 km Breite und 50 km Länge ein. Langsam aber unaufhörlich bewegen sie sich vorwärts, wobei stets Gruppen von Tieren zeitweise anhalten, um zu fressen, auszuruhen oder miteinander zu raufen. Immer bleibt dabei aber der langsam vorwärtskommende Gesamtverband erhalten.

Wirtschaftlich gesehen, haben die fliegenden Schwärme die wesentlich größere Bedeutung. Nur etwa 8 % aller von der Wüstenheuschrecke verursachten Schäden entfallen auf die am Boden wandernden Entwicklungsstadien. Den Anstoß zu ihren Wanderungen glaubte man früher in einem Streß der Tiere erkannt zu haben, wie ihn vor allem der Hunger hervorruft. Nähere Untersuchungen zeigten aber, daß die *Schistocerca*-Hüpfer sowohl mit leerem als mit vollem Magen zu wandern beginnen. Für die Auslösung der Wanderung durch Streß-Situationen ließen sich keine Beweise finden.

Die ungeflügelten Wüstenheuschrecken werden nicht durch äußere Ursachen zum Zusammenschluß und zur Wanderung gedrängt, sondern durch ihre angeborene Verhaltensweise. Auf die Wanderung selbst nehmen äußere Faktoren Einfluß. Von erheblicher Bedeutung ist die Temperatur. Für eine zügige Wanderung darf es nicht zu kühl und nicht zu heiß sein. Wichtigster Faktor zur Aufrechterhaltung der Wanderung aber ist das Beisammensein einer möglichst großen Zahl an Tieren: Je mehr und enger sie zusammen sind, um so mehr stimulieren sie sich gegenseitig zur Vorwärtsbewegung und zum Zusammenhalt. Dieser Masseneffekt, in der Entomologie „crowding" genannt, hat sich überhaupt für den Lebenszyklus der Wüstenheuschrecke in allen seinen Teilen, vor allem für den Übergang von der Einzeltier-(Solitär-)Phase in die Zusammenschluß(Gregär-)Phase als grundlegend wichtig erwiesen. Auch die Wandergeschwindigkeit ist von der Zahl der Tiere abhängig. Kleine Gruppen schaffen oft nur wenige hundert Meter am Tag, das heißt 1 bis 2 km innerhalb ihrer gesamten Entwicklung von den jungen Larven bis zu den erwachsenen Tieren, während große Schwärme („Bänder") bereits an einem Tag mehr als 1 km und insgesamt mehr als 20 km vorwärtskommen können.

Von ausschlaggebender Bedeutung für die Heuschreckenwanderung am Boden ist die Nahrung. Während einzeln lebende Wüstentiere, wie etwa die Gazellen, meist soviel Nahrung an einem Ort finden, daß sie dort längere Zeit verweilen, müssen die in großer Zahl beisammenlebenden Wüstenheuschrecken sich dauernd vorwärtsbewegen, um ihren Hunger stillen zu können. Sie wandern während sie essen. So liegt es klar auf der Hand, daß ihre Wanderung an sich eine aus der gemeinsamen Nahrungsaufnahme erwachsende Notwendigkeit ist, und daß sie im allgemeinen gleichmäßig voranschreitet. Warum aber, muß man sich fragen, drängen die Heuschrecken sich eigentlich so eng zusammen, daß sie gezwungen sind, beim Essen zu wandern?

Mit dem Zusammenschluß möglichst vieler Tiere ist ohne Zweifel die größtmögliche Sicherung der Art gegen die Vernichtung durch räuberische

Feinde gegeben. Das scheint auf den ersten Blick widersprüchlich, denn gerade die Zusammenrottung lockt die Feinde mehr an und erleichtert es ihnen, Beute zu machen. Bei näherer Betrachtung sieht man aber, daß die wichtigsten Feinde, die Vögel, zumeist von einer großen Masse Heuschrecken abgeschreckt werden, zumindest in der Weise, daß sie die am dichtesten gedrängte Marschspitze meiden und sich lieber die Nachzügler am Ende der Kolonne holen. Das wird besonders bei kleinen Vogelarten deutlich, die sogar vor kleinen Gruppen hüpfender Heuschrecken zurückweichen. J. A. HUDLESTON beobachtete in Äthiopien, wie Vögel einen Hüpferschwarm der Wüstenheuschrecke angriffen. Er kam dabei zu dem Schluß, daß eine große Zahl Vögel sich von einem Schwarm ernähren könne, ohne diesen zu zerstören. Das ist auch die Meinung von PEGGY ELLIS, einer der führenden Heuschreckenforscherinnen. Sie meint: „Ich halte das Zusammenleben in einer großen Gruppe für einen Weg, um den Hunger aller Heuschreckenfeinde zu stillen und dabei doch die Existenz der Gruppe zu erhalten."

PEGGY ELLIS und C. CLIFFORD, beide vom Anti-Locust-Research-Centre, schilderten auf Grund ihrer 1953 in Ostafrika durchgeführten Beobachtungen das Erwachen und In-Gang-Kommen von Hüpferschwärmen: „Bis zum Tagesanbruch saßen die Heuschrecken schlafend am Boden und auf den Pflanzen. Etwa 20 Minuten nach dem Aufgang der Sonne begannen die ersten Tiere von den Pflanzen herabzusteigen und sich einen Weg über die noch am Boden sitzenden Artgenossen zu bahnen. In gleichem Maß wie die Intensität des Sonnenlichtes zunahm, wuchs die allgemeine Aktivität, bis schließlich die gesamte Population sich in Bewegung befand. Auch innerhalb sehr großer Heuschreckenansammlungen auf Rastplätzen von hunderttausenden Quadratmetern Fläche begann die Bewegung der Tiere an weit voneinander entfernten Stellen überall zu gleicher Zeit mit Ausnahme höchstens einiger Individuen, die im Schatten belaubter Büsche saßen und etwas später in Bewegung gerieten. Die Gleichzeitigkeit auf so großer Fläche deutet darauf hin, daß es die Lichtintensität ist, welche die Bewegungen auslöst. Wenn aber aus irgendeinem Grunde die Bummler zu zahlreich sind und die Population nicht recht in Gang kommt, werden auch die aktiven Tiere wieder träge und klettern zum Teil wieder zurück auf die Pflanzen, um dort so lange (meist etwa eine halbe Stunde) zu warten, bis ein endgültiger starker Impuls durch die ganze Gruppe geht und diese sich in Bewegung setzt, wobei etwa dieselbe Richtung wie am Vortage eingehalten wird.

In die sich zügig vorwärtsbewegende Kolonne reihen sich alle Tiere ein, die noch einzeln oder in kleineren Gruppen am Boden bzw. an den

Pflanzen sitzen. Der Schwarm wird dadurch oft so dicht, daß die Tiere sich vielfach berühren. Ein Geländegewinn von einem Meter pro Minute ist keine Seltenheit, so daß während der ersten Marschperiode am frühen Morgen, der Heuschreckenzug innerhalb von zwei Stunden 100 Meter und mehr zurücklegen kann.

Je umfangreicher der Hüpferschwarm ist, um so länger dauert und um so weiter führt die Wanderung. Nach den Berichten der Beobachter gehen auch hier – wie beim fliegenden Schwarm – einzelne Gruppen ihre eigenen Wege, die oft rechtwinklig von der Marschroute wegführen, jedoch folgen auch sie binnen kurzem wieder der allgemeinen Richtung, die Tag für Tag eingehalten wird. Man kann das Ganze mit einem Wechseltierchen (Amöbe) vergleichen, dessen Plasmafüßchen nach allen Seiten kriechen, während der Körper sich doch in einer Richtung fortbewegt. Die ungeregelten Bewegungen kommen meist aus der Mitte des Schwarmes. Die Nachzügler halten immer geraden Kurs, als ob sie dadurch verhüten wollten, den Anschluß zu verlieren. Auch die an der Spitze wandernden Tiere scheinen besorgt zu sein, den Kontakt mit den nachfolgenden zu behalten. Wenn eine Heuschrecke einmal zu weit vorgeprellt ist, hält sie an und wartet oder kehrt gar zu den anderen zurück. Es sieht nicht so aus, als wären die vordersten Tiere die „Führer", sondern mehr so, als würden sie von den hinter ihnen kommenden Artgenossen vorwärtsgetrieben werden.

Die Frage, welche Faktoren die Richtung der Hüpferschwärme bestimmen, ist noch nicht endgültig beantwortet. PEGGY ELLIS und C. ASHALL gelangten zu dem Schluß, daß der Wind auch hierbei eine wichtige Rolle spiele. Sie beobachteten, daß kleinere Heuschreckengruppen (unter 20 000 Individuen) sich ziemlich konstant nur mit dem Wind im Rücken vorwärtsbewegten und daß auch große Verbände, die imstande sind, einem Gegen- oder Seitenwind Trotz zu bieten, den Rückenwind vorziehen. Auch die Vegetation: ob dicht- oder dünnstehend, lückig oder homogen verteilt, hat offensichtlich für die Wanderrichtung eine Bedeutung, insbesondere dann, wenn sie plötzlich aufhört. Angesichts eines vegetationslosen Raumes scheint bei den Heuschrecken, sofern sie nicht in sehr großen Massen wandern, eine Art Platzangst um sich zu greifen. Sie zögern, und wenn sie sich endlich zum Weiterhüpfen auf vegetationslosem Boden entschließen, merkt man ihnen an, daß sie dies mit großem Widerstreben tun.

Einmal beobachtete P. ELLIS wie ein Hüpferschwarm auf eine neuangelegte Straße stieß, deren Seiten von je einem Sandwall begleitet wurden. Als einige Tiere die Straße erreicht hatten, warteten sie auf die nachfolgenden. Da ihnen das wohl zu lange dauerte, kehrten sie zurück auf den Sandwall, um dann, als sie Nachschub an Artgenossen erhalten hatten, wieder auf die Straße zu hüpfen. Es waren schließlich 244 Tiere geworden, die sich auf der Straße vorwärtsbewegten. Nach etwa 15 Minuten hielten sie inne und hüpften zum Straßenrand und auf den Sandwall ohne das Gros der Marschkolonne aber zu sehen. Dieses war zurückgeblieben und machte offenbar eine Morgenpause. Daraufhin kehrten alle 244 Heuschrecken um und wanderten zu ihren Artgenossen zurück.

Warum taten sie das? P. ELLIS meint hierzu: „Das ist noch eines der ungelösten Rätsel. Gerade bei den von uns noch nicht durchschauten Gemeinschaftsbindungen der Heuschrecke erlebt man immer wieder merkwürdige Dinge. So haben wir schon einige Male beobachtet, daß zwei sich unabhängig voneinander in einer gewissen Entfernung bewegende Hüpferschwärme plötzlich ihre Richtungen änderten und sich einander näherten, um sich zu verschmelzen. Sie waren zum Zeitpunkt der Richtungsänderung etwa 50 m voneinander entfernt und können sich noch nicht gesehen haben. Möglicherweise haben sie sich gerochen; aber wir haben in Laborversuchen nie nachweisen können, daß Heuschrecken sich durch ihren Geruch anlocken. Dennoch könnte es im Freiland anders sein. Am wahrscheinlichsten ist, daß sie sich auf eine derartige Entfernung hören. Das menschliche Ohr kann einen hüpfenden Heuschreckenschwarm an dessen Geräuschen sicher erkennen. Es ist ein eigenartig knisterndes Geraschel. Sogar eine einzelne Heuschrecke läßt sich auf eine bestimmte Entfernung am Geräusch ihrer Bewegung erkennen. So könnte es also sehr gut sein, daß das artspezifische Geräusch oder eine Kombination von Geräusch und Duft, die Tiere zueinanderführen."

Ein Hüpferschwarm legt im allgemeinen im Tagesverlauf drei Ruhepausen ein: vormittags, mittags und nachts. Einige Stunden nach Beginn des Marsches wird zum erstenmal pausiert. Die Sonne ist zu dieser Zeit hinter den Bergen aufgestiegen; die Kühle der Nacht ist verschwunden; der Sand beginnt sich zu erwärmen. Einige Heuschrecken wenden ihre Seite der Sonne zu und nehmen ein Sonnenbad. Die Mehrheit jedoch zeigt ein sehr eigenartiges Gebaren: Sie drängt sich zu mehreren Gruppen zusammen, die durch immer dichteres An- und Aufeinanderrücken der Tiere zu regelrechten, einen halben oder gar einen ganzen Meter hohen Heuschreckenklumpen werden. In ihnen herrscht ein ständiges Springen, Stoßen und Zappeln, weil die unteren Tiere nach oben streben. Eine „Ruhepause" stellt man sich eigentlich anders vor! ELLIS und ASHALL sehen die Ursache dieser Klumpenbildung in lokalen Unterschieden der Bodentemperatur. Im Schatten von Pflanzen ist der Boden kühler, zwischen den Pflanzen ist er wärmer. Die pausierenden Heuschrecken sammeln sich an einigen besonders warmen Stellen an. Die am wärmsten sitzenden unteren

Tiere werden „aufgeheizt" (bei ihnen, als wechselwarmen Tieren, sind Körpertemperatur und Aktivität von der Umgebungstemperatur abhängig) und schaffen sich Bewegung nach oben. Dort ist es etwas kühler, wodurch ihre Aktivität absinkt und sie wieder nach unten rutschen. Infolge dieser dauernden vertikalen Bewegungen erhöht sich aber allmählich die Körpertemperatur aller Tiere so weit, daß die Wanderung erneut beginnt. Sie wird erst wieder gestoppt, wenn die Temperatur zu hoch geworden ist. Das ist um die Mittagszeit herum der Fall. Ein Teil der Tiere klettert jetzt an Pflanzen empor und wendet seine Schmalseite der Sonne zu, um den Wärmestrahlen möglichst wenig Angriffsfläche zu bieten. Ein anderer Teil drängt sich eng zusammen. Es ist zu vermuten, daß sie hierbei durch gegenseitige Beschattung sowie durch Transpiration ein eigenes Mikroklima als Schutz gegen die Hitze bilden. Man hat auch beobachtet, wie am Boden sitzende Tiere abwechselnd die Beine vom brennend heißen Erdboden hochheben. Bei kühlem Wetter kann die Mittagsrast auch ausfallen; bei heißem Wetter dauert sie oft bis zu fünf Stunden. Dann hat die Kraft der Sonne so weit nachgelassen, daß der Schwarm sich auf seine letzte Tagesetappe begeben kann. Diese ist meist bei Sonnenuntergang beendet, kann aber auch bis weit in die Nacht hinein dauern. Ein nächtlich wandernder Schwarm kommt langsamer als ein tagsüber wandernder voran. Er behält zwar seine Richtung bei – selbst ohne Mondlicht –, doch scheint die gegenseitige Fühlungnahme der Tiere erschwert zu sein.

Insgesamt kann man rechnen, daß ein Bodenschwarm etwa 12 Stunden am Tage unterwegs ist, wobei die einzelnen Heuschrecken verschiedenartige Verhaltensweisen zeigen. Während kühler Stunden laufen sie überwiegend; bei höherer Temperatur gehen sie zum Hüpfen über. Manche bewegen sich in großen Flugsprüngen von mehreren Sekunden Dauer vorwärts. Vor allem junge Larven hängen sich oft in Klumpen aneinander, Tausende auf einen Quadratmeter, wobei ein ständiges Kommen und Gehen, Springen und Klettern zu beobachten ist. Hin und wieder sieht man einzelne Tiere oder ganze Gruppen ihre Vorderkörper erheben und ihre Vorderbeine in die Luft strecken, als ob sie ein Objekt anpeilen würden. Jedoch werden alle diese Aktivitäten von einem großen Impuls überdeckt: sich vorwärtszubewegen und zusammenzubleiben.

Diese bedingungslose Vorwärtsbewegung scheint auf ein örtliches Ziel ausgerichtet zu sein, jedoch ist ein solches nicht sichtbar. Eindeutig erkennbar ist nur das zeitliche Ziel des Bodenschwarmes: zu wachsen, zu reifen, sich zu begatten, in Luftschwärmen zu wandern, zu brüten und denselben Zyklus von neuem zu beginnen – und dies alles in der Masse. Es ist, als würde eine geheimnisvolle und furchtbare Kraft diese Millionen und der Wüste hinaus in das vom Menschen bebaute Land führt und dort, alles zerstörend, endet.

Das Bemühen der Tiere, in einem Schwarm zusammenzubleiben, ist jedoch nicht immer erfolgreich. Denn es gibt – zum Glück für den Menschen – in der Natur wirkungsvolle Gegenspieler, welche die Boden- oder Luftschwärme zerstören bzw. zerstreuen. Zwei Gruppen von Naturkräften stehen sich hier gegenüber: auf der einen Seite Trockenheit, tödliche Winde und Heuschreckenfeinde – und auf der anderen Seite hohe Vermehrungskraft und Zusammenschluß.

Im Interesse der Erhaltung des Schwarmes wird das Leben des Einzeltieres notfalls geopfert. Der Kannibalismus, eine in der Insektenwelt häufige Erscheinung, wird in diesem Sinne zu einem Werkzeug, um dem Schwarm bei Nahrungsmangel das Überleben zu ermöglichen. Ein weiteres Mittel zur Erhaltung ist das schon erwähnte Zusammendrängen der Tiere in der Mittagshitze, bei dem auf bisher noch nicht geklärte Weise wahrscheinlich ein eigens Mikroklima gebildet wird. Dasselbe Verhalten dient in anderen Fällen, gerade umgekehrt, als Schutz vor Kälte.

Es ist bekannt, daß bei vielen Wirbeltieren wie z. B. den herdenbildenden Huftieren, aber auch bei den staatenbildenden Insekten, soziale Bindungen zum Zusammenleben führen. Bei der Wüstenheuschrecke dagegen gibt es, wie UVAROV nachwies, derartige Bindungen nicht. Welche Kraft führt aber dann bei diesem Insekt zu einem so überaus starken Zusammenhalt? Und wie entsteht sie plötzlich nach einer wechselnd langen Reihe von Jahren, während welcher die Heuschrecken in geringer Zahl und einzeln leben?

Die Antwort mag überraschen: Den einzelnen Wüstenheuschrecken sind die Fähigkeit und der Drang, sich zusammenzuschließen, nicht angeboren, sondern sie müssen sich diese in jeder Generation neu erwerben. Das ist erstaunlich für die Nachkommen von Eltern, die in der Gemeinschaft leben. Doch wird den Einzeltieren dabei durch vielerlei unterstützende Faktoren geholfen. Bereits die Eier sind ja in Gruppen abgelegt, so daß vom Augenblick des Schlüpfens an die jungen Hüpfer sich nahe beieinander befinden, wodurch eine gregäre Verhaltensweise stimuliert wird. Auch wenn die Tiere sich später verteilen und solitär leben, unterliegen sie Einflüssen, durch welche die Gemeinschaftsbildung gefördert wird. Nicht selten passiert es, daß der von den Solitärtieren bewohnte Lebensraum von einem Bodenschwarm durchquert wird, dem die solitären Tiere sich dann anschließen. Weiterhin führt, wie an anderer Stelle bereits erwähnt, die unregelmäßige Verteilung der bevorzugten Nahrungspflanzen bzw. Abermillionen Kreaturen zu einem kollektiven Leben zwingen, das aus deren zonenförmiges Absterben bei Austrocknung des Bodens zum Zusammenschluß der Heuschrecken. Auch der Wind sowie einige andere Faktoren wirken, wie wir noch sehen werden, in gleichem Sinne.

Für die einzelne Heuschrecke bedeutet die Aufnahme in eine Gemeinschaft eine große Umstellung. Sie wird gezwungen, in engster Berührung mit zahllosen anderen Tieren zu leben. Menschlich ausgedrückt, tauscht sie ein ruhiges und beschauliches Dasein mit einem unruhigen und aufreibenden ein. Wird sie zum Beispiel von einem Nachbarn angestoßen, weicht sie instinktiv aus und stößt dabei ihrerseits Nachbarn an, die ebenfalls wieder ausweichen. Solche Reaktionen gehören mit zu dem Lernprozeß, der aus solitären Tieren gregäre werden läßt. Dieses Ziel kann sehr schnell erreicht werden; unter Laborbedingungen genügten hierzu etwa vier Stunden. Bei einigen anderen Wanderheuschreckenarten wird es nie erreicht. Nimmt man bei ihnen ein Tier aus den Verband heraus, so kehrt es ohne Zögern in die Solitärphase zurück. Die Wüstenheuschrecke hat ein schwereres Leben als andere Wanderheuschrecken. Sie braucht das Zusammenleben notwendiger und ist daher, wenn sie es erst einmal erreicht hat, nur sehr schwer wieder daraus zu lösen.

Der Phasenwechsel der Wüstenheuschrecke verläuft, wie es scheint, auf einem ganz bestimmten Weg, den die Tiere vor- oder rückwärts, in ganzer Länge oder nur streckenweise durchlaufen können. In welcher Richtung und Länge sie ihn auch gehen: am Ende steht immer ein bestimmtes Verhalten. Nur zwischendurch, ehe sie diese Endpunkte erreicht haben, ist die Situation undeutlich. Ob die Entwicklung vor- oder rückwärts verläuft oder in der Schwebe bleibt, hängt von den Umweltverhältnissen ab.

Der Stand der Phasenentwicklung läßt sich, wie bereits erwähnt, aus der Farbe des Hautpanzers (der Cuticula) ablesen. Die solitären Tiere sind dunkler oder heller grün gefärbt und zeigen keine oder nur geringe Spuren von Schwarz. Die gregären Tiere dagegen besitzen eine ausgeprägt schwarze Grundfarbe, die durch creme- oder hellgelbe Zeichnungen unterbrochen ist. Je nach dem Grad ihrer gegenseitigen Anziehung sind somit die Wüstenheuschrecken entweder grün oder mehr schwarzgelb gefärbt. Auffallend dabei ist, daß die Farbe der Eltern auf die Nachkommen übertragen wird: Die aus den Eiern geschlüpften Larven sind entweder grün oder schwarz gefärbt. Das gilt aber nur bis zur ersten Häutung. Von dann ab richtet die Farbe sich nach den Umweltverhältnissen, denen die Heuschreckenlarven ausgesetzt sind. Leben sie mit zahlreichen anderen jungen Heuschrecken zusammen, behalten sie das schwarze Farbmuster bzw., wenn sie grün geboren wurden, erwerben sie es. Leben sie einzeln, bleiben sie grün. Und so geht es mit dem Verhalten und mit der Färbung das ganze Leben hindurch: Überwiegt das Gemeinschaftsleben, dominiert die schwarzgelbe Färbung – hören die Gemeinschaftsbindungen auf, kehrt die grüne Farbe zurück.

Welche Mechanismen im Heuschreckenkörper diesen Verhaltens- und Farbwechsel steuern, ist noch weitgehend unbekannt. Man weiß nur so viel, daß dabei mehrere Hormone mitwirken. Rätselhaft ist überhaupt, warum die Heuschrecke beim Übertritt von einer Phase in die andere ihre Farbe wechselt. Man könnte vermuten, daß das Aussehen eine Schutzfunktion hat, zumindest was die grüne Farbe der zwischen den Pflanzen lebenden solitären Tiere betrifft. Das schwarz-gelbe Farbmuster der gregären Heuschrecken dagegen läßt sich schwerlich als Schutzfärbung deuten. Es wäre zwar möglich, daß Vögel sich von den schwarz-gelben bewegten Heuschreckenmassen momentan abschrecken lassen, doch gibt es hierfür keine sicheren Beobachtungen. Immerhin könnte für die Wüstenheuschrecke bereits ein geringer anfänglicher Abschreckungseffekt von Vorteil sein, dann nämlich, wenn dadurch die Population sich soweit aufbauen könnte, daß später angreifende Vögel nicht mehr in der Lage sind, ihr entscheidende Verluste zuzufügen.

Wahrscheinlicher ist aber wohl – zumindest ist dies Dr. ELLIS' Ansicht –, daß der Farbwechsel den Sinn hat, den Heuschrecken zu erleichtern, einander zu erkennen und beim Flug ihre Position und den Kontakt mit den Nachbarn zu halten. Als man in einem Versuch Wüstenheuschrecken in zwei Abteilungen eines Käfigs setzte, die durch ein Gitter voneinander getrennt waren, sodaß die Tiere sich nicht berühren, wohl aber sehen konnten, fand der Farbwechsel von solitär in gregär statt. Offenbar wird er also vom Auge ausgelöst und über das Nerven- sowie Hormonsystem gesteuert. Wir haben hier einen nur kleinen, jedoch besonders interessanten Teil jenes Prozesses vor uns, der aus harmlosen einzeln lebenden Tieren eine gefräßige, alles zerstörende Masse werden läßt.

10. Kapitel
Die Plage kehrt zurück

Wollte man versuchen, die Zahl aller im Jahre 1966 von nationalen sowie internationalen Inspektionen und Forschungen beobachteten Wüstenheuschrecken auf das Verbreitungsgebiet umzurechnen, so würde wohl kaum 1 Tier pro Quadratkilometer Fläche herauskommen. Von der West-Sahara bis nach Indien schien die Art nahezu von der Erdoberfläche verschwunden zu sein. Überall, wo man sie früher bei der Eiablage angetroffen hatte, war es trocken und schien die Sonne unerbittlich. Wenn in den ersten zehn Monaten des Jahres irgendwo Regen fiel, so reichte die Wassermenge nicht aus, um den Durst der Wadi-Bäume und -Sträucher zu löschen und in den Boden so tief einzudringen, um die Entwicklung einer größeren Anzahl Heuschreckeneier zu ermöglichen. Nur hier und da wurden in ferngelegenen Wadis einige Heuschrecken von den Hufen einer Kamelkarawane aufgescheucht. Jedoch war dies alles nur die „Ruhe vor dem Sturm". Spät im Jahr begannen zum Teil heftige Niederschläge zu fallen, die – mit Unterbrechungen – bis zum folgenden Sommer anhielten. Bereits Anfang 1967 machten sich in der Sahara die ersten unbehaglichen Anzeichen eines Wechsels in der Heuschreckensituation bemerkbar.

Vom Februar 1967 ab sprachen die Berichte des Informationsdienstes zunehmend von merklichen Individuenzahlen der Wüstenheuschrecke in den Gebieten zwischen Marokko und dem Tschad. In der Jahresmitte kamen aus Algerien Nachrichten von einer starken Vermehrung der Heuschrecke in der inneren Sahara, nachdem im März im Hoggar-Gebirge starke Regenfälle gefallen waren. Die so lange unter der Trockenheit stöhnende Oase Tamanrasset erlebte im Verlauf des Sommers einige ungewöhnlich starke Niederschläge. Anfang Juni wurde aus Silet, jener südlichsten Oase Algeriens, in der wir so gut bei Bennounou gespeist hatten, eine „hohe Heuschreckendichte" gemeldet. Es folgten alarmierende Berichte aus der Wüste In Tedeini, vom „Brunnen der Zecken" sowie aus unseren früheren Rastplätzen Wadi Edjebel und Wadi Ilehr.

Die über die Wüstenheuschrecke arbeitenden Leute bilden eine verschworene Gemeinschaft, in der jeder über die Beobachtungen des anderen schnell informiert wird und sei es über Tausende von Kilometern hinweg. Es war daher nicht überraschend, daß in dem Augenblick, wo im Juni die Heuschrecken in den Gebieten nordwestlich des Hoggar-Gebirges massenhaft auftauchten, PASQUIER und sein alter Schüler HADJ BENZAZA erschienen, um mit Hilfe der in In Salah stationierten Soldaten Bekämpfungsmaßnahmen durchzuführen. Ein Teil, wahrscheinlich sogar die Mehrheit der zu bekämpfenden Tiere, war unzweifelhaft aus den vereinzelt lebenden Heuschrecken hervorgegangen, die wir im Januar des vorangegangenen Jahres in den von uns besuchten Wadis, besonders im Wadi In Attenkarer, angetroffen hatten. Offensichtlich war auch in zahlreichen anderen Teilen der Sahara, wo Regenfälle Pflanzenbewuchs und Brutmöglichkeiten geschaffen hatten, die Vermehrung der Wüstenheuschrecke in ähnlicher Weise wie im Hoggar-Gebiet vor sich gegangen. Eine Bekämpfung war natürlich angesichts der großen Entfernungen zwischen den Vermehrungsstätten äußerst schwierig. In gewissem Sinne lassen sich solche Heuschreckenvermehrungen mit einer Serie von Buschfeuern vergleichen: Während der Bekämpfungstrupp bemüht ist, das eine Feuer zu löschen, bricht weit entfernt das nächste aus. Aber ein Feuer verrät sich wenigstens noch durch seinen Rauch. Die Wüstenheuschrecke dagegen entwickelt und vermehrt sich im Verborgenen, und viele ihrer Vermehrungsherde werden gar nicht entdeckt.

Eine Heuschreckenbekämpfung unter solchen Verhältnissen wird noch dadurch sehr erschwert, daß nicht immer rechtzeitig und überall genügend Flugzeuge zum Sprühen des Bekämpfungsmittels zur Verfügung stehen. Man muß sich wundern, daß die Algerier unter diesen Umständen bisher immer recht gute Bekämpfungserfolge hatten. Trotz aller Bemühungen konnten sie jedoch nicht verhindern, daß die in den entfernten Teilen der Zentral- und Südsahara entstandenen Heuschrecken ihre Wanderflüge südwärts über die algerische Grenze nach Niger und Mali nahmen. In die gleiche Richtung flogen auch Schwärme aus dem libyschen Bergland von Tibesti und den entlegenen Wadis des Fezzan. Ein glücklicher Zufall wollte es, daß diese nach Niger einfliegenden Heuschreckenschwärme von zwei dort stationierten Forschern des Anti-Locust-Research-Centre, GEORGE POPOV und JEREMY ROFFEY, beobachtet wurden.

Die beiden Wissenschaftler waren auf Bitte der westafrikanischen Organisation zur Heuschrecken- und Webervogelbekämpfung, OCLALAV (Organisation Commune de Lutte Antiacridienne et de Lutte Antiaviaire) nach Afrika entsandt worden. Ihre Aufgabe bestand darin, die 1967 aufgeflammte Heuschreckenplage im nigerischen Teil der Sahara zu untersuchen und die örtlichen Behörden bei ihrem Abwehrkampf zu beraten. Beide Männer waren in der Erforschung der Wüstenheuschrecke langjährig erfahren und beherrschten auch die Landessprache. Sie waren überrascht und verwirrt, daß das, was sie in Niger sahen, ihren Vorstellungen zum großen Teil nicht entsprach.

Bis zu dieser Zeit bestand die Auffassung, daß die Entstehung einer Massenvermehrung der Wüstenheuschrecke in drei aufeinanderfolgenden Schritten vor sich geht. Den ersten Schritt sah man in der Konzentration der Tiere an bestimmten, zur Eiablage günstigen Stellen. Den zweiten Schritt bildete die Eiablage und die daraus hervorgehende explosionsartige Steigerung der Populationsdichte. Als dritten und letzten Schritt betrachtete man die Entstehung des gregären Verhaltens, also den Zusammenschluß zu Schwärmen. Natürlich war anzunehmen, daß jeder Schritt von zahlreichen Faktoren in verschiedenem Maße beeinflußt wurde, aber im großen und ganzen schien doch der Ablauf der Dinge dem Bild der Dreistufigkeit zu entsprechen. Wenn dieses Bild richtig war, mußte sich daraus eine erhebliche Erleichterung bezüglich der Überwachung und Bekämpfung des Schädlings ergeben. Insbesondere konnte man damit rechnen, bei Auffindung der Brutplätze die Vermehrung im Keime ersticken zu können. Diese Dreistufentheorie hatte allerdings einen Schönheitsfehler: Bisher war es noch nicht gelungen, alle drei Stufen von Anfang bis zum Ende mitzuerleben und damit die Theorie zu bestätigen. Hauptgründe hierfür waren die Abgelegenheit der Brutplätze und die große Beweglichkeit der Wüstenheuschrecke. Außerdem verliefen viele Massenvermehrungen so schnell, daß die Beobachter davon förmlich überrumpelt wurden. So war es z. B. bei der großen Plage von 1949 im Küstengebiet des Roten Meeres, als dort gerade C. ASHALL Untersuchungen über den Farbwechsel der Wüstenheuschrecke durchführte. Damals kam es zu einem sintflutartigen Regenfall von 200 mm in einer einzigen Nacht, der das Lager unter Wasser setzte. Das war der erste einer Serie von starken Regenfällen innerhalb weniger Monate und dies in einem Land, das bis zu dieser Zeit fünf Jahre lang keinen Regen erlebt hatte. Kaum war die Regenperiode vorbei, kamen die Heuschrecken und gleich in so großen Mengen, daß sie nach ASHALLS Worten „stundenlang vorüberzogen". Ein Teil von ihnen war sicher in der Sahara entstanden, ein anderer Teil aber hatte, wie man heute weiß, seinen Ursprung im Inneren von Süd-Arabien. Angesichts dieses plötzlichen Ansturms mußte ASHALL seine Forschungen abbrechen und alle Kräfte dem verzweifelten – und wie sich zeigte – erfolglosen Kampf gegen das Insekt zur Verfügung stellen.

Auch POPOV hatte in seinen langjährigen Studien über die Wüstenheuschrecke nur Teile der Entstehung von Plagen, und auch sie noch an verschiedenen Orten, beobachten können. In einem Gespräch hierüber sagte er mir: „Ich habe den Entstehungsprozeß sozusagen von A bis D, von F bis M und dann wieder von Q bis Z gesehen, aber niemals über die ganze Länge des Alphabets. Dasselbe gilt für ROFFEY. Wir hatten zwar unsere Vorstellungen von dem was passiert, aber nun wurde uns endlich in der Tamesna-Wüste von Niger die äußerst seltene Möglichkeit geboten, den gesamten Prozeß vor unseren Augen ablaufen zu sehen."

Die zwei Entomologen kamen im September 1967 in Niger an und wählten für ihre Untersuchungen zwei Gebiete aus: In Abangharit in der Tamesna, 380 km südlich jenes Punktes, den ich im Januar 1966 in Begleitung PASQUIERS erreicht hatte sowie den südlichen Teil des Termit-Berglands, 400 km nordöstlich von Zinder, der damaligen Basis der OCLALAV. Die Tamesna-Wüste bildet eine weite Ebene mit normalerweise sehr geringen Niederschlägen. Von Zeit zu Zeit entwickeln sich aber Tiefdruckgebiete über den beiden benachbarten Bergländern von Air und Termit und bringen so starke Regenfälle, daß in den Wadis vorübergehend üppiger Pflanzenwuchs emporschießt.

ROFFEY und POPOV kamen gerade, als einige Monate zuvor ungewöhnlich starke Regen niedergegangen waren. Solche waren zur gleichen Zeit auch in der Zentralsahara gefallen. Vom Hoggar-Gebirge aus hatten die Wadis Wasser bis über die Oasen Silet und Tit hinaus geführt, wo anschließend starke Heuschreckenkonzentrationen beobachtet wurden. Von hier aus war es nicht mehr weit zu den Grenzen von Niger und Mali. Am 25. 6. 1967 wurde in Niger der erste Schwarm gesichtet. Anfang August kam es in den Wadis des Adrar des Iforas, eines Felsenmassivs in Nordost-Mali, zu einer Hüpferinvasion, wobei sich stellenweise die Tiere zu Klumpen von fast 1 Meter Durchmesser zusammenballten. Während der ersten elf Tage des August waren in Tessalit, in der nordwestlichen Ecke des Adrar des Iforas etwa 40 mm Regen gefallen, wo sonst die Hälfte dieser Menge den Jahresdurchschnitt bildet. Als POPOV im September über die Tamesna hinwegflog, waren dort die Bedingungen für eine Heuschreckeninvasion in großen Teilen ideal.

Bereits Mitte August, also noch vor der Ankunft der beiden Briten, hatte ein OCLALAV-Team in der Nähe des Adrar-Berglands einen großen Schwarm gelbschwarzer, also gregärer Hüpfer gesichtet. Daneben beobachtete man zahlreiche geflügelte Tiere, deren graugepunktetes Kleid anzeigte, daß sie kurz vor der Reife standen; schließlich fiel noch eine Anzahl alter Tiere auf, wahrscheinlich der Rest eines Schwarmes.

Diese Entdeckung der OCLALAV-Leute war das Signal für den Einsatz von Stäube- und Sprühmitteln, der sehr erfolgreich verlief: Man vernichtete fast alle Tiere und verhinderte damit zweifellos eine lokale Massenvermehrung. Für das ganze nigerische Befallsgebiet betrachtet, handelte es sich aber natürlich nur um einen Teilerfolg. Die Vermehrung ging an anderen Stellen weiter, und am Ende des Monats wurden in den Wadis der Hochebenen von Air und Termit sowie in vielen anderen Teilen Malis und Nigers große Mengen Heuschrecken gesichtet. Die beiden Hochebenen, die wie Inseln aus dem riesigen Sandmeer ragen, waren von POPOV bereits früher als bevorzugte Entwicklungsplätze der Wüstenheuschrecke erkannt worden. Sie besitzen so etwas wie ein eigenes Klima, gewissermaßen ein Miniatur-Wettersystem sowie vielfältigere Bodeneigenschaften als ihre Umgebung und bieten damit einer Reihe von Pflanzen- und Tierarten Existenzbedingungen.

Auf Grund ihrer Erfahrungen und Beobachtungen kamen ROFFEY und POPOV zu dem Schluß, daß die meisten jener Heuschrecken, die den Bekämpfungsmaßnahmen der Algerier im Hoggar-Gebiet entkamen, die zu jener Zeit noch weitgehend trockene Tamesna überflogen und sich weiter südwärts bis zu der sogenannten Sahel-Zone, 200 bis 300 km südlich der Tamesna, bewegt haben mußten. Dieser lange und relativ schmale Vorwüstengürtel beginnt ungefähr am Knie des Niger-Flusses bei Timbuktu und erstreckt sich durch Agadez bis zur Nordküste des Tschad-Sees. Der Name Sahel bedeutet im Arabischen soviel wie „besätes Land", weil hier gerade noch ein Anbau von Hirse möglich ist. Die natürliche Vegetation ist kärglich und inselförmig, aber ziemlich stabil. Diese Verhältnisse in Verbindung mit einer mittleren Niederschlagshöhe von 150 bis 200 mm reichen aus, um der Wüstenheuschrecke zumindest in günstigeren Jahren Entwicklungsmöglichkeiten zu bieten.

Im Spätsommer 1967 waren die Umweltverhältnisse für die Heuschrecke in diesem Gebiet besonders günstig, wodurch die Populationsdichte des Schädlings sich binnen kurzem vervielfachte. Die zwei in der Tamesna stationierten englischen Beobachter und ihre Helfer waren daher nicht überrascht, als in zunehmendem Maße in nördlicher Richtung fliegende Tiere bei ihnen vorbeikamen. Die Mehrzahl der Schwärme gehörte einer neuen Generation an, die im Sahel-Gürtel geboren sein mußte. Zu dieser Zeit setzten auch in weiten Teilen der Tamesna Regenfälle ein und schufen hier die Bedingungen zur Entwicklung einer dritten, der kritischen Generation.

Pflanzensamen, die zumeist von den Winden in Geländevertiefungen geweht worden waren und hier jahrelang in der Entwicklungsruhe gelegen hatten, keimten jetzt aus und bildeten grüne Vegetationsteppiche. Die blaublühende *Schouwia*, jene von uns im Jahr zuvor im Wadi In Attenkarer so zahlreich angetroffene Pflanze, schoß auch hier in dichten Beständen in die Höhe und bot den Insekten Nahrung und Unterschlupf. Auch der *Tribulus*, ebenfalls eine von der Wüstenheuschrecke bevorzugte Nahrungs- und Schutzpflanze, wuchs üppig, als ROFFEY und POPOV ihre ersten Erkundungsfahrten in der Tamesna unternahmen.

Wie bereits früher erwähnt, gibt es zwei Theorien, um die Entstehung von Plagen der Wüstenheuschrecke zu erklären. Die erste meint, daß auch nach Beendigung der augenfälligen Plage eine Anzahl weniger auffälliger kleinerer Schwärme in dem riesigen Verbreitungsareal fortbesteht, mit anderen Worten: daß es keinen vollständigen, sondern nur einen partiellen Zusammenbruch der Heuschreckenpopulation gibt, und daß aus den Restschwärmen sich die neue Plage entwickelt. Die andere Theorie nimmt dagegen an, daß der Zusammenbruch ein vollkommener ist und daß danach nur noch solitäre, weit verstreut lebende Tiere existieren, die dann bei bestimmten Bedingungen zu einer neuen Massenvermehrung gelangen können. Hauptbedingung hierbei ist, daß innerhalb des Verbreitungsareals drei Regenperioden örtlich und zeitlich so verteilt sind, daß sie die Entwicklung von drei aufeinander aufbauenden Heuschreckengenerationen ermöglichen. Es ist dann damit zu rechnen, daß trotz aller Angriffe von räuberischen Tieren und anderen Naturkräften jede der drei Generationen jeweils eine zehnmal so hohe Individuenzahl wie die vorhergehende hat, so daß im Verlauf eines Jahres, spätestens von 18 Monaten, die Ausgangszahl an Heuschrecken sich um das Tausendfache vergrößern kann, womit eine Plage entstanden ist.

Aus Gründen, auf die noch näher eingegangen wird, kann die zweitgenannte Ansicht auch als Vegetationstheorie bezeichnet werden. Zu ihren Verfechtern zählten lange Zeit auch ROFFEY und POPOV. Die Theorie fußt darauf, daß der ganze Vermehrungsprozeß chronologisch verläuft und deutlich voneinander getrennte Entwicklungsstufen erkennen läßt. Im Falle der 1966/67 entstandenen Plage verwischte die Heuschrecke jedoch dieses klare Bild gründlich, denn die beiden Forscher sahen sich von Tieren sämtlicher Alters- und Reifestadien gleichzeitig umgeben.

In einem Bericht über ihre Untersuchungen in der Tamesna, der in der Zeitschrift Nature erschien, unterscheiden ROFFEY und POPOV drei fundamentale Prozesse bei der Entstehung einer Massenvermehrung der Wüstenheuschrecke: Konzentration, Multiplikation und Gregarisation. Sie unterstreichen aber die Tatsache, daß in dem von ihnen beobachteten Gebiet (und damit wahrscheinlich auch in anderen Gegenden) diese drei Prozesse gleichzeitig nebeneinander herliefen, so daß man auf relativ engem Raum Heuschrecken in jedem Stadium ihres individuellen Lebenszyklus sowie in jeder Phase der Geselligkeit, vom Einzeltier bis hin zum dichten Schwarm, begegnen konnte.

Die Mischung der Tiere und die Überschneidung der Entwicklungsprozesse waren so vollkommen, daß es in vielen Fällen unmöglich war, ein Tier einem bestimmten Entwicklungsstadium zuzuordnen. Jedoch wurden die intensive Arbeit und die Geduld der beiden Männer belohnt: Mehr und mehr begannen sich die Grundzüge des verwirrenden Vorgangs abzuzeichnen, insbesondere wurde deutlich (was bereits 25 Jahre früher PASQUIER vermutet hatte), daß der primäre Ursachenfaktor für die Konzentration der Tiere in der Verteilung der Fraß- und Schutzpflanzen in Verbindung mit der Bevorzugung bestimmter Pflanzenarten durch die Heuschrecke zu suchen war. Obwohl zu dieser Zeit in der Tamesna ungewöhnlich zahlreiche Pflanzen wuchsen, bedeckten diese doch noch keine 10 Prozent der Oberfläche. Damit waren schon einmal die Landeplätze der Heuschrecke wesentlich eingeschränkt, und die Auswahl von Vorzugspflanzen und Eiablageplätzen verstärkte die Konzentration der Tiere noch mehr.

An Hand von Stichprobenzählungen stellten die beiden englischen Beobachter fest, daß Mitte Oktober 1967 allein in der Tamesna etwa 5 Millionen erwachsene Wüstenheuschrecken lebten. Würde man diese gleichmäßig über das Gebiet verteilen, entfiele auf etwa einen halben Hektar (ca. 70 × 70 m) eine erwachsene Heuschrecke. In Wahrheit aber drängten sich die Tiere auf einer beschränkten Zahl Vegetationsinseln dicht zusammen.

In den folgenden Wochen trafen im Gebiet immer mehr erwachsene Tiere ein, die das Verhalten der bereits anwesenden Heuschrecken stark beeinflußten. Normalerweise wird das Kopulationsverhalten eines solitär lebenden Männchens von einem in der Nähe befindlichen Weibchen bestimmt: Das Männchen wird unruhig und aggressiv und ist bereit, um den Besitz des Weibchens zu kämpfen. Diese Eigenschaften bilden sich um so rascher aus, je mehr kopulationsbereite Tiere an einer Stelle erscheinen. Hinzu kommt eine weitere neue Verhaltensweise, die durch das Beisammensein reifer Tiere ausgelöst wird: Es beginnt ein Hin- und Herhüpfen sowie ein Aufsteigen zu kurzen Tagesflügen, die wiederum die Konzentration begünstigen. Derartige Tagesflüge sind wesentlich von Nachtflügen verschieden. Man kann sie eigentlich gar nicht als wirkliche Flüge bezeichnen. Vielmehr handelt es sich um Dahingleiten von Einzeltieren, das selten weiter als 20 Meter führt. Diese Gleitflüge werden aber so lange hintereinander durchgeführt, bis sie inmitten einer Vegetationsinsel enden. Treffen sich hier – und sei es nur für einen Augenblick – zwei verschiedengeschlechtliche einzelne Tiere, so kommt es zur Kopulation. Anschließend setzt das Weibchen seine Gleitflüge fort, jetzt aber mit dem Ziel, einen zur Eiablage geeigneten Platz zu finden. Entweder stößt es bei seinen Kurzflügen auf andere Weibchen, die sich gerade bei der Eiablage befinden, und schließt sich ihnen an – oder es findet eine Stelle, wo die Eier bereits abgelegt sind und prüft durch Betasten, Beriechen und Einbohren, ob diese Stelle sich noch zu weiterer Eiablage eignet – oder es findet einen noch unbenutzten Eiablageplatz. In jedem Fall wird aber erst mit der Eiablage begonnen, wenn die eingehende Prüfung des Bodens hinsichtlich Feuchtigkeit und Krümelstruktur befriedigend verlaufen ist.

Das fleißige Suchen und die kritische Auswahl führen dazu, daß auf den Brutplätzen sich oft eine ungeheuer große Zahl an Eiern konzentriert. POPOV und ROFFEY gruben einmal auf einer 1 qm großen Fläche mehr als 200 Eigelege der Wüstenheuschrecke aus, was bei einem Durchschnitt von 100 Eiern pro Gelege und bei vollständigem Schlüpfen der Larven eine Zahl von 20 000 jungen Heuschrecken pro Quadratmeter ergibt (s. Abb. 11).

Mit dem Junglarvenstadium ist allerdings die maximale Individuenzahl im Lebenszyklus der Wüstenheuschrecke erreicht. Von nun ab tritt ein Regulationsmechanismus in Kraft, der dafür sorgt, daß die Individuenzahl ständig abnimmt. Nachdem die jungen Larven das gesicherte Eistadium verlassen haben, machen sie eine gefahrvolle und verlustreiche Entwicklung durch, ehe sie das „rettende Ufer" des Erwachsenenstadiums erreichen. Eier und Erwachsene – das sind die beiden Entwicklungsstadien mit den geringsten Verlusten. Es gibt bei der Wüstenheuschrecke nicht wie bei vielen anderen Insekten Schlupfwespen als Eiparasiten und auch keine Käfer oder andere unterirdisch lebende Tiere als Eiräuber. Bis auf wenige Prozent vertrockneter oder aus anderen Gründen abgestorbener Eier schlüpfen aus den Eigelegen die Heuschreckenlarven. Diese sehen sich aber nun einem Heer von Feinden gegenüber, die dafür sorgen, daß nur etwa 5 bis 10 Prozent das Erwachsenenstadium erreichen. Die Sterblichkeit würde noch höher sein, wenn nicht die Gebiete, in denen die Heuschreckenlarven leben, für viele insektenfressende Tiere zu lebensfeindlich und abgelegen wären. Die erwachsenen flugfähigen Heuschrecken stehen zwar den gleichen Feinden wie die Larven gegenüber, doch können sie sich ihnen in größerem Maße entziehen und erleiden daher nicht so hohe Verluste.

Die zwei genannten britischen Entomologen stellten folgende Rechnung auf: Die 5 Millionen Wüstenheuschrecken, die in die südliche Tamesna eingeflogen waren, legten etwa 800 Millionen Eier ab. Von den daraus geschlüpften Larven erreichten 70 Millionen das Erwachsenenstadium. Die Individuenzahl der Nachfolgegeneration übertraf somit jene der Eltern um das 14fache.

Wie erwähnt, waren die beiden Beobachter durch einen unwahrscheinlich günstigen Zufall Zeuge des Beginns einer Heuschreckenplage geworden und in den Stand versetzt, den gesamten Ablauf der Plage verfolgen zu können: Regenfälle – Wachstum der Vegetation – stufenweise Konzentration der zerstreuten Tiere – Kopulation – Eiablage – Kurzwanderungen im Gebiet – weitergehende Konzentration im Gefolge des Schrumpfens der Vegetation – Phasen der Gregarisation von den ersten Anzeichen der Verfärbung bis zur Gestaltsänderung – Formierung der Hüpfer zu Bodenschwärmen – Flügelentwicklung – Flugschwarmformierung. Alle diese bisher örtlich und zeitlich weit voneinander einzeln beobachteten Vorgänge zogen nunmehr kaleidoskopartig am Auge der beiden Forscher vorüber.

Aus der Fülle interessanter Einzelbeobachtungen sei hier nur eine herausgegriffen. Als die beiden Männer einmal mit dem Landrover durch eine Sandebene fuhren, bemerkten sie, wie sich in den vertieften Spuren ihrer Räder zahlreiche Heuschrecken sammelten. Die nähere Untersuchung zeigte, daß die Grenze der zur Eiablage ausreichenden Bodenfeuchtigkeit beim unberührten Sandboden 15 bis 20 cm unter der Oberfläche lag. So tief konnten aber die Heuschreckenweibchen mit ihrem Legeapparat nicht hinabgelangen. Dagegen lag vom Grunde der Räderspuren aus diese Grenze nur noch in 10 cm Tiefe, womit die Eiablage möglich war. Während Popov und Roffey ringsherum kaum Heuschrecken zu Gesicht bekamen waren binnen kurzem die Radspuren dicht mit ihnen besetzt. Man hat verschiedene Erklärungen dafür, daß die Weibchen der Wüstenheuschrecke zu gemeinsamer Eiablage zusammenfinden. Die einleuchtendste ist wohl, daß die „fündig gewordenen" Tiere Duftstoffe produzieren und damit ihre Artgenossen anlocken. Interessant ist auch die Theorie, wonach die Eigelege selbst die Feuchtigkeitsverhältnisse im Boden günstig beeinflussen, so daß eine Stelle mit zunehmender Eigelegezahl immer besser zur Aufnahme weiterer Eigelege geeignet wird und die Heuschreckenweibchen entsprechend immer stärker anlockt. Was auch immer die Ursachen für die Zusammenballung der Eigelege sein mögen, die Folgen können im wahrsten Sinne des Wortes verheerend sein. Roffey und Popov zählten bis zu 500 junge Heuschrecken pro Quadratmeter (Abb. 11). An anderen Stellen dagegen war ihre Zahl sehr gering. Hier entwickelten sie sich zu solitären Tieren, gingen einander möglichst aus dem Wege und versteckten sich bei der leisesten Beunruhigung. Aber auch sie werden meist zwangsweise gregär, wenn nämlich der Boden und damit die Vegetationsinseln von den Rändern zur Mitte hin austrocknen. Sie rücken dann immer mehr zusammen, bis sie schließlich ihr Verhalten und ihre Färbung im Sinne einer Gregarisation ändern. Man kann das bereits an der Art und Weise erkennen, in der sie bei Störungen flüchten: Die solitären Tiere bleiben so lange wie möglich an ihrer Stelle oder verstecken sich in der nächstgelegenen Pflanze; die gregären Tiere dagegen suchen in großen Sprüngen das Weite, wobei ihre Bewegung sich auf die Artgenossen in der Nachbarschaft überträgt, so daß eine umfangreiche Fluchtwelle entsteht.

Bisher glaubte man, daß die Beunruhigung der Tiere keine Rolle im Gregarisationsprozeß spielt. Nach den Beobachtungen von ROFFEY und POPOV muß man auch diesem Faktor Beachtung schenken. Denn nicht nur die Heuschrecken profitieren von den Regenfällen und dem nachfolgenden frischen Grün. Die Tuareg erscheinen plötzlich mit ihren Kamelherden. Die Fähigkeit der Wüstenbewohner, gewissermaßen zu „wittern", wo es Pflanzenbewuchs gibt, ist phänomenal. Ähnlich wie die Wüstenheuschrecke erscheinen sie von weither und lassen ihre Kamele weiden, solange es irgend geht. Auch die Antilopen werden von den saftigen Weidegründen angelockt, und einmal sah ich sogar in der nördlichen Sahara einen Viehhirten, der seine abgemagerten Rinder von Gott-weiß-woher heranführte, um sich an der rasch vergänglichen Spende der Natur zu beteiligen. So viele Tiere auf einer oft nicht sehr großen Vegetationsinsel beeinflussen natürlich sich selbst und ihre Umwelt. Die Kamale verspeisen mit den Gräsern und Kräutern auch die daran sitzenden Heuschrecken. Die Nomaden fangen sich Heuschrecken, um daraus über dem Lagerfeuer allerlei Delikatessen zu bereiten. Die Folge ist, daß die beunruhigten Insekten den Störenfrieden ausweichen, sich außerhalb der unmittelbaren Gefahrenzone mehr und mehr zusammendrängen und gregär werden.

Hinzu kommt, daß die Wüstenheuschrecke nicht das einzige Mitglied der Familie der Heuschrecken war, das in jenem Herbst die Tamesna besiedelte. An einem Standort fanden ROFFEY und POPOV noch drei weitere Arten, die zusammen die Zahl der Wüstenheuschrecken um etwa das zehnfache übertrafen. Letztere zeigten dabei interessanterweise in der Nähe dieser fremden Gesellen das gleiche Verhalten wie gegenüber ihren Artgenossen: Ihr Körper veränderte die Färbung in schwarzgelb.

Sobald die Umwandlung zum Sozialleben, also die Gregarisation, beendet war, bildeten die dem letzten Larvenstadium angehörenden ungeflügelten Tiere sich sonnende oder schlafende Gruppen. Dies hielt auch noch einige Tage an, nachdem sie sich zu Geflügelten gehäutet hatten.

Dann formierten sie sich zu Flugschwärmen. In diesem Augenblick schlug das gut ausgerüstete OCLALAV-Team zu: Die Schwärme wurden durch Besprühen mit Heuschreckengift fast vollständig vernichtet. Der geringe Teil, der nächtlich fliegend entkam, flog auf dem gleichen Entwicklungsstand weg, auf dem seine Eltern angekommen waren: als solitäre Individuen. Die Elterngeneration hatte sich ja nach der Einwanderung nur in geringem Umfang gregarisieren können, weil die Populationsdichte hierfür meist nicht hoch genug war. Nur dort, wo mindestens 250 Tiere auf einer 10 × 10 m großen Fläche beisammen sind, kommt es zur Gregarisation.

Im Gegensatz zu ihren Eltern wurden jedoch die aus den Eigelegen schlüpfenden Larven gleich in ein Gedränge hineingeboren. Nach Erreichen der Erdoberfläche begannen sie sofort, sich zu Gruppen zusammenzuschließen. Bei etwa einem Viertel dieser jungen Larven waren bereits nach wenigen Stunden schwarze Zeichnungen als Zeichen der beginnenden Gregarisation zu erkennen.

Im Hinblick auf künftige Bekämpfungsaktionen wichtig war die Beobachtung von ROFFEY und POPOV, daß die Anordnung der Vegetation einen erheblichen Einfluß darauf hatte, in welchem Ausmaß die jungen Heuschrecken sich zusammenschlossen und ihre Wanderung begannen. Wo die Pflanzen dünn und fleckenweise wuchsen, kam es sehr rasch zur Wanderung, noch ehe die Tiere ihr drittes, viertes oder fünftes Larvenstadium erreicht hatten. Wo dagegen der *Tribulus* und die *Schouwia* dichte Bestände bildeten, schlossen die Hüpfer sich zwar zu Gruppen zusammen, begannen aber höchstens dann zu wandern, wenn ein störender Eindringling sie in Bewegung versetzte. Normalerweise blieben sie bei ihren Fraßpflanzen. Für die mit der Überwachung beauftragten Inspektoren war dieses Verhalten unangenehm, denn auf solche Weise konnte eine große Heuschreckenpopulation versteckt leben, um dann plötzlich in riesigen Wanderzügen aufzutauchen.

Erkennt man diesen Beobachtungen der beiden englischen Forscher allgemeine Gültigkeit zu, so ist damit gesagt, daß bisher die Vorläufer der Heuschreckenplagen: die lokalen Vermehrungen, unentdeckt blieben. Die Schädlinge konnten ungestört zusammenkommen, sich fortpflanzen und Wanderzüge aufbauen.

Die beiden Entomologen berichteten über ihre Beobachtungen in der Fachzeitschrift „Nature" und gelangten zu dem Schluß, daß die Auffassung, die Entstehung großer Bodenschwärme beruhe auf der Eiablage permanenter – zwischen zwei Plagen bestehenbleibender – Flugschwärme, möglicherweise irrig sei. Das „möglicherweise" war ein taktvoller Ausdruck, mit dem die beiden Autoren eine klare Ablehnung der Theorie der permanenten Schwärme vermieden. Indem sie aber in ihrer Veröffentlichung zeigten, daß die westafrikanische Plage ihren Ausgang von solitär lebenden Wüstenheuschrecken nahm, entzogen sie der genannten Theorie de facto den Boden.

Als weitere wichtige Erkenntnis geht aus ihrer Arbeit hervor, daß die Überwachung des Schädlings, wenn sie erfolgreich sein soll, sich nicht auf Zählungen beschränken darf, sondern auch das Verhalten der Tiere und die Eigenarten ihres Lebensraumes mit berücksichtigen muß. Die in der Tamesna erprobte Überwachungsmethode bestand in einer Kombination von Luft- und Bodenüberwachungen: Zuerst wurden die zur Massenentwicklung geeigneten Teile der Erdoberfläche vom Flugzeug aus abgegrenzt und sodann vom Boden aus überwacht. Leider zeigte sich hier wie anderswo bald, daß das Personal für eine gründliche Überwachung aller in Frage kommenden Gebiete nicht ausreichte.

Die Heuschreckenvermehrung, deren Zeugen ROFFEY und POPOV wurden, war nur eine von fünf, die gleichzeitig in West-, Nordost- und Ostafrika sowie im arabischen und persischen Raum als Folge außergewöhnlicher Regenfälle auftraten. Vier von ihnen hatten ihren Ursprung sehr wahrscheinlich in unentdeckten lokalen Populationen, während die fünfte wohl auf einer Invasion von Schwärmen von der arabischen Halbinsel in den persischen Raum beruhte. Ehe diese Eindringlinge vernichtet werden konnten, hatten sie die Plage bereits bis nach Pakistan und Nordindien weitergetragen.

Die Massenvermehrung in Arabien erfolgte im Landesinneren, im sogenannten „leeren Viertel", von wo bereits die 1948/49er Plage unter sehr ähnlichen Umständen ihren Ausgang genommen hatte. Es gab jedoch zwischen der damaligen Plage und der jetzigen einen Unterschied. Der meteorologische Ursprung der Plage von 1948 wurde erst viel später bekannt bzw. vermutet. Hingegen konnten 1966 die entscheidenden Witterungseinwirkungen beobachtet und registriert werden und zwar von der Kamera eines amerikanischen Wettersatelliten. Dieser funkte drei Tage hintereinander im November 1966 seine Fotos zu einer Überwachungsstation der British Air-Force bei Asmara im äthiopischen Hochland. Die in einem unscheinbaren Wohnwagen bei Asmara vom Reproduktionsrecorder Linie für Linie zusammengesetzten Fotos zeigten erstmalig am 10. November die weiße Silhouette einer ausgedehnten Wolkenmasse über der Arabischen See südlich von Pakistan und östlich von Muscat und Oman sowie – von diesem Wolkenmeer ausgehend – die zerfetzte Gestalt eines wandernden Zyklons. Tatsächlich prasselten damals auf die Beduinen von

Salalah sowie auf die Wüsten- und Küstengebiete von Oman Regen von nahezu 100 mm Niederschlagshöhe herunter, eine Menge, die mehr als das gesamte Jahresmittel beträgt.

Ein einzelner Zyklon reicht jedoch nicht aus, um eine Heuschreckenplage in Gang zu setzen; dazu bedarf es weiterer Regenfälle in bestimmten Gebieten und zu geeigneten Zeiten. Diese Bedingungen wurden im Frühjahr und Sommer 1967 durch außergewöhnlich ergiebige und weitreichende Niederschläge im südlichen und östlichen Arabien erfüllt. In Teilen des Rub al Khali (innerhalb des „Leeren Viertels" Arabiens), wo es normalerweise alle 5 Jahre einmal regnet, gab es vier bis fünf Monate lang den ungewöhnlichen Anblick von großen Wasserlachen. Popov schätzte, daß damals die ursprüngliche Heuschreckenpopulation innerhalb eines Jahres sich um das tausendfache vergrößerte. Trotzdem begaben sich die meisten von ihnen als Solitärtiere auf den Flug, und zwar nachts. Sie bildeten eine unzählige Menge einzelner Späher, um die besten Bedingungen zur Eiablage auszukundschaften. Persien (der Iran) bot solche Bedingungen und wurde daher zu einem der Hauptleidtragenden.

Inzwischen waren auf der anderen Seite der großen arabischen Halbinsel ebenfalls Regen gefallen und hatten zu starken Vermehrungen der Wüstenheuschrecke in Gebieten geführt, die man zuvor als frei von diesem Insekt wähnte. Zu den Vermehrungsgebieten gehörte unter anderen das südliche Tihamah, ein langer Wüstenstreifen südlich von Jeddah und Mekka, der auf der einen Seite vom Roten Meer und auf der anderen vom Asir-Gebirge begrenzt wird. In dieser Region zu reisen, ist fast noch schwieriger, bestimmt aber unbequemer als in der Sahara. Über weite Entfernungen gibt es nur einen einzigen Wüstenpfad, der an einer Stelle in großem Bogen bis zum Meer hinführt, um einem riesigen Feld von Lavablöcken auszuweichen. Zur Überwachung der Wüstenheuschrecke ist es hier mehr als woanders notwendig, zunächst vom Flugzeug aus die Vegetationsflächen zu kartieren und sie dann vom Boden aus näher zu untersuchen. Damals standen in diesem Gebiet jedoch keine Flugzeuge zur Verfügung, und so mußten die Bearbeiter vom Boden aus versuchen, ein Bild zu gewinnen. Sie konnten nicht verhindern, daß zur Sommermitte hin hauptsächlich in den Wadis des Tihamah die Heuschrecke sich stark vermehrte und daß im Oktober die jungen Tiere sich in großen Kolonnen auf die Wanderung begaben.

Auch in Äthiopien war man auf Grund der genannten Fotos des Wettersatelliten vom November in Sorgen. Das Gebiet zwischen der Abdachung des hohen Inlandgebirges und der Küste ist aus mehreren Gründen sehr schwer zu überwachen und wird größtenteils unbegehbar, wenn

– wie Ende 1967 – starke Niederschläge fallen. Hier konnten die Heuschrecken sich ungestört und rapide vermehren, wobei ihre Zahl noch durch Zuflug aus Arabien verstärkt wurde. Als das Jahr zur Neige ging, waren der größte Teil der Küste Eritreas, die von den Afar- und Issa-Stämmen bewohnten Gebiete (das frühere Französisch Somaliland) sowie die Nordküste von Somalia von einer Heuschreckeninvasion betroffen. Auch im Sudan hatte die Vermehrung bereits begonnen.

Am 27. Dezember 1967 gab der Generaldirektor der FAO eine Warnung an etwa 30 in Frage kommende Staaten, daß für Sommer 1968 mit einer Heuschreckenplage gerechnet werden müsse. Die Voraussage erfüllte sich; mindestens 10 der gewarnten Länder hatten 1968 die Plage. Der Abwehrkampf begann.

11. Kapitel
Bekämpfung in Äthiopien

Der Heuschrecken-Informationsdienst faßte die Lage im Sommer 1968 in den lakonischen Satz zusammen: „Schwärme in allen Sommerbrutgebieten, Eiablage im Gange." Die Situationskarte zeigte einen riesigen Gürtel von kleinen Kreisen und Kreuzen, der quer durch die südliche Sahara nach Äthiopien und hier abzweigend, über die arabische Halbinsel und den Iran bis nach Nordwest-Indien reichte. Darin bedeuteten: jedes Kreuz einen beobachteten Flugschwarm, jeder weiße Kreis ein Eiablagefeld und jeder schwarze Kreis einen Bodenschwarm. Senkrechte Striche markierten Stellen mit nichtschwärmenden erwachsenen Heuschrecken.

Im östlichen Afrika wurde die Wüstenheuschrecke aus den Küstengebieten des Roten Meeres, von der Nordostecke Somalias und vor allem aus dem besonders schwierig zu überwachenden Hochland Eritreas an der Grenze zum Sudan gemeldet. Auch im Sudan wurde die Situation allmählich bedrohlich. Ende Juli kamen aus 5 der 9 Provinzen des riesigen Landes Meldungen über starkes Auftreten von Heuschrecken. Bei Kassala, nahe der Grenze nach Äthiopien, wurden Schwärme bei der Eiablage beobachtet. Der nordwestlich der Stadt fließende Albara, ein Hauptnebenfluß des Nils, war zu dieser Zeit nicht mehr von Wüsten, sondern von einer plötzlich ergrünten Landschaft umgeben. Die Heuschrecken legten ihre Eier in der Uferregion des Flusses sowie auch innerhalb des Dreiecks zwischen dem Fluß und dem mittleren Nil nördlich der Hauptstadt Khartum ab. Die Gefahr wurde durch Zuflüge von Heuschrecken aus Arabien noch erheblich verstärkt.

Seit vielen Jahren waren die afrikanischen Experten zur Bekämpfung der Wüstenheuschrecke zu regelmäßigen Beratungen zusammengekommen. Sie gehörten zwei voneinander unabhängigen Bekämpfungsorganisationen an, der ostafrikanischen DLOC-EA und der westafrikanischen OCLALAV. Die Bildung einer dritten Organisation für den Mittleren

Osten stand zur Zeit der hier betrachteten Heuschreckenplage kurz vor dem Abschluß. Diese übernationalen Organisationen basierten auf dem Prinzip, daß jedes Mitgliedsland primär für seinen eigenen Schutz verantwortlich ist, daß ihm jedoch die anderen Länder erforderlichenfalls zur Hilfe kommen. Aufgabe der FAO war es, mit den vom Entwicklungsprogramm der UNO bereitgestellten finanziellen Mitteln alle nationalen und regionalen Bekämpfungsaktionen zu koordinieren und zu einem einheitlichen Programm zusammenzufassen. Diese gewaltige Arbeit ruhte vor allem auf den Schultern eines Mannes, des Inders Dr. GURDAS SINGH von der FAO. Er hatte die Hälfte seines Lebens der Heuschreckenforschung und -bekämpfung gewidmet und war gleich hervorragend als Wissenschaftler, Administrator und Diplomat. Auf seinen Vorschlag fuhr ich ins östliche Afrika, um die Kooperation der Bekämpfungsmaßnahmen mitzuerleben.

Ich kam eines Abends zu Anfang Juli 1968 in der äthiopischen Stadt Asmara an. In meiner Begleitung befand sich ein schlanker, bärtiger und patriarchalisch aussehender Mann namens TONY ISAAKS, ein Programmgestalter des Londoner BBC-Fernsehens. Er war mitgekommen, um sich über die Möglichkeiten eines Films über die Wüstenheuschrecke zu informieren. Wie üblich bei europäisch-afrikanischen Luftlinien waren wir des Nachts geflogen und damit jeglichen Gefühls für die räumliche Trennung der Kontinente beraubt worden. Als wir aus der Maschine kletterten, hatten wir durchaus nicht den Eindruck, in Ostafrika zu sein. Eine Barriere dunkler, drohender Wolken zog sich über dem Rand des Plateaus entlang, auf welchem die Stadt Asmara erbaut ist. Die Luft war so feucht und kalt, daß wir schleunigst unsere Mäntel anzogen. Der Regen prasselte nieder, als wir unser Gepäck in einem Landrover der DLOC verstauten.

Uns fiel sofort auf, daß die Landschaft grünte und blühte. Es herrschte die abessinische Regenzeit, die in diesem Jahr besonders ergiebig war und ungewöhnlich lange dauerte. Die Freude der Bauern über dieses Wetter schlug um, als die Heuschrecken kamen. Ein starker Schwarm hatte Asmara überflogen und war sofort vom Flugzeug aus mit einem Sprühmittel angegriffen worden. Es war eine rasche und erfolgreiche Bekämpfungsaktion zum günstigsten Zeitpunkt gewesen. Der Schädling war vernichtet worden, ehe er sich hatte vermehren können. Nun bedeckten die blaßroten (also noch unreifen) Leiber der getöteten Heuschrecken in dicker Schicht den Boden und strömten einen ekelhaften Geruch aus.

Die ostafrikanische Organisation der Bekämpfung der Wüstenheuschrecke (DLCO-EA) ist die Nachfolgerin des Heuschreckenbekämpfungsdienstes, der von UVAROV zu einer Zeit gegründet worden war, als

Somaliland, Kenia, Tansania und Uganda ihre Selbständigkeit noch nicht erlangt hatten. Es ist vornehmlich den Bemühungen des FAO-Chefs, G. SINGH, zu verdanken, daß diese vier Länder sowie Äthiopien sich zusammenschlossen und in der DLCO-EA einen großen Teil ihres Abwehrkampfes gegen die Wüstenheuschrecke gemeinsam führen. Später kam auch noch der Sudan hinzu. Zwischen der DLCO-EA und Saudi-Arabien sowie ihren südlichen Nachbarn, deren Gebiete früher unter britischer Verwaltung standen, besteht direkt oder über die FAO in Heuschreckenfragen eine Zusammenarbeit. Mit dem Äthiopier ADEFRIS BELLUHU an der Spitze bildet die DLCO-EA heute ein Musterbeispiel für die Zusammenarbeit mehrer Länder in einem bestimmten Interessenbereich.

Eine große Übersichtskarte im dreistöckigen Hauptsitz der DLCO-EA im Zentrum von Asmara zeigte, über welch großes Gebiet sich die Arbeit der Organisation erstreckte. Das 1968 gefährdete Areal hatte etwa die Ausdehnung Westeuropas. Die Wandkarte war gespickt mit verschiedenfarbigen Fähnchen zur Kennzeichnung der Lage und der Bewegungsrichtungen des Schädlings. Die Fähnchen zeigten nord- und westwärts von Asmara in Richtung zur sudanesischen Grenze. Besonders dicht steckten sie auf den Ebenen Eritreas entlang der Küste des Roten Meeres sowie unterhalb des Gebirges in Richtung auf den großen Einschnitt, in welchem die Eisenbahn von der Küstenstadt Djibouti zu der im Hochland gelegenen Hauptstadt Addis Abeba emporklimmt. Ostwärts von Djibouti erstreckte sich die Massenvermehrung bis in die Ostspitze Afrikas. Aus dieser Verteilung wurde deutlich, daß die drei Stützpunkte der DLCO-EA: Asmara in Äthiopien sowie Diredaua und Hargeisa in Somalia, die besten Stellungen zur Verteidigung und zum Angriff bildeten.

Man brauchte nur die auf der Karte eingezeichneten Brutgebiete und Wanderungsrichtungen der Heuschrecke mit den Fotos der Wettersatelliten zu vergleichen, um zu erkennen, warum der Schädling sich so und nicht anders verhielt. Am Ausgang des Roten Meeres in den Golf von Aden, also an der Meerenge von Bab el Mandeb, bilden die zwischen Asien und Afrika wehenden Winde eine „Wetterbrücke". Hier besteht einer der wichtigsten Wanderungswege der Wüstenheuschrecke zwischen Arabien und Afrika. Durch solche Einwanderer können die in Äthiopien und Somalia gebürtigen Heuschrecken zu riesigen Schwärmen verstärkt werden, die sich dann oft westwärts zur Sahara wenden, wobei sie auf ihrem Wege weitere Einzeltiere und Schwärme aufnehmen. Das ist meist im Frühjahr der Fall. Eine andere Möglichkeit besteht darin, daß sie in den Wüstengebieten Somalias und Äthiopiens bis etwa Mitte September umherziehen, um dann mit Hilfe der zu dieser Jahreszeit häufig aufkommenden Nordostwinde bis zu 3000 km weit südlich nach Kenia, Tansania oder Uganda zu gelangen.

„Unsere Aufgabe ist es", sagte mir der leitende Wissenschaftler der DLCO-EA, J. SAYER, „die Schwärme daran zu hindern, eines dieser beiden Dinge zu tun."

Wie schwierig diese Aufgabe jedoch ist, kann man ermessen, wenn man sich die Entwicklung der Heuschreckenplage im Gebiet des Roten Meeres 1967/68 vor Augen führt. Am 21. Oktober 1967 war – noch in Unkenntnis des bevorstehenden Unheils – eine neue Warnstelle der DLCO unter der Leitung des britischen Entomologen J. TUNSTALL an der Abdachung des äthiopischen Gebirges zum Roten Meer hin eingerichtet worden. TUNSTALL und seine äthiopischen Mitarbeiter stellten bei ihren Kontrollfahrten Ende Oktober fest, daß in den Getreide- und Sorghum-Feldern des Gebietes die Wüstenheuschrecke in starker Vermehrung begriffen war. In einem der Wadis zählten sie auf 1500 Schritte 8 auffliegende Tiere pro Mann und fünf Tage später bereits 72. Am zahlreichsten war der Schädling im Wadi Durama. Hier flogen am 29. Oktober bei der nur kurzen Durchquerung eines Getreidefeldes in der Wadi-Breite 20 Tiere auf, zwei Tage später 67 und abermals zwei Tage später 80.

Anfang November führten heftige Regenstürme zu Überschwemmungen im Raum zwischen der sudanesischen Grenze und Djibouti. Stellenweise fielen 200 mm Regen in 24 Stunden. Als TUNSTALL und seine Gruppe zu dieser Zeit sich unter großen Schwierigkeiten mit ihren Landrovern durch das aufgeweichte Land kämpften und dabei manchmal nur zwei Kilometer am Tage vorankamen, sahen sie, daß es jetzt bereits nicht mehr darum ging, einzelne Heuschrecken zu zählen als vielmehr ganze Gruppen zu registrieren. Hüpfer aller Stadien, die von außergewöhnlich starken Bruten zeugten, bewegten sich durch das bebaute Land. Am 21. November, genau einen Monat nach Einsetzung des Kontroll-Teams, tauchten die ersten Geflügelten der neuen Generation auf und sammelten sich zu Schwärmen von bis zu 300 × 600 m Umfang. TUNSTALL schätzte, daß dreieinhalb Wochen nach Beginn der Tätigkeit des Teams in einem Gebiet von 3500 Quadratkilometern etwa 50 Millionen Wüstenheuschrecken vorhanden waren.

Die überall sitzenden und fressenden Heuschrecken (Abb. 5) machten eine rasche und umfassende Bekämpfungsaktion notwendig. Unglücklicherweise aber konnten die Bekämpfungstrupps erst in der zweiten Dezember-Woche mit Geräten ausgerüstet werden. Ein inzwischen, am 15. November, von Asmara aus gestartetes Flugzeug sprühte einen Tag lang das Insektengift Dieldrin aus der Luft, jedoch war die Vernichtungsquote gering, da Regenfälle unmittelbar nach dem Sprühen die Wirkung zunichte machten. Endlich erhielten die Bodentrupps fahrbare Feinsprühgeräte zum Ankoppeln an ihre Landrover sowie auch Handstäubegeräte und konnten nun in breiter Front gegen den Schädling vorgehen. Das fahrbare Feinsprühgerät ist eine Erfindung der englischen Firma Sayer und hat sich inzwischen weltweit bewährt. Mit nur einem halben Liter Flüssigkeit läßt sich damit ein ganzer Hektar (10 000 qm) gleichmäßig mit einem feinen Sprühschleier bedecken. Bis Mitte Dezember konnten durch Sprühen von Dieldrin mit diesen Geräten sowie durch Stäuben von HCH (Hexachlorcyclohexan) mit Handgeräten 277 Schwärme ungeflügelter und geflügelter Heuschrecken vernichtet werden.

Jedoch war die Aktion zum Teil zu spät gekommen. Bereits am 5. Dezember fanden TUNSTALL und seine Leute einen großen Schwarm reifer und in Reifung befindlicher Heuschrecken, der sich am Ende des Wadi Durama eine mehr als 2 Quadratkilometer große Fläche zur Eiablage ausgesucht hatte. Innerhalb weniger Tage wurden hier bis zu 15 000 Eier pro Quadratmeter in die Erde versenkt. Bis Mitte Dezember sichtete das Team 9 weitere Schwärme und fand zahlreiche Eiablagen.

Ende des Jahres war die weiträumige Bekämpfungsaktion eingespielt und erzielte beeindruckende Erfolge. So fuhren zwischen Anfang November und Mitte März die Bodentrupps mehr als 150 000 km und brachten 9300 l flüssiges Insektengift gegen die Schädlinge aus. Daneben wurden mehr als 2000 kg HCH-Staub mit Handgeräten ausgebracht. Drei gecharterte Flugzeuge flogen 91 Einsätze. Insgesamt wurden 4393 Hüpfer-Schwärme verschiedenen Umfangs vernichtet. Als neue Maßnahme wurden Sprühbänder in 1 km Abstand über die Landschaft gelegt in der Erwartung, daß wandernde Heuschrecken beim Eindringen in diese Gebietsstreifen vernichtet würden. Über die Berechtigung und den Erfolg dieser Maßnahme gibt es aber unterschiedliche Ansichten (siehe unten).

Es besteht kein Zweifel, daß der weitaus größte Teil der Heuschrecken durch alle diese Bemühungen vernichtet wurde. Jedoch ist ebensowenig zweifelhaft, daß viele Tiere überlebten und sich durch Zuflüge von Arabien her verstärkten. Im Januar wurden 16 Schwärme während der Kopulation und Eiablage bekämpft und bereits zahlreiche junge Hüpfer beobachtet. Auch in Nordwest-Somalia ging die Vermehrung weiter und machte wiederholte Lufteinsätze von Hargeisa, Diredaua und Asmara aus notwendig. Eine gewisse Flaute im März ließ die Hoffnung aufkommen, daß das Schlimmste vorüber sei. Aber eine Vereinigung von im Lande frisch geschlüpften sowie von Arabien über die Meerenge Bab el Mandeb herübergekommener Tiere führte zu einem erneuten Aufflammen der

Plage. Am Rande des äthiopischen Hochlandes wurden im Mai 53 Schwärme auf engem Raum gezählt. Sie verdünnten sich jeweils tagsüber und hatten dann eine Gesamtausdehnung von etwa 800 qkm. Gegen Abend zogen sie sich auf etwa 500 qkm Fläche zusammen und bedeckten die Bäume, Sträucher und Bodenpflanzen. Zwischen Abend und Morgen bestand also die günstigste Gelegenheit, sie zu bekämpfen.

Ich flog später, unmittelbar nach meiner Ankunft im Juli, über dieses Gebiet, als man auf Grund einer Meldung, daß ein Heuschreckenschwarm am Rande der Danakil-Wüste nahe dem Giullietta-See gesichtet worden sei, eine Maschine von Asmara aus zur Überprüfung dieser Meldung ausschickte. Die für derartige Aufträge verwendete Maschine war ein zweimotoriger Sechssitzer „Poppa Yankee", geflogen vom Chefpiloten der DLCO, Wordofa Abebe. Flugleiter war John Sayer. Wenn man einmal die Heuschrecke für einen Augenblick beiseite läßt, so ist es schwer, sich einen anderen kurzen Flug irgendwo in der Welt vorzustellen, der solch extremen Landschaftswechsel zeigt wie jener Flug von Asmara zum Giullietta-See. Asmara liegt so dicht am Rande des Hochplateaus, daß man nur wenige Minuten das Karomuster der bebauten Felder unter sich weggleiten sieht und dann plötzlich in die gähnenden Abstürze des Gebirgsrandes hinunterblickt. Jedoch bildet die Gebirgsabdachung keinen scharfen Rand, sondern dem Hochland ist eine ganze Inselwelt von mehr oder weniger großen und hohen isolierten Plateau-Fragmenten vorgelagert. Angesichts der oft schwindelerregenden Höhe und Steilheit ihrer Wände fragt man sich, wie die Einwohner, die ihre Felder darauf bauen, hinauf- und herabgelangen. Wahrscheinlich leben hier viele Bauern in tiefster Isolation, und gerade sie sind es, die von der Wüstenheuschrecke am schlimmsten bedroht werden. Weiter südlich hat die Erosion in Millionen von Jahren das Land in ein Labyrinth steiniger Hügel zerbröckelt. Hier erkennt man nur noch selten kultivierte Flächen. Noch weiter nach Süden sieht man durch das eine Fenster des Flugzeuges weite öde Steppen und Wüsten in Richtung zum Roten Meer, während ein Blick durch das gegenüberliegende Fenster ein Gemisch von niedrigeren und höheren Bergen zeigt, durch das sich die Hauptstraße nach Addis Abeba emporwindet. Hier flogen wir in etwa 3500 m Höhe eine Kurve, und während unter den um 45° geneigten Tragflächen einige hohe Berge verschwanden, tauchten wir in das dahinterliegende Tal hinab.

Dieses Tal heißt Mai Ceu. Das Flugteam der DLCO, das sich aus Abebe, Sayer und einem jungen Dänen namens Jan Rahbek zusammensetzte, hatte dort etwa zwei Wochen zuvor einen 20 qkm umfassenden Heuschreckenschwarm bekämpft. Der Schwarm hatte sich hauptsächlich in zwei Wadis niedergelassen, die – von hohen Wänden eingefaßt – rechtwinklig auf einen 4000 m hohen Berg zuliefen. Das ist eine für die Heuschreckenbekämpfung in Äthiopien typische Situation, die eine besondere Flug- und Sprühtechnik verlangt. Für normale Sprühbahnen und damit normale Fluggeschwindigkeit fehlt der Platz. Daher muß der Pilot sich die nötige Geschwindigkeit durch Sturzflüge von den Bergen herab verschaffen, wobei er nur wenige Meter über die Felsen hinwegrast. Drei Tage lang führten damals Abebe und Rahbek diese waghalsigen Manöver durch. Die Aktion verlagerte sich von Wadi zu Wadi, denn die Gebirgsabdachung besteht aus Myriaden von Ausläufern, zwischen denen sich die Heuschrecken hin- und herbewegten. Jeden Tag sah der Pilot sich vor neue Probleme gestellt, die alle in der Frage mündeten, wie man in diesem verwirrenden Terrain an die Heuschrecken herankommt, ohne den Absturz zu riskieren. Eine solche Art von Schädlingsbekämpfung war bis zu diesem Zeitpunkt unbekannt und wurde seitdem auch nirgendwo wieder in der Welt praktiziert.

Ich hatte später Gelegenheit, die beiden Piloten: den ruhigen und besonnenen Abebe sowie den lebhaften und zähen Rahbek, bei ihrer Arbeit zu beobachten. Wenn das Flugzeug dröhnend von der Höhe herabstürzte und in die Horizontale überging, drückte Rahbek seine Stoppuhr, setzte gleichzeitig das Sprühgerät in Gang und verfolgte am Flüssigkeitsmesser den Ausfluß der Dieldrin-Flüssigkeit aus dem 500-Liter-Tank. Unter und hinter der Maschine sah man das Insektengift, zerrissen von den an der Tragflächenunterseite angebrachten Düsen, als feinen Schleier sich auf die Heuschrecken-bedeckte Vegetation herabsenken (Abb. 16). Höchstens 40 bis 50 Sekunden standen für eine Flugbahn zur Verfügung, dann mußte die Maschine wieder hochgerissen werden. Aus der Fluggeschwindigkeit und der Sprühdauer konnte JOHN SAYER den Umfang der behandelten Fläche berechnen. Dabei mußte die Windrichtung mit berücksichtigt werden. Das führt zum streifenweisen Sprühen in der Querrichtung des Tales. Um diese Jahreszeit bläst der Wind nachmittags fast immer vom Meer her und läßt die nebelfeinen Sprühtröpfchen talaufwärts driften. Die Berechnung dieser Streifen verlangte vom Piloten viel Geschick. Er muß sich der Lage seiner Flugbahn absolut sicher sein, bevor er zum Sturzflug ansetzt, und er hat am Ende seiner Bahn nur Sekunden zur Verfügung, um die Maschine hochzuziehen und durch die vorher gewählte Lücke aus dem Tal herauszuführen. Wer ISAAKS schönen Tonfilm über die Heuschreckenbekämpfung gesehen hat, wird sich der maschinengewehrartigen Folge von scharfen Tönen erinnern, die durch das Aufprallen der Heuschreckenleiber auf die Windschutzscheibe des Flugzeugs entstanden, und er wird gesehen haben wie die Scheibe durch den Körperinhalt der zerschmetterten Tiere undurchsichtig wurde. Größere Mengen Heuschrecken können auch die Kühlrippen der Motorhaube verstopfen und zur Überhitzung des Motors führen. Alle diese Faktoren muß der Pilot berücksichtigen, wenn er über den Bergen eine Schleife zieht und sich auf die nächste Flugbahn, die etwa 100 m parallel zur vorherigen liegt, vorbereitet. Wenn er sich dazu entschließt, oben zu bleiben, teilt er dies durch Sprechfunk an den Landeplatz mit.

Wer einmal ein paar solcher Flüge mitgemacht hat, erkennt sofort, daß das Hauptproblem in diesem wilden Land der Nachschub an Kraftstoff und Insektengift bildet. Maximal reichen beide Flüssigkeiten für einen Flug von etwa 150 km. Mai Ceu ist aber mehr als 300 km vom Nachschublager Asmara entfernt. JOHN SAYER hatte daher unter anderem die Aufgabe, die Flüssigkeiten auf unangenehmen Bergstraßen zu der kleinen Hauptstadt der Tigre-Provinz, Makale, zu transportieren, wo sich die Landebahn für jenen Bekämpfungsabschnitt befand.

Die Mühen haben sich damals gelohnt. Abebe und Rahbek vernichteten in diesem Bereich Hunderte von Millionen Heuschrecken. Beim anschließenden Überfliegen einiger behandelter Flächen in geringer Höhe kam SAYER zu dem Schluß, daß etwa 95 % der Schädlinge abgetötet worden waren. Aber auch 5 % Überlebende sind bei der gewaltigen Ausgangszahl noch eine erhebliche Menge. SAYER glaubte, daß diese Überlebenden sich zu einem Schwarm formierten, der nunmehr, zwei Wochen nach der Bekämpfungsaktion, ein Stück weiter, vom Rande der Danakil-Wüste, gemeldet worden war.

Wir gingen auf den Landeplatz von Makale nieder in der Hoffnung, daß uns der Landwirtschaftsminister der Provinz, dessen Späher den Schwarm gesichtet hatten, uns nähere Hinweise geben könne. Der Generalgouverneur hatte ihn und uns zu einem Imbiß in seinem Palast eingeladen.

H. H. Ras Mengeh Syum, der Generalgouverneur der Provinz Tigre, ist Nachkomme eines ehemaligen äthiopischen Herrscherhauses und verheiratet mit Prinzessin Ida Desta, einer Enkelin von Kaiser Haile Selassie. Wir lernten einen kleinen zierlichen Mann von scharfem Verstand kennen, welcher in dem Ruf steht, ein äußerst gewissenhafter Staatsbeamter zu sein. Der Imbiß wurde auf der Terrasse eingenommen, die zu einem an den alten quadratischen Palast angebauten neuen Flügel gehörte. Die Umgebung des Gouverneur-Palastes glich einer grünen Insel im steinigen Hügelland. Unterhalb der Terrasse lagen in einem großen Käfig zwei äthiopische Löwen als Zeichen der königlichen Abstammung des Gouverneurs.

In geringer Entfernung vom Palast, am Rande eines Gehölzes von Euka-lyptus-Bäumen, waren Dorfbewohner damit beschäftigt, einen großen Heuschober zu errichten. Mir kam, wie so oft in Afrika, der Gedanke, daß in einer solchen Szene sich das genaue Abbild des einstigen englischen Landlebens wiederspiegelt, als die industrielle Revolution noch nicht das Bild des Verhältnisses zwischen dem patriarchalischen Gutsbesitzer und seinen Pächtern zerstört hatte.

Die äthiopischen Bauern sind arm und völlig von ihren Ernten abhän-gig. Nur in guten Jahren erwirtschaften sie einen bescheidenen Überschuß. Das mittlere Einkommen einer ganzen Familie betrug damals etwa 190 Pfund Sterling (ca. 1900 DM) im Jahr. Gesät wird zur Regenzeit im Mai/ Juni und geerntet im September/Oktober. Ras Syum erzählte uns, daß 1958 die Wüstenheuschrecke die gesamte Bevölkerung von Eritrea und Tigre in bitterste Armut stürzte.

„Wir leben hier in einem ständigen Zwiespalt", sagte er. „Wir beten um Regen und freuen uns, wenn er kommt, zugleich aber fürchten wir ihn wegen der oft mit ihm verbundenen Heuschreckenplagen. Sobald die Heu-schrecke sich vermehrt, geht jeder Bauer auf sein Feld in der Furcht, daß er über Nacht alle seine Kulturen vernichtet findet. Jedoch brauchen wir den Regen unbedingt. Wir können nur hoffen, daß die Heuschrecke wegbleibt oder, neuerdings, daß die Bekämpfungstrupps den Schädling vernichten, bevor er Schaden tut."

Am Tage vor unserem Besuch hatten einige Bauern sich bei Ras Syum beschwert, daß die Weideflächen, auf denen Abebe und Rahbek gesprüht hatten, so starken Gestank verbreiteten, daß ihre Ziegen nicht darauf weiden wollten. „Was ist euch lieber", hatte der Ras geantwortet, „der Ge-ruch von toten Heuschrecken oder der verheerende Fraß von lebenden?!"

Wieder im Flugzeug, nahmen wir östlichen Kurs. Trotz geringer Flug-höhe konnten wir jedoch keine Spur von den Resten des Mai-Ceu-Schwar-mes entdecken. Bei Annäherung an den Giullietta-See, einer mehr aus Salz denn aus Wasser bestehenden Fläche, hörte die spärliche Vegetation ganz auf. Sodann flogen wir am Rande der großen Danakil-Senke entlang, einer Wüste, die näher kennenzulernen mich nicht gelüstete. Ihre salzige, von der Asche eines noch tätigen Vulkans geschwärzte Oberfläche sandte uns Wellen von solcher Hitze entgegen, wie ich sie selten anderswo erlebt habe. Ein paar Minuten lang hielt Abebe die „Poppa Yankee" auf einer Höhe von nur 30 Metern, dann stiegen wir wieder in die kühlere Region des pflanzenbedeckten Hochlandes hinauf, wobei ich meinen ersten An-schauungsunterricht über die Wechselhaftigkeit der inter-tropischen Kon-vergenz-Wetterzone (ITC-Zone) erhielt. Wir hatten Asmara bei völlig blauem Himmel verlassen, sahen jetzt aber die Berge, hinter denen die Stadt lag, von dunklen Wolken verhüllt. Abebe ließ sich aber davon nicht beeindrucken: in großem Bogen flog er an der Wolkenfront entlang, bis er tatsächlich eine Lücke fand, die ihm das Hineinfliegen nach Asmara gestattete.

In den Augen JOHN SAYERS glühte meteorologischer Eifer, als er uns auseinandersetzte, daß eine solche Wetterfront, wie wir sie soeben erlebten, eine Leitlinie für die Piloten bei ihrer Suche nach Heuschreckenschwärmen bildet. Über einigen Teilen Ostafrikas, erläuterte er, beträgt die Entfernung zwischen zwei entgegengesetzten Winden oft nicht mehr als 5 Kilometer. Piloten, die dieses Phänomen nicht kennen, sind dann überrascht, plötzlich in eine nordöstliche Luftströmung zu geraten, nachdem sie noch vor einer Minute mit einer Südwestströmung flogen. Die Bedeutung dieser Eigenart der intertropischen Konvergenzzone für die Wüstenheuschrecke liegt darin, daß die Tiere dadurch in ihrem Flug aufgehalten und gesammelt werden. Nachdem sie beispielsweise morgens von den Ebenen Somalias aufgestiegen sind, fliegen sie zuerst weit zerstreut in einer Südwestströmung. Ungefähr zur Mittagszeit geraten sie in die Konvergenzzone mit ihren entgegengesetzten Windrichtungen und wechselnden Temperaturen. In der kühleren Luftströmung sinkt ihre Körpertemperatur und sie gehen, vorübergehend flugunfähig, zu Boden. Hier erwärmen sie sich und fliegen wieder auf, um nach einer bestimmten Zeit abermals abzusinken. Das kann sich mehrere Male wiederholen. Die Folge ist, daß aus den zerstreuten Tieren schließlich ein kompakter großer Schwarm wird, der in einen gleichmäßigen Flug übergeht, wenn er in eine konstante Luftströmung gerät.

Das leidige Transportproblem veranlaßte SAYER, lange bevor die letzte Plage endete, sich mit der Technik des Ultra-Feinsprühens näher zu beschäftigen. Auf diesem Gebiet ist er einer der hervorragendsten Fachleute geworden. Es liegt auf der Hand, daß man um so weniger Insektizidflüssigkeit zum Sprühen benötigt, je stärker man sie konzentriert. Um denselben gleichmäßigen Sprühbelag wie vorher zu erzielen, muß dann allerdings die Größe der Tröpfchen verringert und ihre Zahl erhöht werden. Hierbei spielt die Wahl des Trägermittels – als solches wird eine ölige Substanz verwendet –, eine wesentliche Rolle. Wenn der Trägerstoff sich zu schnell – etwa noch in der Luft – verflüchtigt, gelangen die Insektizidteilchen nicht an ihren Bestimmungsort, sondern werden vom Wind verweht. SAYER bemühte sich daher in seinem Labor in Asmara, Sprühmittel zu formulieren, in denen sich größtmögliche Insektizid-Konzentration mit maximaler Beständigkeit des Trägerstoffs vereinen.

Bei der Bekämpfungskampagne in Ostafrika – wie auch in anderen Teilen Afrikas sowie Asiens – wurden zwei insektizide (insektentötende) Wirkstoffe verwendet: Dieldrin und Gamma-HCH. Beide behalten, wenn sie als Sprüh- bzw. Stäubebelag die Pflanzen bedecken, noch einige Tage oder gar Wochen lang ihre Giftwirkung und töten somit auch die noch in den folgenden Tagen und Wochen in die Felder einwandernden Heuschrecken mit ab. Eine Flugzeugladung Dieldrin-Sprühflüssigkeit reichte aus, um etwa 100 Millionen Heuschrecken zu vernichten.

J. SAYER glaubte, daß eine noch bessere Wirkung erzielt werden könnte, wenn man sich der Konvergenz-Wetterzone bedienen würde. Die zwischen den konvergierenden Winden sich sammelnden Heuschrecken müßten sich, so meinte SAYER, dadurch wirksam bekämpfen lassen, daß man die sich auf- und abwärtsbewegende Luft mit einem Dieldrin-Sprühschleier durchsetzt. Allerdings fiele bei dieser Methode eine wichtige Wirkungskomponente weg: die Fraßgiftwirkung. Das beim Normalverfahren auf die Pflanzen gesprühte Insektengift wirkt ja sowohl als Berührungsgift als zugleich auch als Fraßgift. In der Sprühwolke der Konvergenzwinde dagegen könnte das Gift nur durch Berührung wirken, und es ist anzunehmen, daß dabei nur ein Teil der Tiere tödlich vergiftet würde und der andere Teil nur eine nicht tödliche (subletale) Giftmenge abbekäme. SAYER glaubte jedoch, daß dieser Nachteil dadurch wettgemacht werde, daß die Heuschrecken bei ihrer Auf- und Abwärtsbewegung innerhalb der Konvergenzzone mehrmals den Sprühschleier durchqueren und auf diese Weise eine zur Abtötung ausreichende Giftmenge aufnehmen würden. Leider konnte SAYER seine Theorie nicht in der Praxis nachprüfen, weil die Plage vorher zu Ende ging.

SAYERS Überlegungen sind bei späteren Bekämpfungsaktionen mit Erfolg in die Tat umgesetzt worden, ohne daß dadurch allerdings örtliche Flugzeugeinsätze wie jene von Abebe und Rahbek oder auch Bekämpfungsaktionen vom Boden aus an Wert verloren hätten. Es ist nicht nur schwierig, Heuschreckenschwärme an einer tausende Kilometer langen Wetterfront ausfindig zu machen, sondern es gibt natürlich genügend große und kleine Schwärme außerhalb der Konvergenzzone. Bereits ein kleiner Schwarm kann eine ganze Siedlung ins Unglück stürzen. Zu einer Bekämpfung ist oft ein Flugzeug weder notwendig noch zweckmäßig. Für solche Fälle gibt es Bodenbekämpfungs-Trupps, die mit HCH-Giftködern oder neuerdings mit fahrbaren Sprühgeräten ausgerüstet sind (Abb. 14). Beide Verfahren: die Luft- und die Bodenbekämpfung haben ihre Bedeutung und müssen gemeinsam versuchen, den Schädling zu vernichten, wo immer er auftaucht.

12. Kapitel
Der Kampagne zweiter Teil

Inzwischen waren auch ANTHONY IZAAKS und sein Fernsehteam von der BBC vor Probleme gestellt worden. Umgeben von Heuschrecken und von Gerüchten über Heuschrecken, war es ihnen dennoch nicht gelungen, in einen Schwarm hineinzukommen. Wie soll aber ein Kameramann die Heuschreckengefahr deutlich machen, wenn er sich nicht inmitten eines Schwarmes befindet?

Wer die Verhältnisse näher kennenlernte, dem sind die Schwierigkeiten, eine Heuschreckenplage in Äthiopien zu filmen, klar. Wenn man einen Schwarm verfolgt, erreicht man ihn selten, weil einem irgendwann undurchdringliches Gelände den Weg versperrt. Man kann sich mit dem Flugzeug mitten in einem großen Schwarm befinden, ohne ihn filmen zu können, weil er in der Regel für diese Zwecke zu dünn und zu zerstreut ist. Der Kameramann der BBC, Jan Stone, sowie mein eigener Fotograf, Gianni Tortoli, machten die Sturzflüge über Berge und Täler bei den Sprühaktionen mit. Sie filmten dabei aber nur die Technik und nicht die Heuschrecken. Es gab, wie es schien, nur dort die Möglichkeit, Heuschreckenschwärme am Boden anzutreffen, wo sie noch nicht zum Flug gekommen waren. JOHN SAYER erhielt täglich von den amerikanischen Stationen die Satellitenaufnahmen der Wetterbedingungen. Aus ihnen konnte der Weg der Heuschreckenschwärme abgelesen werden, und auf diesem Wege durften das BBC-Team und wir hoffen, die noch nicht fliegenden Nachkommen der Geflügelten finden und filmen zu können.

So setzten wir uns denn am 21. Juli mit einem kleinen Konvoi aus Landrovern und Lastwagen, auf denen Verpflegung für eine Woche mitgeführt wurde, in Richtung auf das nördliche Hochland in Bewegung. Auf guter Straße mit romantischen Ausblicken fuhren wir zunächst durch das Tal des Ansebaflusses zu der etwa 100 km von Asmara entfernten kleinen Stadt Keren, wo wir uns mit dem DLCO-Mitarbeiter JIM TUNSTALL treffen wollten. Blond und braungegerbt, mit einem Flair, als käme er aus einem Roman von GRAHAM GREENE, trat er uns entgegen. Er war derzeit im nördlichen Hochland mit Grundlagenstudien über die Wüstenheuschrecke beschäftigt.

Keren ist wie so viele afrikanische Ortschaften eine Mischung aus alt und neu. Es liegt auf einer Ebene, umgeben von einem Kranz blauer Berge. Dieses Bild ist schön für jene, die in diesem Bergwall keine Gefängnismauern sehen müssen. Die meisten Bewohner von Keren werden sicherlich zeitlebens über diesen Wall nicht hinauskommen. Ein Junge mit entzündeten Augen wich nicht von meiner Seite. Er erzählte mir, daß er gerade die Schule abgeschlossen hätte und fügte hinzu: „Was nützt mir das aber? Was gibt es hier für mich zu tun?" Plötzlich sprang er seitwärts zu einem Stein, bückte sich und kehrte mit einer geschlechtsreifen Wüstenheuschrecke zurück. Es handelte sich offensichtlich um einen Nachzügler des Schwarms, der – wie mir der Junge sagte – zwei Tage zuvor die Stadt überquert hatte.

In Keren wurde ich einige Stunden lang in Haft gehalten, aus Gründen, die ich nie erfuhr, es sei denn, weil ich fotografiert hatte. Eine noch unangenehmere Sache war, daß in dieser politisch unsicheren Provinz ein Ausgehverbot zwischen 18 Uhr und 6 Uhr bestand. Das bedeutete, daß die Bevölkerung sich nicht weit von den Ortschaften entfernen und demgemäß nur wenig Informationen über fliegende oder hüpfende Heuschrecken bzw. Brutstätten geben konnte. TUNSTALL verließ sich daher mehr und mehr auf die Kamel-Scouts der DLCO, insbesondere jene des Nordens, wo der seichte Barcafluß durch ein mehr als 10 000 qkm großes, von Landstraßen völlig freies Gebiet floß. In Keren erhielt TUNSTALL die Nachricht, daß fünf Tagesreisen nördlich ein großer Bodenschwarm junger Wüstenheuschrecken gesichtet worden sei. Wir brachen am nächsten Morgen auf, durchfuhren die verschlafene Stadt Agardat, deren schneeweißer Moscheeturm in den gewitterschwülen Himmel ragte, und machten ein paar Stunden später an einem DLCO-Nachschublager inmitten eines Palmenwäldchens am Fluß halt.

Normalerweise besteht ein solches Lager, wie uns TUNSTALL aufklärte, aus 8 Scouts mit Kamelen und etwa 20 Arbeitern, die mit dem Herbeischaffen, Umfüllen und Abtransportieren von Giftködersäcken beschäftigt sind. Einige der Scouts waren gerade unterwegs, andere wurden jeden Augenblick zurückerwartet. Sie kamen durch den aufspritzenden Fluß geritten, während wir frühstückten. Jim nahm sie sogleich ins Verhör. Ein Trupp wie der zurückgekehrte, durchstreift in der Regel 14 Tage lang das Land, reitet von Dorf zu Dorf, befragt die Einwohner über die Heuschrecke und bekämpft diese durch Ausstreuen von Giftködern (Abb. 13), wo es nottut. Jetzt hieß es für die Scouts wie für uns, den im Norden beobachteten Bodenschwarm aufzufinden und ihn zu vernichten. Das mußte schnell geschehen, weil die Giftköder um so weniger wirken, je älter die Heuschreckenlarven sind. TUNSTALL bat daher den alten Scout-Führer Mahamed Shink-ahai sofort wieder aufzusatteln und mit uns zu kommen. Die Kamele wurden bepackt, mit drei Säcken an jeder Seite eines Tieres, und auf ging es über den Fluß in Richtung Norden. Auf zwei Kamelen thronten und balancierten unsere beiden Kameramänner, Jan Stone und Gianni Tortoli, um von dieser Position aus zu filmen. Wir fuhren in unseren Fahrzeugen hinterher. Es regnete in Strömen, als wir durch Barentu kamen, einem Verwaltungszentrum mit einem netten, von Arkaden umsäumten Platz, und es regnete auch noch, als wir in Gogni einfuhren. Dort hieß uns in einem nicht benutzten Schulraum ein bebrillter äthiopischer Muslim willkommen. TUNSTALL stellte ihn als Hadj Hamed Said von der Sektion Heuschreckenbekämpfung des Landwirtschaftsamtes in Keren vor. Said berichtete, daß er und seine Leute eine große Ansammlung von Heuschrecken des letzten Hüpferstadiums in einem Wadi etwa 10 km nordöstlich von Gogni entdeckt hätten. „Wie sollen wir bei diesem Wetter dorthin gelangen?" fragte TUNSTALL kopfschüttelnd. Wir beschlossen, zunächst einige Tage in Gogni zu bleiben.

Gogni ist eine große Ortschaft, in deren runden, strohbedeckten Häusern, welche sämtlich an einer Seite der Straße stehen, mehrere hundert Familien wohnen. Die andere Straßenseite wird von dem mit großen Felsbrocken und einigen Bäumen bedeckten Abhang eines hügeligen Vorgebirges gebildet. Von einem dieser Blöcke aus hat man eine wundervolle Aussicht, insbesondere in der Abenddämmerung, wenn aus den Hütten die Rauchsäulen wie weiße Stalagmiten in den violetten Himmel ragen und der Nebel sich von den Feldern und Gärten erhebt. Ich erstieg am nächsten Morgen einen solchen Felsen in Begleitung eines kleinen netten Jungen, der sich uns nach unserer Ankunft zugesellt hatte. Zu meinen Füßen sah ich einen Weg über die Hügel führen, der sich an einem großen Baobabbaum unmittelbar vor unserem Lager gabelte. Seine linke Abzweigung führte höher den Abhang hinauf, wo ich ein einzelnes Kamel weiden und daneben eine Gruppe schwarzer Nomadenzelte stehen sah. Die rechte Abzweigung verlief hinter unserem Lager zum Dorf hinab. Jenseits des Dorfes führte ein Weg zu einem brückenüberspannten Wadi. Überall sah man Männer und Jungen unterwegs, um ihr Vieh auf die Hänge oder zum Wadi zu treiben.

Den höchsten Punkt unserer Reise seit Keren hatten wir bereits hinter

Agordat erreicht. Seitdem fiel das Land, was trotz aller Hügel bemerkbar war, langsam zur sudanesischen Grenze hin ab. Gogni liegt viel tiefer als Asmara, nur etwa 1000 m hoch, und nachdem der Regen aufgehört hatte, wurde es rasch sehr warm. Der schlammige Boden trocknete zusehends ab. TUNSTALL nahm sein Funkgerät in Betrieb und stellte Verbindung zu JOHN SAYER in Asmara her, um ihm für den Fall, daß Abebes Hilfe mit dem Flugzeug notwendig werden sollte, die Lage des von den Heuschrecken befallenen Wadis bekanntzugeben.

Da wir den Wegverhältnissen im Hinblick auf unsere bepackten Fahrzeuge mißtrauten, unternahmen wir zunächst eine Rekognoszierungsfahrt. Sie verlief, abgesehen von einigen Schwierigkeiten an rutschigen Stellen, ziemlich gut. Das befallene Wadi bildete einen Zweig des Magrab, der sich durch eine Waldsteppenlandschaft etwa zwei Kilometer jenseits eines kleinen Dorfes namens Leda, schlängelte. Im Dorf nistete eine Kolonie Abdimstörche. Hadj sagte uns, daß Leute aus diesem Dorf die ersten Informationen über die damals (vor einem Monat) noch im ersten Larvenstadium befindlichen Heuschrecken gegeben hatten. Wir hätten den Weg zum Befallsort auch einfach auf Grund des Verhaltens der Störche gefunden: Von den Bäumen in Dorfmitte aus gab es ein ständiges Heran- und Hinwegfliegen dieser Vögel in einer bestimmten Richtung. Am Wadi angelangt, sahen wir alle Pflanzen dicht mit Heuschrecken bedeckt, obgleich Hadjis Team bereits durch wochenlanges Bekämpfen mit Handstäubegeräten und einem Landrover-Sprühgerät die Zahl der Schädlinge erheblich vermindert hatte. Hier sah man deutlich, daß die Bekämpfung eines starken Schwarmes nur vom Boden aus in ihrer Wirkung beschränkt war.

Alle Heuschrecken befanden sich im fünften Larvenstadium, und viele häuteten sich gerade zu Geflügelten. Sie hielten sich mit ihren Vorderbeinen fest und streiften von ihren hängenden Leibern die alte Larvenhaut ab, hangelten sich dann zu einem dickeren Ast oder einem Blatt, öffneten hier ihre Flügel und ließen sie in der Sonne trocknen (Abb. 10). Überall wohin man blickte, war der gleiche Prozeß im Gange. Wir waren gerade zu jenem Zeitpunkt angekommen, wo die *Schistocerca*-Hüpfer sich zu einem Schwarm geflügelter Tiere umwandeln. Jedoch beanspruchte dieser Vorgang schon noch etwas Zeit. Alem Seghid, einer der leitenden DLCO-Scouts, der mit mir in einem Wagen fuhr, schöpfte im Vorbeifahren mit dem Netz klumpenweise Heuschrecken von den Pflanzen, betrachtete sie näher und meinte, daß der Umwandlungsprozeß noch drei bis vier Tage dauern werde. Er meinte: „Die Geflügelten verhalten sich dann noch etwa 24 Stunden wie solitäre Tiere und machen über kurze Distanzen Flugübungen."

Wir kehrten nach Gogni zurück und besprachen die Situation beim Lagerfeuer. Hadj vertrat die Meinung, welcher JIM TUNSTALL zustimmte, daß es sich bei unserem Bodenschwarm um die Nachkommen jenes Flugschwarmes handele, der vor etwa 7 Wochen, am 3. Juni, von Ost nach West Gogni überquert hatte. TUNSTALL hielt es für ziemlich sicher, daß der Flugschwarm damals sich aus Tieren zusammensetzte, die der Bekämpfungsaktion nahe der Küste des Roten Meeres entkommen waren. Eine Zeitlang wurde unser Gespräch durch die Darbietung eines Ortsbewohners unterbrochen, der zu seiner Masanco, einem 5seitigen Lyra-ähnlichen Musikinstrument sang. Sein Lied handelte von einem armen Mann in fremdem Land, der manchmal nichts anderes als Heuschrecken zu essen hatte. Der Sänger lud uns für den nächsten Abend ein, ihn in seinem Haus zu besuchen, wo er uns weitere Lieder vortragen wolle. Unser BBC-Vertreter Tony nahm die Einladung an.

Im Morgengrauen des nächsten Tages fuhren wir wieder nach Leda. Jenseits des von Heuschrecken besetzten Wadi zog sich ein Gürtel felsiger, mit Bäumen und Sträuchern bestandener Hügel von ungefähr 150 m Höhe hin. Um seine Gipfel kreiste eine große Zahl von Marabu-Störchen. Hin und wieder stürzten sie in die Tiefe und tauchten kurz darauf wieder auf, ohne daß ihre Beute zu erkennen war. Alem Seghid sah dieses Verhalten als Beweis dafür an, daß auch diese Hügel von Heuschrecken bedeckt waren. Für einen Landrover war es unmöglich, dort hinaufzukommen, für eine Bekämpfung aus der Luft war jedoch das Gelände optimal geeignet.

Um 8 Uhr rief TUNSTALL Asmara an und bat SAYER, ein Flugzeug herzuschicken.

TUNSTALL: „Wir befinden uns auf einem Hügel eineinhalb Kilometer nördlich der katholischen Kirche an der Südseite des Wadi. Wir werden an den beiden Enden der Befallsstrecke einen Landrover aufstellen."

SAYER: „Könnt ihr die Stellen nicht besser mit zwei rauchenden Feuern markieren?"

TUNSTALL: „Okay, wir werden das versuchen. Wie lautet der Wetterbericht?"

SAYER: „Wir haben Nebel und Wolken; es soll aber aufklären. Ich denke, daß wir 11.30 Uhr bei euch sein können."

Nach diesem Gespräch rief JIM TUNSTALL den Leiter der Heuschreckenstation Hargeisa, TIM WOOD, an. Dieser sagte, er hätte eine noch unbestätigte Meldung über einen Schwarm bei Korek an der Küste Somalias. Dort würden erfahrungsgemäß Schwärme längere Zeit kreisen und ein Brutreservoir haben, von welchem aus sie andere ostafrikanische Populationen verstärken könnten. Er habe einen Scouttrupp zur Überprüfung der Lage losgeschickt.

Inzwischen rief SAYER aus Asmara zurück und meldete, daß Abebe mit seinem Flugzeug startbereit sei. Er fügte hinzu, daß sie gerade die Bekämpfung eines Schwarmes in der Gegend von Batie an der Gebirgsabdachung, 480 km südlich von Asmara, hinter sich hätten.

Wir fuhren nun unverzüglich ins Befallsgebiet, um an dessen Enden Feuer anzuzünden. Während unseres gestrigen und heutigen Besuches war der Anteil der Geflügelten beträchtlich angewachsen, und wir sahen auch wie schon ein Teil der Tiere kurze Flüge unternahm. Während wir das Bekämpfungsgelände markierten, rief SAYER um 10.30 Uhr an, daß Abebe abgehoben habe und etwa 11.40 Uhr bei uns sei.

Die Kameraleute bereiteten inzwischen ihre Positionen für die Aufnahmen vor. Jan Stoke und Giovanni Tortoli wählten eine Stelle, wo die Heuschrecken besonders dicht die Zweige eines Strauches bedeckten. „Das gibt eine gute Bildfolge", meinte Jan zufrieden, „wir öffnen die Linse zuerst auf die gesunden Heuschrecken, schwenken dann auf die sprühende Maschine und gehen wieder zurück auf die vom Gift getroffenen Tiere."

Als das Flugzeug in Sicht kam, rief es TUNSTALL über Sprechfunk an: „Achtung! Achtung! Abebe! Sie sind am Ziel. Die Bahn beginnt am ersten Feuer, das Sie westlich vor sich sehen. Können Sie mich hören? Gut! Fliegen Sie zuerst zwei Bahnen ohne zu sprühen. Sie gehen in die erste Bahn zwischen den Feuern von Süd nach Nord hinein und setzen die zweite Bahn dann westlich daneben!" Jan Stone richtete die Kamera auf die Heuschrecken, bereit, von dort auf das Flugzeug hochzuschwenken. Eric Treasure hielt das Tonfilmmikrophon in Richtung der nahenden Maschine. 15 Meter über uns brauste Abebe entlang und flog – wie angeordnet – zuerst zwei Bahnen ohne zu sprühen. Dann setzte der Sprühregen ein, jedoch leider in der falschen Richtung, von Ost nach West anstatt von Süd nach Nord. Das war nicht Abebes Fehler. Es hatte sich hier erneut gezeigt, daß der Sprechfunk zwischen Boden und Flugzeug mit den damals verfügbaren Geräten nicht einwandfrei geführt werden konnte. Nach einem erneuten Wortschwall von TUNSTALL, vor allem aber wohl auf Grund seiner reichen Erfahrung, korrigierte der Pilot die Richtung und besprühte nun die Fläche in der vorgeschriebenen Weise.

Eine anschließende Kontrolle der von Abebe besprühten Vegetation zeigte, daß die Bekämpfungsoperation sehr erfolgreich war. Hunderttausende der Insekten lagen tot oder sterbend am Boden. Ein Rest Überlebender wurde von Hadj und seinen Leuten mit Handstäubern vom Boden aus vernichtet (Abb. 15).

13. Kapitel
Die Plage bricht zusammen

Nach meiner Rückkehr nach Asmara richtete ich mein Interesse auf den Sudan, von wo über Flug- und Bodenschwärme der Wüstenheuschrecke in einer seit zehn Jahren nicht erlebten Anzahl und Stärke berichtet worden war. TONY IZAAKS entschied sich, mit seinem BBC-Team noch in Äthiopien zu bleiben, um weiteres Bildmaterial über das Leben der Wüstenheuschrecke und über ihre Feinde, aber auch über die Erntetänze und andere Gebräuche der Äthiopier zu gewinnen. Ich traf Ende Juli in der sudanesischen Hauptstadt Khartum ein und fuhr bereits am nächsten Morgen mit einer FAO-Kolonne (der Sudan gehörte zu diesem Zeitpunkt noch nicht der DLCO an) in eines der gefährdeten Gebiete. In der 30 km östlich von Khartum gelegenen Ortschaft Sheick el Amin hatte der dort stationierte Entomologe tags zuvor einen Scoutbericht erhalten, wonach 10 km weiter auf einem etwa 120 qkm großen Eiablagefeld die Heuschreckenlarven geschlüpft seien. An Ort und Stelle sahen wir, daß die Tiere sich zwischen dem 1. und 3. Larvenstadium befanden. Sofort wurden Bekämpfungsmaßnahmen mit Giftködern, Stäuben und Sprühen vom Boden aus eingeleitet.

Die Übersichtskarte in Khartum, die täglich durch neue Meldungen vervollständigt wurde, zeigte, daß das von uns besuchte Brutareal nur Teil eines viel größeren, nämlich etwa 400 000 qkm umfassenden Massenvermehrungsgebietes war.

Die Sorgen des Sudans hatten, wie man glaubte, damit begonnen, daß Schwärme der Wüstenheuschrecke im Mai und Juni des vorigen Jahres aus Saudi-Arabien und wenig später aus dem Tschad-Gebiet zugeflogen waren. Eine andere und wohl wahrscheinlichere Version geht von der Annahme aus, daß bereits ein weiteres Jahr vorher bei Bekämpfungsaktionen im Küstengebiet des Roten Meeres nahe der ägyptisch-sudanesischen Grenze, ein Teil der Tiere südwärts nach dem Sudan entkommen sei. Auf

Grund besonders günstiger Witterungsverhältnisse wäre daraus die neue Massenvermehrung entstanden.

Zur Komplikation der Lage trug ein Schwarm der afrikanischen Wanderheuschrecke (Gattung *Locusta*) bei, die in Ostafrika nicht selten zusammen mit der Wüstenheuschrecke vorkommt. Die Tiere dieser Art fraßen im Juni bei Girba, im östlichen Sudan, mehr als 1000 Hektar Zuckerrohr bis auf den Stengelgrund ab. Normalerweise erreicht diese *Locusta*-Wanderheuschrecke den Sudan von Westen, von Niger, her. Im vorliegenden Fall nahm man jedoch an, daß sie ausnahmsweise aus Äthiopien gekommen war, wo JIM TUNSTALL im vorangegangenen November zahlreiche Tiere dieser Art in den Wadis des Küstengebietes am Roten Meer beobachtet hatte. Zum Glück war der Fraß bei Girba wirtschaftlich nicht sehr bedeutungsvoll, denn das Zuckerrohr trieb noch im gleichen Jahr wieder aus, so daß es bei einer Verzögerung der Ernte um etwa vier Monate blieb. Dieser „Schreckschuß" hatte aber zur Folge, daß der sudanesische Pflanzenschutz in Erwartung weiterer Schwärme alle seine Abwehrkräfte mobilisierte. Die Heuschreckenabwehr des Sudan, die ausschließlich vom Boden aus operierte, bestand damals aus etwa 50 Spezialisten und 5000 eingearbeiteten Helfern, die sich von Fall zu Fall durch Anwerbung lokaler Arbeitskräfte verstärkten.

Am Tage nach meinem Besuch des Brutgebietes bei Sheick el Amin flog ich in einem Cessna-Sportflugzeug mit nach Shendi, das etwa 160 km von Khartum an der Mündung des Atbara in den Nil liegt. Die Wüste zwischen den beiden Flüssen bildet ein Dreieck von etwa 35 000 qkm Fläche. In diesem normalerweise öden Gebiet waren im Gefolge heftiger Regenfälle große Brutplätze der Wüstenheuschrecke und aus ihnen umfangreiche Hüpferschwärme entstanden.

Shendi liegt nahe bei den Ruinen von Meroë, einer der großen Städte der Kuschiten, die durch König Esana von Axum im 4. Jahrhundert zerstört wurde. Das Wadi, in welchem wir ostwärts fuhren, war flach, aber von einer ätherischen Schönheit, wie man sie wohl nur in der Wüste findet. Nur wenig niedriger als die umgebenden öden Wüsten, hatte es sich über Jahrhunderte erhalten und führte gerade so viel Feuchtigkeit in seinem Untergrund, daß dadurch die Existenz zahlreicher kleiner dorniger Akazien ermöglicht wurde. Die Bäume und Sträucher wuchsen aus einem rosafarbenen Sand heraus, der eigenartig gelb gesprenkelt war. Näheres Hinsehen zeigte, daß das leuchtende Gelb dabei aus – meist kopulierenden – Heuschrecken bestand. Aber nicht nur auf dem Boden saßen sie, sondern überall und bald auch auf unserem Landrover. Wenn man sich ihnen näherte, flogen sie – oft beide Geschlechter in Kopulationsstellung bleibend – auf. Ein Teil der Weibchen hatte bereits mit der Eiablage begonnen. Während sie ihren Legebohrer in den Sand versenkt hatten, saßen zum Teil noch die Männchen auf ihren Rücken. Hätte man zu diesem Zeitpunkt hier mit einem Flugzeug sprühen können, wäre der Schwarm ausgelöscht worden, denn die wenigen Pflanzen hätten ihnen keinen Schutz geboten, und die Tiere wären noch nicht in der Lage gewesen, zum Teil vor dem Giftnebel, davonzufliegen. Alles was meine Begleiter aber tun konnten, war die Lage und Größe des Schwarmes zu notieren und diese Daten einem Pflanzenschutzteam mitzuteilen, das weiter aufwärts im Wadi beschäftigt war.

Dieses Team hatte aber zur Zeit bereits Bekämpfungsaufgaben zu erfüllen und konnte seine Kräfte nicht zweiteilen. Die Stelle, an der es sich befand, ist bei den Nomaden weit und breit als Ain Abujanja, d. h. Abujanjas Brunnen, bekannt. Und der Erbauer des Brunnens, Abujanja, war gleichzeitig der Leiter des dort befindlichen Heuschreckenbekämpfungsteams.

Als wir uns dem Brunnen näherten, sahen wir Abujanja in einen erregten Disput mit einer Gruppe Nomaden verwickelt. Er wollte die Umgebung des Brunnens gegen die Heuschrecken besprühen und stieß in dieser Absicht auf den erbitterten Widerstand der Nomaden. Während die Männer sich stritten, ritten mehrere Jungen auf Eseln hin und her, holten Wasser vom Brunnen herauf und kippten es in einen Kanal, der den Brunnenrand umgab. Von dort floß es in sternförmig angeordnete flache Tröge, die durch Barrieren von Dornzweigen so voneinander getrennt waren, daß die durstigen Tiere ohne gegenseitige Behinderung trinken konnten. Abujanja hatte all dies mit seinen eigenen Händen gegraben und konstruiert als sein persönliches Geschenk an die Wüstennomaden. Diese aber schwangen jetzt ihre Gewehre und drohten ihm. Als Abujanja uns kommen sah, brach er die Auseinandersetzung ab und kam uns zur Begrüßung entgegen, ein großer hagerer Mann von etwa 60 Jahren, stark wie ein Baum, mit durchfurchtem Gesicht und Vertrauen erweckenden Augen. Er klärte uns über den Streit auf. „Ich sagte ihnen, sie sollen ihre Tiere sobald sie getrunken haben, aus diesem Teil des Wadis hinausführen, weil ich hier gegen die Heuschrecke sprühen muß. Sie aber schreien: ‚Abujanja, du vernichtest wohl die Heuschrecken, verdirbst aber dabei das Weidegras. Wir werden dich töten, wenn du das Gift sprühst!'" Abujanja fuhr fort: „Für die Nomaden ist der Graswuchs wichtiger als die Heuschrecke, und noch sehen sie das Gras. Ich habe ihnen erklärt, daß die Heuschrecken auch das Gras auffressen werden, wenn wir sie nicht töten. Nun beraten sie, wie sie sich verhalten sollen." Während wir zusammen sprachen, hatten die

Nomaden dauernd zu Abujanja herübergeschaut. Als er zu ihnen zurückkehrte, sagte ihr Anführer: „Abujanja, du bist unser Freund. Wir verdanken dir dieses Wasser und damit unser Leben. Wir verstehen nicht genau, warum wir unsere Tiere jetzt nicht weiden lassen sollen, aber du bist klug, und wir vertrauen dir. Wir werden gehen. Sage uns, wann wir wiederkommen können."

Abujanja versprach ihnen, daß in einer Woche, höchstens in 10 Tagen, das Heuschreckengift von den Gräsern verschwunden sei und daß er sie dann benachrichtigen würde, wo immer sie auch seien. Er erklärte ihnen dann, welche Teile des Wadis von ihnen weiterhin ungefährdet zur Weide benutzt werden könnten und erlaubte ihnen in der Zwischenzeit – ohne Tiere – zum Brunnen zu kommen und Wasser zu holen. Die Gesichter der Nomaden drückten zwar noch Unverständnis aus – schließlich gab es ja ringsherum gutes Gras –, aber ihr Ärger war verflogen. Abujanja hatte wieder einmal in seiner langen Tätigkeit als Pflanzenschutzberater eine kleine Schlacht gewonnen.

Inzwischen waren die Heuschrecken, die Abujanja bekämpfen wollte, näher herangekommen. Sie waren noch klein, im 1. und 2. Larvenstadium, manche nicht viel größer als eine Stubenfliege. Von der goldgelben Färbung des Gregärstadiums war noch nichts zu sehen, die Leiber waren blaßrot und grau. Das Vordringen der Tiere ähnelte dem Anbranden der überkippenden Wellen am Meeresstrand. In diesem Meer von Multimillionen hüpfender Larven kam ein großer Teil gar nicht mit den Füßen zu Boden. Das Hüpfen und Wogen der kleinen Körper rief von Weitem den Eindruck eines riesigen, in Bodennähe tanzenden Mückenschwarmes hervor.

Abujanjas Leute hatten den langen Schlauch von ihrem Unimog-Sprühgerät abgewickelt und richteten nun den Strahl von flüssigem Dieldrin, der im Moment des Austritts aus der Düse durch hohen Druck zu einer breiten Sprühglocke zerrissen wurde, auf den heranrückenden Feind. Auf und ab, Bahn für Bahn, wanderte die Sprühglocke in rhythmischer Bewegung über die Heuschreckenmassen. Wo Teile dieser Masse sich abzweigten und vorerst entkamen, beendeten andere Leute mit tragbaren Stäubegeräten das Vernichtungswerk. Schließlich wurden in weitem Umkreis um das Bekämpfungsareal noch vergiftete Fraßköder gestreut, die aus einer Mischung von Erdnußschalen und HCH bestanden.

Abujanja erzählte, wie die Heuschreckenbekämpfung früher aussah, als er noch ein junger Mann war. Sie bestand vor allem darin, Gräben aufzuwerfen, in die man die Hüpfer hineintrieb und anschließend tottrat oder verbrannte. Daneben wurden arsenhaltige Giftköder gestreut, die eine ernste Gefahr für alle Tiere und auch den Menschen bildeten. Zur Durchführung dieser Maßnahmen war eine große Anzahl Menschen erforderlich, eine Bedingung, die gerade in Wüstengebieten schwer zu erfüllen ist. Und trotz aller Bemühungen blieb das Ergebnis fast immer unbefriedigend. Welchen Fortschritt bedeutete demgegenüber die moderne Insektenbekämpfung! Ihre große Wirkung, erzielt von wenigen Leuten, war äußerst beeindruckend. Und doch handelte es sich dabei stets nur um die Vernichtung meist örtlich eng begrenzter Schwärme. Ich fragte mich angesichts der Bekämpfungsaktion am Brunnen, wie hoch dieser Teilerfolg bei einer so umfangreichen Plage zu bewerten sei. Abujanja hatte einen Teil der Nachkommen eines Schwarmes von etwa 35 qkm Umfang bekämpft, den er zwei Wochen zuvor hatte überfliegen sehen. Und dieser Schwarm war trotz seines großen Umfangs noch klein gegenüber einem anderen, der vor einigen Jahren in Kordofan zwei Stunden lang über seinen Kopf hinwegzog.

Wir hatten nicht lange zu suchen, um ein Eiablagefeld des vor zwei Wochen beobachteten Schwarmes zu finden. Es lag nur etwa einen Kilometer vom Brunnen entfernt. Abujanja nahm einen Spaten und hob ein Häufchen Erdmasse aus. Wir zerbröckelten den Boden sorgfältig zwischen den Fingern und zählten dabei 43 Eigelege mit schätzungsweise 4300 Eiern, von denen die meisten geschlüpft waren. Wie weit hatte Abujanjas Bekämpfungsaktion die aus diesem Eifeld geschlüpften Tiere erfaßt? Wie viele würden noch daraus schlüpfen? Wie würde die Plage in der Umgebung und im ganzen Gebiet weitergehen? Abujanja zuckte die Schultern. Es war nicht möglich, eine sichere oder auch nur wahrscheinliche Antwort auf diese Fragen zu geben.

Sehr unangenehm war aber nun, daß die sudanesische Heuschreckenbekämpfung allmählich in Zeitnot geriet. Eines der größten Probleme des Pflanzenschutzdienstes in Khartum bestand darin, daß zu Beginn des Herbstes die jetzt noch für die Heuschreckenbekämpfung eingesetzten Geräte für die Bekämpfung ganz anderer Insekten in den Baumwollfeldern benötigt wurden. In Heuschreckenjahren hat die Pflanzenschutz-Behörde eine doppelt schwere Bürde zu tragen. Sie muß sich dann zugunsten der Baumwolle entscheiden, denn der Sudan lebt von der Baumwolle. Diese bildet den wichtigsten Ausfuhrartikel mit einem Wert von 500 bis 600 Millionen DM jährlich, und die verwundbarste Zeit für diese Pflanze ist kurz vor der Blüte, gerade dann, wenn in anderen Gebieten die Heuschrecken am gefräßigsten sind.

Glücklicherweise begann aber, als die Abwehrschlacht gegen die Wüstenheuschrecke sich auf ihrem Höhepunkt befand, die Plage aus unbekannten Gründen zurückzugehen. Die von den Aktionen der DLCO und des sudanesischen Pflanzenschutzes verschontgebliebenen Heuschrecken legten zwar noch in erheblichem Umfang Eier ab, jedoch bildete die daraus hervorgehende Generation keine ernste Bedrohung mehr. Aber davon wußten wir natürlich im Sommer 1968 noch nichts. Ich kehrte im August zur FAO nach Rom zurück, beeindruckt von dem was bei der Heuschreckenbekämpfung in Afrika geleistet und erreicht worden war, jedoch gleichzeitig überzeugt davon, daß die Bekämpfungsaktionen noch jahrelang weitergehen müßten, so wie das schon bei den vorangegangenen Plagen der Fall war. Als zwei Monate später das Heuschreckenbekämpfungs-Komittee der FAO zusammentrat, geschah das in einer Stimmung allgemeiner Besorgnis. Und doch hatten zum ersten Male in der Geschichte des modernen Abwehrkampfes gegen den ältesten Feind des Menschen unter den Insekten die Pessimisten unrecht. Die später vom Informationsdienst an Hand aller Berichte hergestellten Übersichtskarten zeigten, daß die Plage ihren Höhepunkt in den drei Monaten vom Juni bis August 1968 erreicht und überschritten hatte. Obwohl beträchtliche Teile der Wüstengebiete noch mit Vegetation überzogen waren und Regenfälle günstige Voraussetzungen für die Entwicklung neuer Generationen boten, begann im Anschluß an einen der Sommerbrut folgenden kurzen, explosionsartigen Anstieg der Anzahl der Larven die Heuschreckenpopulation immer mehr abzunehmen.

Der Sudan wurde als erstes Land von dem Schädling frei. Das geschah zweifellos mit Unterstützung der Winde.

Verfolgen wir zunächst einmal den Weg der westwärts fliegenden Schwärme.

Trotz aller Anstrengungen der sudanesischen Bekämpfungstrupps entkam ein erheblicher Teil der im Sudan entstandenen jungen Schwärme und überflog Ende September die Grenze zum westlichen Nachbarland, der Republik Tschad. Auf der Michelin-Karte von Afrika war damals die Nordgrenze dieses großen Landes nur durch eine gestrichelte Linie markiert als Zeichen, daß es sich hier um eine umstrittene Zone handelte. Wäre die Wüstenheuschrecke vernunftsbegabt, hätte sie ihre Wanderungs-Route durch diese Zone: das Tibesti-Bergland und das Ennedi-Massiv, gelegt, wo die von französischen Truppen unterstützte Regierung im Kampfe mit Eingeborenenstämmen verwickelt war. Das Hauptquartier der OCLA-LAV, der westafrikanischen Organisation zur Heuschreckenbekämpfung, lag weit davon entfernt in Fort Lamy, der Hauptstadt des Tschad. Die einzige Verbindung mit den Stationen im Lande war das Radio. Die FAO hatte, unterstützt vom UN-Entwicklungshilfeprogramm, zwei Jahre vorher ein Netz von Radiostationen im gesamten afrikanischen Einzugsgebiet der Wüstenheuschrecke aufgebaut. Eine dieser Verbindungen bestand zwischen Fort Lamy und der 150 km entfernten einsamen Oase Fada im Ennedi-Hochland. Von dort kam am 25. September die Meldung, daß Heuschreckenschwärme mit Ostwinden unterwegs in das Landesinnere seien. Es handelte sich, wie man später feststellte, um drei Schwärme, die mit den Luftströmungen der intertropischen Konvergenzzone nach Westen geführt wurden. Die nächsten Berichte kamen eine Woche später bereits aus dem westlichen Teil des Landes aus der Gegend des Tschad-Sees.

Um den 12. Oktober tauchten einige Schwärme der Wüstenheuschrecke im Grenzgebiet von Algerien, Mali und Niger in der Nähe des Hoggar-Gebirges auf. Ein Teil davon war wohl in Mali und Niger entstanden, ein anderer Teil aber ziemlich sicher von dem etwa 2000 km entfernten Sudan hierhergekommen. Die Situation war bedrohlich, zumal damit gerechnet werden mußte, daß die Eindringlinge sich durch einheimische Tiere verstärkten. Die Bekämpfungsorganisationen der drei Länder machten sich daher sofort ans Werk, um die Schwärme mit Hilfe von Flugzeugen zu vernichten. Bei einem der Bekämpfungsteams befand sich auch G. Popov, der in dasselbe Gebiet des nordwestlichen Aïr und der angrenzenden Tamesna, in dem er und Roffey ihre wichtigen Beobachtungen im vergangenen Jahr gemacht hatten, zurückgekehrt war. Er berichtete unter dem 9. November, daß in der Nähe seines Standorts mehr als 400 Hektar hüpfender und fliegender Heuschreckenschwärme erfolgreich bekämpft wurden. Das bedeutete eine wesentliche Schwächung der Heuschreckeninvasion in Niger.

Betrachtete man die Situation an Hand einer Karte, so glichen die Heuschrecken einer Armee, die sich plötzlich von allen Seiten bedrängt sieht. Eine Armee Soldaten kann sich aber normalerweise nach mehreren Richtungen bewegen, das konnten die Heuschrecken nicht. Sie waren Gefangene des Windes, und die in der südlichen Sahara überlebenden Tiere vermochten nur mit diesen Winden west- und nordwestwärts weiterzufliegen durch Mauretanien und die Spanische Sahara, um schließlich am Atlas-Gebirge von Marokko hängenzubleiben. Hier war für sie, die Nachkommen der vom Sudan aus gestarteten Schwärme, das Ende der langen Reise erreicht. Man fühlte unwillkürlich Sympathie mit dieser zähesten aller Insektenarten. Sie hatte in gemeinschaftlichem Flug 5000 km Wüsten durchquert, hatte auf halbem Wege durch Bekämpfungsaktionen arge Verluste erlitten, und stand nun, als ihre zusammengeschrumpften Schwärme die Täler des marokkanischen Atlas erreichten, der größten Heuschreckenbekämpfungstruppe gegenüber, die je ein Land aufbrachte.

Der landwirtschaftliche Reichtum der westmarokkanischen Provinz

Agadir, in die der Südostwind die Heuschreckenschwärme hingeführt hatte, besteht hauptsächlich in den zahl- und ertragsreichen Anlagen von Orangen und anderen Citrus-Früchten. Auch das etwa 150 km lange Souss-Tal, das sich ostwärts von Agadir zu den Höhen des West-Atlas erstreckt, ist angefüllt mit Citrus-Plantagen. In dieses Tal flogen die Heuschrecken hinein, so wie das ihre Vorfahren zur gleichen Jahreszeit vor 14 Jahren getan hatten, die damals durch ihren Kahlfraß fast aller Obstbäume einen Schaden von 20 Millionen DM verursachten. Sobald die Heuschrecken sich erst einmal in diesem Tal befinden, gibt es für sie kein Weiterkommen mehr, weil die kalte Höhenluft über den 3000 bis 4000 m hohen Bergen einen Flug nicht zuläßt. Falls, wie vor 14 Jahren, keine Bekämpfungsaktionen stattfinden, überwintern die Tiere im Tal und fliegen im Frühjahr am Atlas entlang nordwärts nach Marokko sowie ostwärts durch Algerien und Tunesien bis nach Libyen, wo sie überall große Schäden anrichten. Sie legen in diesen Gebieten ihre Eier ab, und ihre Nachkommen überqueren die Sahara von Nord nach Süd, wodurch sich der große Wanderungskreis schließt, wie mir Professor PASQUIER bei unserer Sahara-Tour damals erklärt hatte. Ein Teil der Nachkommen kann auch wieder in den Sudan und nach Äthiopien gelangen.

Diesmal aber sollte der verhängnisvolle Kreis zerbrochen werden, und die Provinz Agadir schien hierfür der beste Platz. Die Marokkaner hatten eine vergleichsweise riesige Bekämpfungsmacht aufgeboten: 5 Teams zum Stäuben und Auswerfen von Giftködern sowie 7 Luftbekämpfungsteams mit zusammen 21(!) Flugzeugen. Weiterhin waren die Helfer zusätzlich mit 54 tragbaren Motorstäubegeräten und 130 Tonnen Methylparathion und HCH-Staub ausgerüstet worden. Die Flugzeuge verwendeten ein neues, bis dahin noch nicht gegen Heuschrecken angewandtes Insektengift, das Dichlorvos. Es bewährte sich hervorragend.

Schon am ersten Tage der Aktion zeigte sich, wie wichtig die von der FAO verwirklichte Idee der eng koordinierten internationalen Zusammenarbeit in der Heuschreckenbekämpfung war. Als die Schwärme in marokkanisches Gebiet eindrangen, stellten die Fachleute fest, daß der Umfang dieser Schwärme auf Grund vorjähriger Bekämpfungen in der südlichen Sahara viel geringer war als bei früheren Plagen. Auch kamen sie nicht auf einmal, sondern schubweise in mehreren Wellen. Das kam den Bekämpfungsteams entgegen, die auf diese Weise mit ihrer Arbeit nicht ins Gedränge gerieten und ihre Aktionen gleichzeitig noch dazu verwenden konnten, mehrere neue Bekämpfungsmittel auf ihre Wirkung zu prüfen. Die ganze Kampagne dauerte ungefähr 10 Wochen. Das Ergebnis war beeindruckend: auf einer Fläche von mehr als 800 Quadratkilometern wurden die Heuschrecken zu über 90 % abgetötet. Die Fachleute glauben, daß bei dieser Vernichtungsquote die Existenzfähigkeit einer Heuschreckenpopulation nicht mehr gesichert ist. Was überbleibt, zerstreut sich und geht in die Solitärphase zurück oder wird eine Beute räuberischer Tiere. Letzteres konnte bei einem Restschwarm von etwa ³/₄ Quadratkilometer Umfang beobachtet werden: vier Tage nach Beendigung der Aktion war er von Vögeln aufgezehrt.

Ein paar Monate später als an der Marokkofront wurde der Kampf in Saudi-Arabien geführt. Ein Teil der Heuschrecken war im Herbst von der ostafrikanischen „Drehscheibe" aus nicht vom Ostwind in Richtung Sahara, sondern vom Westwind in Richtung zum Roten Meer mitgenommen worden. Diese Tiere flogen in Saudi-Arabien ein und verstärkten die lokalen Populationen vor allem in den Gebieten nördlich und südlich von Mekka. Zur Bekämpfung ihrer Nachkommen wurden zum ersten Male Teile der amerikanischen Luftstreitkräfte einbezogen, eine problematische Entscheidung, die zu Kontroversen führte. Die hierfür verwendeten Flugzeuge waren schwere Maschinen jenen Typs, der in Vietnam zur chemischen Entlaubung von Wäldern eingesetzt worden war. Ihre Piloten hatten, wie POPOV als Augenzeuge bestätigte, wenig oder keine Erfahrung in der technisch ausgeklügelten Bekämpfung tierischer Schädlinge, speziell Heuschrecken. In Anbetracht, daß die jungen Heuschrecken über weite Gebiete in noch geringer Populationsdichte zerstreut waren – an manchen Stellen entfiel nur ein Tier auf einhundert Quadratmeter –, wurde beschlossen, große Gift-Barrieren quer durch das Land zu sprühen. Damit sollte ein Teil der Hüpfer direkt getroffen und vernichtet und der andere Teil dadurch getötet werden, daß er beim Vorrücken in die Barrieren geriet und sich hier beim Fressen der besprühten Vegetation vergiftete. Es handelte sich also um eine Begiftung großer zusammenhängender Flächen. Bei einer dieser Aktionen, im Hügelland nahe der Grenze des Jemen, sprühten US-Flugzeuge 47 500 Liter Dieldrin in Form eines riesigen Bandes von 600 m Breite und 160 km Länge. Das ergibt eine Fläche von rund 10 000 Hektar. So wirksam diese Methode sicherlich war, rief sie doch erhebliche Bedenken hervor. Abgesehen davon, daß sie besonders kostspielig war, mußte man sich fragen, was die Vergiftung so großer Flächen mit einem relativ beständigen Insektizid für die Tierwelt dieser Gebiete bedeutete (siehe unten). In einem anderen Fall wurden nördlich von Jeddah 24 500 Liter des Insektengiftes auf einer zusammenhängenden Fläche ausgebracht. Fahrbare Sprühgeräte vervollständigten die Aktionen aus der Luft, und Ende April 1969 konnte man sagen, daß das saudi-arabische Befallsgebiet fast vollständig von Heuschrecken befreit war.

Auch in Äthiopien und seinen Nachbarländern zu beiden Seiten des Golfs von Aden wurde die Wüstenheuschrecke bekämpft, und zwar hier in mehreren Aktionen während des ganzen Winters. Die Schwärme kamen sowohl aus dem Sudan als auch aus dem südwestlichen Arabien. Die Bekämpfung in diesem Teil Ostafrikas sah sich zwei besonderen Problemen gegenüber. Einmal wurde die Heuschrecke durch die meist während des Oktober und Januar fallenden Niederschläge, die sogenannten „short rains" begünstigt und konnten – je nachdem wo diese fielen – in ganz verschiedenen Gebieten des unwegsamen Landes auftauchen. Und zum anderen handelte es sich bei Äthiopien ja um die Drehscheibe der Winde und damit der Heuschreckenwanderungen, so daß man immer gewärtig sein mußte, daß die der Bekämpfung entkommenen Tiere nach anderen Ländern, insbesondere nach Kenia flogen.

Im Dezember 1968 traten die erwarteten „short rains" ein, und wenig später wimmelten die Sandböden von Ogaden von jungen Heuschreckenlarven. Somit mußten die Aktionen ausgerechnet in der entlegensten und ödesten Ecke von ganz Afrika geführt werden. Die Unzulänglichkeit des Terrains und die ungewisse Haltung eines Teils der Einwohner machten es notwendig, die Überwachungs- und Bekämpfungsmaßnahmen von der Luft aus zu führen. Ausgangspunkte waren die DLCO-Basen Diredaua in dem von der Eisenbahn erschlossenen Gebiet Äthiopiens sowie Hargeisa in Nordwest-Somalia. Insgesamt waren 39 Schwärme gesichtet worden, darunter einer mit etwa 130 Quadratkilometern Umfang. 172 Flugstunden waren notwendig, um den Schädling auszuschalten. Zwar sind die Fachleute sich einig, daß es auch hier Überlebende gab, aber deren Untergang besorgte die Natur selbst. Der sonst um diese Zeit wehende nördliche Wind, mit dem die Tiere hätten nach Kenia fliegen können, blieb aus. So wurden sie von westlichen Winden wahrscheinlich in die öden Täler und Schluchten des südöstlichen Äthiopiens verfrachtet, wo sie ihr Ende fanden.

Die im Mai 1969 gesammelten Kontrollmeldungen berechtigten zu dem Schluß, daß Ostafrika praktisch frei von Heuschrecken war. Jenseits des Golfs von Aden, in Süd-Jemen, hatten Ende 1968 noch Bekämpfungen von Hüpfern mit Bodengeräten auf 600 bis 800 qkm Fläche stattgefunden, nach deren Beendigung kaum noch Heuschrecken zu finden waren. In Pakistan und Indien, wo die Wüstenheuschrecke schon so oft verheerende Schäden anrichtete, war der Erfolg der Bekämpfungskampagne durch eine nachfolgende Trockenheit vervollständigt worden.

Alles in allem ließ sich sagen, daß die Plage in der Mitte des Sommers 1969 (gemeint ist der europäische Sommer) beendet war. Die betroffenen Länder durften aufatmen. Jedoch für wie lange?!

14. Kapitel
Rückschau und Ausblick

Die jüngste Massenvermehrung der Wüstenheuschrecke begann 1967 und dauerte ungefähr zwei Jahre. Das ist eine sehr kurze Zeit. Die anschließende Pause dauert jetzt, wo ich dies schreibe (Dezember 1970) etwas über ein Jahr. Aber während dieser „Ruhezeit" mußte eine beunruhigend große, wahrscheinlich in die hunderte Millionen gehende Zahl an Larven aller Stadien vom Boden aus bekämpft werden, und zwar hauptsächlich in einigen Teilen der südlichen Sahara, wo – wie man glaubte – 1968 eine erfolgreiche Bekämpfung stattgefunden hatte. Entweder stammt die jetzige Population von Tieren ab, die die Bekämpfung überlebten, oder es sind die Nachkommen von Heuschrecken, die damals gar nicht entdeckt und bekämpft wurden.

Die Ruhezeiten zwischen zwei Plagen waren in der Vergangenheit zum Teil so kurz, daß man in Zweifel darüber sein kann, ob es sich jeweils um zwei verschiedene Plagen oder nur um eine Schwankung innerhalb derselben Plage handelte. Das Jahr 1948 brachte zum Beispiel eine solche Pause, die, rückblickend sich nur als kurzer Rückgang der von 1940 bis 1963 anhaltenden Plage erwies. Jedoch besteht zwischen den Beendigungen von Plagen in früheren Zeiten und dem 1969 eingetretenen Zusammenbruch der Heuschreckenvermehrung zweifellos ein wesentlicher Unterschied. Damals waren die Bekämpfungsmittel und -verfahren noch recht primitiv, und es ist sehr unwahrscheinlich, daß sie zur Beendigung der Plagen nennenswert beitrugen. Die das Ende herbeiführenden Faktoren waren vielmehr das Ausbleiben der saisonalen Regenfälle sowie die Wirkung starker Hitze und austrocknender Winde während der kritischen Entwicklungszeit der Wüstenheuschrecke. Allerdings sind auch die heutigen Heuschreckenbekämpfer trotz ihrer modernen Vernichtungswaffen dankbar, wenn sie von den Witterungsfaktoren unterstützt werden, denn ohne sie hätten sie oft einen verzweifelt schweren Stand dem Schädling gegenüber. Eine solche Unterstützung erhielten die Bekämpfungsteams 1969 in Äthiopien, als das Ausbleiben der Nordwestwinde verhinderte, daß die überlebenden Heuschrecken hinab nach Kenia fliegen konnten, wo eine Bekämpfung äußerst schwierig geworden wäre. Auch in Pakistan und Indien verhinderten 1968 Witterungsfaktoren, und zwar ungewöhnlich trockene Monate, daß die von der Frühsommer-Bekämpfungsaktion verschonten Heuschrecken sich erneut vermehrten. Trotz alledem beruht der Erfolg der heutigen Heuschreckenbekämpfung in der Hauptsache auf den Anstrengungen des Menschen: auf einer ausgeklügelten Bekämpfungstechnik, auf der gut organisierten internationalen Zusammenarbeit und auf einem bewundernswerten Informations- und Vorhersagedienst, um nur die Hauptfaktoren zu nennen.

Es wäre jedoch verfrüht zu behaupten, daß damit nun das Problem der Bekämpfung der Wüstenheuschrecke ein für allemal gelöst sei. Wie wir von anderen Schädlingsarten wissen, deren Bekämpfungsprobleme man bereits als gelöst betrachtet hatte, ist die Natur allzu leicht imstande, dem Menschen ein Schnippchen zu schlagen. Gemeint ist vor allem die Fähigkeit von Insekten und Milben, gegenüber bestimmten chemischen Pestiziden (Schädlingsbekämpfungsmitteln) widerstandsfähig, resistent, zu werden. 1950 gab es bereits etwa 50 gegen einen Teil der Pestizide resistente Schädlingsarten, 20 Jahre später waren es schon über 200. Diese überraschende und erschreckende Tatsache warnt eindringlich davor, in den modernen chemischen Bekämpfungsmitteln „Wunderwaffen" zu sehen, mit denen alle Schädlingsprobleme auf Erden gelöst werden könnten.

Einen der ersten und aufsehenerregendsten Fälle von Resistenzbildung betraf die Stubenfliege, die plötzlich in mehreren Ländern nicht mehr mit DDT bekämpfbar war. Man versuchte es zunächst mit einer höheren Dosis. Als auch das nichts mehr half, wich man auf ein anderes Insektizid aus. Ähnlich verlief die Entwicklung bei vielen anderen schädlichen Insekten- und Milbenarten, und die Folge ist, daß man immer neue Pestizide auf den Markt bringen muß.

Die Pestizid-Resistenz beruht darauf, daß es in einer Population immer einzelne Tiere gibt, die von Natur aus widerstandsfähiger gegenüber einem schädlichen Umweltfaktor sind als andere. Vereinfacht gesprochen, ist jenes Insekt am besten daran, das imstande ist, mittels einer biologischen Barriere zu verhindern, daß das Gift zu den empfindlichen Organen gelangt. Das geschieht in manchen Fällen dadurch, daß die Empfindlichkeit eines Organes herabgesetzt wird. Oder das Gift wird auf dem Wege zum empfindlichen Organ durch Enzyme in seiner chemischen Struktur so verändert, daß es die Giftwirkung verliert. Solche erstaunlichen Fähigkeiten besitzt jedoch meist nur ein sehr kleiner Teil einer Insektenpopulation. Aber dieser Anteil wächst von Bekämpfung zu Bekämpfung, denn es bleiben immer die widerstandsfähigsten Individuen am Leben und können ihre Widerstandsfähigkeit (Resistenz) weitervererben. Es ist für die Schädlingsbekämpfer schon unangenehm genug, wenn die Resistenz einer Schädlingsart auf nur eine chemische Verbindung beschränkt ist. Man kennt aber heute Insektenarten, die bereits gegen mehrere Insektizide resistent sind. Hierbei hilft ihnen die Erscheinung der Kopplungsresistenz, worunter die Fähigkeit zu verstehen ist, daß der gegen ein bestimmtes Pestizid entwickelte Resistenzmechanismus gleichzeitig gegen andere Pestizide wirkt.

Zur Zeit gibt es zwar noch keine Anzeichen dafür, daß auch die Wüstenheuschrecke gegen bestimmte Bekämpfungsstoffe eine Resistenz entwickelt, doch wäre es töricht zu leugnen, daß die Möglichkeit hierzu auch bei dieser Insektenart besteht. Allerdings bietet sie zur Resistenzbildung nicht so günstige Voraussetzungen wie viele andere Insektenarten, insbesondere weil sie sehr beweglich ist, so daß dieselbe Population selten lange genug am gleichen Ort bleibt, um mehrmals mit einem Gift in Berührung zu kommen. In Fällen, wo der Pilot nach einer ersten Sprühaktion zurückkehren muß, um noch einen erheblichen Teil überlebender Tiere auszuschalten, liegt die Vernichtungsquote meist bei 98 % und mehr. Unter den nunmehr noch überlebenden Resten können wohl einige resistente Tiere sein, aber erfahrungsgemäß werden solche Reste von Heuschreckenschwärmen durch räuberische und parasitische Feinde vernichtet.

Damit sind wir bei einer zweiten unerwünschten Nebenwirkung der chemischen Bekämpfung angelangt, die im Falle der Wüstenheuschrecke sicher erheblich größere Bedeutung als die Resistenzbildung hat: die unbeabsichtigte Mitvernichtung von räuberischen und parasitischen Heuschreckenfeinden. Insektizide mit großer Breitenwirkung wie Dieldrin oder DDT vergiften ja nicht nur die schädlichen Insekten, sondern zugleich die nützlichen, also jene Schädlingsfeinde, deren sich die Natur als Gegenspieler der Schädlinge bedient. Zwar werden die räuberischen und parasitischen Gegenspieler zunächst von den Heuschreckenmassen zur Bedeutungslosigkeit verurteilt, sie erhalten aber zunehmend größeres Gewicht, wenn die Heuschreckenpopulation kleiner wird. Dann können sie einen erheblichen Prozentsatz des Schädlings, vor allem im Eistadium, vernichten.

Die Tätigkeit dieser Schädlingsfeinde hat nun die Frage entstehen lassen, ob man sie nicht zur Bekämpfung der Wüstenheuschrecke heranziehen könne, wobei außer Insekten auch Krankheitserreger in Frage kommen.

Es gibt zum Beispiel einige Bakterien- und Pilzkrankheiten, die unter bestimmten Umständen große Verluste unter den sich entwickelnden Heuschreckeneiern hervorrufen können. Sie lassen sich im Laboratorium züchten und zu gegebener Zeit auf die Eiablageplätze aussprühen. Leider hat sich bei entsprechenden Versuchen aber gezeigt, daß diese Krankheitserreger nur dann zu größerer Wirkung gelangen, wenn sie eine ziemlich hohe Bodenfeuchtigkeit vorfinden, wie sie gerade in den von der Heuschrecke bewohnten ariden Gebieten normalerweise nicht gegeben ist. Negativ waren auch die bisherigen Versuche, Heuschreckeneier-fressende Käfer der Gattung *Trox* oder die in den Eiern parasitierende Fliege *Stomorhina lunata* im Laboratorium in Massen zu züchten und sie dann auf den Eiablageplätzen freizulassen. Ihre Zucht gelang, aber sie konnten keinen ausreichenden Teil der Eier vernichten.

Sofern eine Heuschreckenpopulation inmitten weiter Wüstengebiete sich auf ein inselförmiges Vorkommen beschränkt, wäre prinzipiell die Möglichkeit gegeben, sie mit einer neuen biotechnischen Methode, dem „sterile-male"-Verfahren, zu bekämpfen. Hierbei werden männliche Heuschrecken im Labor durch Strahlenbehandlung unfruchtbar gemacht, ohne dabei ihre Begattungsbereitschaft zu verlieren, und anschließend mehrmals in bestimmten Abständen in der natürlichen Population freigelassen. Unter der Voraussetzung, daß zwischen den sterilen Männchen, den fruchtbaren Männchen und den Weibchen ein bestimmtes Zahlenverhältnis besteht, kann man hoffen, daß infolge der zunehmenden Zahl von unfruchtbaren Begattungen und der damit verbundenen Verringerung der Nachkommenzahl die Population ausgelöscht wird. Diese aufsehenerregende Methode hatte erstmals vollen Erfolg bei der Bekämpfung der Schraubenfliege in den südlichen USA, deren Maden beim Weidevieh Geschwüre hervorrufen und den Milchertrag stark herabsetzen. Bei der unregelmäßig sich begattenden und äußerst beweglichen Wüstenheuschrecke aber dürfte diese Methode wenig Aussichten bieten.

Trotz alledem wird über diese und andere Möglichkeiten, dem Schädling mit nicht chemischen Mitteln beizukommen, neuerdings im Anti-Locust-Research-Centre und in anderen Institutionen viel gearbeitet. Eine dieser Möglichkeiten besteht vielleicht auch darin, die Reifung der geflügelten Tiere verfrüht herbeizuführen. Sie legen dann Eier zu einer normalerweise regenlosen Zeit ab, wenn eine Eientwicklung nicht möglich ist. Man nimmt an, daß eine die Reifung auslösende Substanz sich immer dann im Heuschreckenkörper bildet, wenn die geflügelten Tiere in Gruppenkontakt zueinander treten. Wenn es gelänge, diese Substanz dem Körper zu entziehen und synthetisch herzustellen, wäre grundsätzlich eine biologische Bekämpfung auf solche Weise möglich. Bestehen blieben jedoch noch immer die Schwierigkeiten der Ausbringung dieser Substanz in den riesigen Wüstengebieten und die Abhängigkeit von der Witterung. Doch sollte dieser Weg weiterverfolgt werden.

Eine andere Idee zur Vermeidung von Insektengiften richtet sich darauf, die Pflanzen vor Heuschreckenfraß dadurch zu schützen, daß man sie mit einer fraßabschreckenden Substanz besprüht, wie sie z. B. aus dem Neemsamen bekannt ist. Wenn jeder bedrohte Bauer mit einem Vorrat solcher Samen versehen wäre, könnte er im Notfall schnell seine Pflanzungen mit einem daraus hergestellten Auszug spritzen. Der Neem ist ein in Pakistan und Indien verbreiteter Baum, dessen Eigenart, insektenfeindlich zu sein, seit langem bekannt ist. Seit altersher mischt man seine getrockneten Blätter unter das lagernde Getreide oder unter die in Truhen aufbewahrte Kleidung, um Vorrats- und Materialschädlinge abzuhalten. Wie andere alte Hausmittel hat auch dieses erst in jüngster Zeit das Interesse der Wissenschaft gefunden. Ich bin dem bekannten indischen Entomologen S. PRADHAM sehr verbunden, daß er mir die Ergebnisse seiner 1960 zusammen mit M. G. JOTWANI durchgeführten Untersuchungen über die Wirkung von Neem auf Insekten, darunter auch die Wüstenheuschrecke, zugänglich machte.

Die beiden Forscher fanden, daß der Neem-Bitterstoff am stärksten im Samen vorhanden ist. Sie stellten daher aus gemahlenen Neemsamen und destilliertem Wasser Auszüge her, die sie auf 0,5 bis 0,0005 % Konzentration verdünnten und sprühten sie auf verschiedene Pflanzenarten. Die Ergebnisse waren verblüffend: Selbst bei Anwendung der geringsten Konzentration mied die Wüstenheuschrecke die besprühten Pflanzen.

Eine Gelegenheit, die Wirkung von Neem gegen Heuschreckenschwärme zu testen, ergab sich im Sommer 1962 während einer Invasion im Gebiet von Neu-Delhi. Als man einige Gemüsefelder mit einer 0,1 %-igen Suspension aus Neemsamen besprühte, ließen sich die Tiere zwar auf den Feldern nieder, fraßen jedoch nicht. Der bald darauf erfolgte Zusammenbruch der Plage verhinderte weitere Versuche, und auch die Invasion 1968, die durch das Ausbleiben der Monsunregen gestoppt wurde, bot keine Gelegenheit zur Nachprüfung des Verfahrens. Inzwischen wurde den indischen Bauern, die im Besitz eines Neembaumes sind, eine einfache Methode zur Gewinnung einer Sprühflüssigkeit aus Neemsamen mitgeteilt: Es wird eine bestimmte Anzahl Samen in einem Musselinbeutel in Wasser bestimmter Menge eingehängt und gewartet, bis das Wasser braun gefärbt ist. Mit dieser Flüssigkeit besprühte Pflanzen sollen bis zu drei Wochen von Heuschrecken gemieden werden. Bisher bleiben große Mengen

Neemsamen ungenutzt, die ausreichend wären, um alle landwirtschaftlichen Kulturen in den bedrohten Gebieten vor Heuschrecken zu schützen. Man hofft, daß beim nächsten Anlaß wenigstens ein Teil der Landwirte sich mit Hilfe von Neem selbst gegen die Wüstenheuschrecke schützt. Für eine Anwendung im Großen fehlen allerdings noch die notwendigen grundlegenden wissenschaftlichen Untersuchungen.

Eine der wichtigsten Erkenntnisse aus der vergangenen großen Plage bestand darin, daß die Wirksamkeit aller Bekämpfungspläne und -methoden in hohem Maß vom Vorhandensein eines Frühwarnsystems abhängt. Im Heuschrecken-Informationsdienst des Anti-Locust-Research-Centre in Verbindung mit der FAO wird das gesamte Beobachtungsmaterial aus dem riesigen, fast 20 Millionen Quadratkilometer einnehmenden Lebensraum der Wüstenheuschrecke gesammelt. Zwar haften manchen dieser Beobachtungen insofern Unsicherheiten an, als ein- und derselbe Schwarm von verschiedenen Orten gemeldet werden kann und andererseits auch manche Luft- oder Bodenschwärme den Beobachtungen entgehen können, jedoch ist der von UVAROV und ZENA WALOFF vor 40 Jahren ins Leben gerufene Überwachungsdienst dank der großen Fortschritte der Heuschreckenforschung in den vergangenen Jahrzehnten heute in der Lage, diese Unsicherheiten weitgehend auszumerzen und sehr verläßliche Vorhersagen über die Entwicklung und Richtung der Invasionen zu geben. Trotzdem muß natürlich jeder Vorhersage für ein so ungeheuer großes Gebiet, in welchem selbst der umfangreichste Heuschreckenschwarm nur einer Nadel im Heuhaufen gleicht (und einer sich bewegenden Nadel obendrein!), eine gewisse Unsicherheit anhaften. Eine Prognose ist nur so gut wie das Beobachtungsmaterial, auf das sie sich gründet. Um die Beobachtungen noch genauer zu machen, bemüht man sich, die Überwachungstechnik zu verbessern. Zwei der Überwachungsmethoden sind die Luftbildaufnahme, die in erster Linie über die Bodenschwärme und die Vegetationsverhältnisse Auskunft geben soll sowie die Radartechnik, mit der man die fliegenden Schwärme und Einzeltiere zu erfassen versucht. Auch die Fotografie von Satelliten, also vom Weltraum aus, wird auf ihre Möglichkeiten hin geprüft, ob sie vielleicht die zur Eiablage geeigneten Landstriche oder auch fliegende Schwärme erkennbar machen kann.

Insbesondere scheint die Luftbildaufnahme, die erstmals von ROFFEY und POPOV angewandt wurde, um die zur Entwicklung der Wüstenheuschrecke geeigneten Vegetationsflächen festzustellen, noch sehr verbesserungsfähig zu sein. Bisher wird aus einer niedrigen Höhe von etwa 30 Metern mit einer montierten oder gar in der Hand gehaltenen Kamera fotografiert. Die dabei gewonnenen Bilder sind im allgemeinen nicht sehr scharf. Sie zeigen inmitten der Vegetation undeutliche Punkte und Flek-ken, in denen man Heuschrecken sehen könnte oder auch nicht. Wenn es gelänge, schärfere und detailliertere Fotos zu gewinnen, würde man viel Zeit und Mühen sparen, denn dann wäre es nicht mehr notwendig, Boden-suchtrupps auszusenden. Dann würden auch nicht mehrere Tage vergehen, bis die von den Suchtrupps herbeigerufenen Sprühflugzeuge erscheinen, und die Chancen des Insekts zu entkommen, wären stark verringert. Eine französische Firma entwickelte neuerdings eine Aufnahmemethodik, die es vielleicht ermöglicht, dieses Ziel zu erreichen. Hierbei wird nicht mehr eine starr montierte, sondern auf einem Schlitten gleitende Kamera ver-wendet. Dadurch, daß die Kamera nach Öffnung der Linse sich auf dem Schlitten nach hinten bewegt, hebt sie die Vorwärtsbewegung des Flug-zeuges auf oder mit anderen Worten: macht sie die Rückwärtsbewegung der Landschaft mit. Sie nimmt somit das Bild einer momentan ruhenden Landschaft auf. Es war zu hoffen, mit dieser Methode sehr scharfe Bilder zu bekommen, die außer der Vegetation auch die Heuschrecken erkennen lassen.

Im idealen Fall sollte ein Luftbild zeigen: 1. den Umfang und den Ent-wicklungszustand der Vegetationsfläche, 2. die Anzahl und Verteilung der auf oder zwischen den Pflanzen sitzenden Heuschrecken, 3. deren Farbe und Entwicklungsstadium sowie 4. Anzeichen des Verhaltens der Tiere, vor allem, ob sie sich in Ruhe oder in Bewegung, in letzterem Falle in welcher Richtung, befinden. Selbst in unserem hochtechnisierten Zeitalter ist es sehr viel, was hier vom Film und von der Aufnahmetechnik verlangt wird. Einige Hoffnungen wurden in die Verwendung von Infrarotfilmen gesetzt, doch zeigte sich, daß die Heuschrecken und der Wüstensand sich hinsichtlich der Reflexion von infraroten Lichtwellen nicht unterschieden. So einigte man sich schließlich auf den in der Amateurfotografie wohl-bekannten Ektochrom-X-Film. Heuschrecken, die man durch eine beson-dere farberhaltende Alkoholinjektion abgetötet hatte und sodann vom Flugzeug aus unter Verwendung dieses Films fotografierte, ließen die ver-schiedenen Färbungsstadien des Phasenwechsels auf dem Foto gut erken-nen. Die Versuche wurden von der mit der Verbesserung der Luftbild-technik beauftragten französischen Firma zunächst bei Paris und Fon-tainebleau durchgeführt, wozu man eigens mehrere Zentner Wüstensand importierte und auf diesem die toten Heuschrecken verteilte.

Der nächste Schritt bestand darin, daß die neue Technik im September 1968 in der Tamesnawüste von Niger unter Mitwirkung zahlreicher Heu-schreckenexperten, darunter PASQUIER, POPOV und ROFFEY, erprobt wurde. Das Team war zunächst enttäuscht, als es nur eine relativ geringe

Anzahl Heuschrecken vorfand. Doch erwies sich gerade das als günstig, um die Leistungsfähigkeit des Verfahrens auf die Probe zu stellen. Die Bodensuchtrupps hatten zwischen 500 und 1000 Tiere pro Hektar gezählt, also nur durchschnittlich 1 Heuschrecke auf 10 bis 20 Quadratmetern. Trotzdem ließen die Luftbilder eine beträchtliche Anzahl davon erkennen, und man durfte annehmen, daß der Rest in der Vegetation verborgen war. Der Beobachter im Flugzeug hatte mit bloßem Auge keines der Tiere gesehen. Als man kurz darauf eine von dem Schädling dicht besetzte Fläche fand, waren die Ergebnisse noch beeindruckender. ROFFEY, der sich im Flugzeug befand, konnte aus 30 Meter Höhe die Tiere nicht erkennen, während die Kamera sie in einer Zahl bis zu 200 pro Quadratmeter abbildete.

So erfreulich diese Ergebnisse bereits sind, bleibt doch noch viel zu tun, bis das Luftbildverfahren voll befriedigend ist. Da der Kamera alle jene Heuschrecken entgehen, die sich unter und zwischen den Pflanzen verborgen halten, ist es notwendig, genügend sichere Zahlenverhältnisse zwischen den sichtbaren und verborgenen Tieren zu ermitteln, mit deren Hilfe man von den einen auf die anderen schließen kann. Das wird insbesondere dadurch erschwert, daß diese Relation je nach Pflanzenart verschieden ist. Das Luftbild muß daher die Unterscheidung der einzelnen Pflanzenarten ermöglichen. Auch die Art und der Zustand des Bodens sollten erkennbar sein, dies besonders zur Beurteilung der Eignung von Flächen zur Eiablage. Mit anderen Worten: Das Luftbild sollte es dem Überwachungsteam ermöglichen, die wichtigsten ökologischen Daten der Erdoberfläche zu erkennen, was natürlich wiederum große Erfahrung seitens der auswertenden Personen erfordert. Die Aufnahme und ihre Auswertung müssen sehr schnell erfolgen. Im Idealfall sollte eine notwendig werdende Bekämpfungsaktion der Luftbildaufnahme auf dem Fuße folgen. Das alles setzt einen hohen Grad an Organisation und Plastizität voraus, wie er leider gerade in den von der Wüstenheuschrecke am stärksten bedrohten Entwicklungsländern nicht immer gegeben ist. Auch vom Piloten verlangt das Verfahren sehr viel. Er muß mit konstanter Geschwindigkeit in niedriger Höhe fliegen und sich dabei sowohl großer Hitze als auch dem Risiko von Luftturbulenzen aussetzen. Die Vorteile des Verfahrens sind jedoch so groß, daß diese Unannehmlichkeiten und Risiken getragen werden müssen. Es ist zu hoffen, daß das Luftbildverfahren mit Hilfe der Vereinten Nationen so rasch wie möglich weiterentwickelt wird.

Die Anwesenheit von ROFFEY und POPOV in Niger bot zugleich die Gelegenheit zu einem Radarexperiment. Seit mehreren Jahren war bekannt, daß es mit Hilfe von Radarwellen möglich ist, fliegende Vögel zu orten. Es fehlten bisher Untersuchungen über Heuschrecken. P. HASKELL, der Direktor des Anti-Locust-Research-Centre setzte sich mit dem auf dem Gebiet der Radarforschung erfahrenen Ornithologen G. W. SCHAEFER von der Universität Loughborough in Verbindung. Dieser kam auf Grund seiner Erfahrungen zu dem Schluß, daß es möglich sein müsse, mit Hilfe einer kleinen Radaranlage einzeln fliegende Wüstenheuschrecken bis zu einer Entfernung von etwa 2 Kilometern zu orten. Damit begann eines der bemerkenswertesten Unternehmen in der Geschichte der Heuschrecken-forschung. Der Ornithologe SCHAEFER und der Entomologe ROFFEY trans-portierten mit einem Spezial-Landrover den größten Teil der Radar-anlage quer durch die Sahara. Der Rest wurde mit dem Flugzeug nach Zinder in Niger und von dort mit dem Auto nach In Abangharit gebracht, wo alle Beteiligten sich am 12. September trafen. POPOV befand sich dort bereits im Zusammenhang mit anderen Heuschreckenuntersuchungen. Das Radargerät wurde aufgestellt und an einen Generator angeschlossen. Bald lagen die ersten Ergebnisse vor, aus denen hervorging, daß SCHAEFERS optimistische Vorhersage berechtigt war.

Bei seinen Untersuchungen über die Radarortung von Vögeln hatte SCHAEFER entdeckt, daß die Drehung des Brustkorbs beim Flügelschlag ein Radarecho hervorruft, das bei verschiedenen Vogelarten verschieden ist. Jede Vogelart besitzt demnach ihre spezifische „Radarsignatur", wie es SCHAEFER nannte. Die Frage war nun, ob auch die Wüstenheuschrecke ihre eigene Signatur besitzt, an der sie am Radarschirm von allen anderen fliegenden Tieren und Dingen einschließlich fallender Regentropfen unter-schieden werden kann. Als die Radaranlage tagsüber arbeitete, tauchten auf dem Schirm die Signaturen von größeren Vögeln z. B. von Geiern auf, während schneller bewegliche Signaturen in der Nacht von SCHAEFER als wandernde Vögel identifiziert wurden. Aber außerdem gab es noch viele kleinere Zeichen. Sie tauchten etwa dreißig Minuten nach Sonnenunter-gang auf, wenn die nächtlich wandernden Heuschrecken normalerweise mit ihrem Flug beginnen, erreichten schnell ein Maximum, um dann wie-der abzunehmen, ganz so wie man es von nächtlich fliegenden Heu-schrecken erwarten würde. Die Analyse der Signaturen ergab, daß sie alle von Tieren derselben Art hervorgerufen werden, und als man dieselben Strukturen kurze Zeit später auch tagsüber beim Auffliegen von Heu-schrecken beobachtete, gab es keinen Zweifel mehr daran, daß eine ein-zelne fliegende Wüstenheuschrecke bis zu einer Entfernung von 6,7 km mit dem Radarschirm geortet werden konnte.

Bei Heuschreckenschwärmen war die Leistungsfähigkeit des Radar-systems noch erheblich größer als bei Einzeltieren. Die weiteste Entfernung, bei der bisher ein Beobachter mit bloßem Auge vom Flugzeug aus einen Schwarm gesichtet hatte, betrug 115 km. Aber das war ein Ausnahmefall, als besonders gute Sicht herrschte und der Schwarm ungewöhnlich groß und dicht war. SCHAEFERS Radargerät konnte einen äußerst dünnen und unsichtbaren Schwarm noch in 40 km Entfernung feststellen. Er sowie ROFFEY waren auf Grund dieser Ergebnisse sicher, daß ein dichter Schwarm noch in etwa 100 km Entfernung oder gar darüber auszumachen sei. Infolge physikalischer Verhältnisse liegt die maximale Ortungsentfernung des Radarechos bei einem 1000 Meter hoch fliegenden Objekt bei 120 Kilometern. Eine Radarstation ist damit imstande, ein fast 30 000 Quadratkilometer großes Gebiet auf größere Heuschreckenschwärme hin zu kontrollieren.

Was die wissenschaftliche Seite des Experimentes betraf, wurden durch seine Ergebnisse einige Irrtümer und Unsicherheiten beseitigt und zugleich neue Fragen für die Heuschreckenforschung aufgeworfen. Eine wichtige Entdeckung bestand darin, daß im Gegensatz zu den tagsüber fliegenden Schwärmen, die zwar mit dem Wind fliegen, in denen aber die einzelnen Heuschrecken ihren Kurs sehr häufig wechseln, das einzeln in der Nacht fliegende Tier sich offensichtlich zielgerichtet orientiert. Es fliegt dabei in Höhen zwischen 200 und 300 Metern und kann in einer Nacht etwa 300 Kilometer zurücklegen. Als charakteristisches Merkmal des Radarechos solcher einzeln fliegender Wüstenheuschrecken wurde eine fast gleichförmige räumliche Trennung voneinander beobachtet, jedoch nur bei schwachem Wind. Stürmische Winde führen die Tiere zur Konzentration. Damit wurde die Rolle des Windes als eines entscheidenden Faktors bei der Entstehung von Schwärmen aus einzeln fliegenden Heuschrecken nachgewiesen.

Mit Hilfe des Radars dürfte es auch möglich sein, die Zahl der nächtlich fliegenden Heuschrecken viel genauer als bisher festzustellen. Bislang konnte man nur die tieffliegenden Tiere im Bereich von Lampen zählen. Bessere Aufschlüsse über den Flug in höheren Luftschichten setzen allerdings eine Erweiterung der Kenntnisse über die nachts in den Wüstengebieten herrschenden Winde voraus. Hierüber weiß man bis jetzt nur wenig. So ist also zu erwarten, daß in naher Zukunft mit Hilfe des Radars viele und wichtige neue Erkenntnisse über das Verhalten der solitären Heuschrecken gewonnen werden.

Die Wettersatelliten haben bisher der Heuschreckenüberwachung dadurch wertvolle Dienste geleistet, daß sie großräumige, eine Vermehrung der Wüstenheuschrecke begünstigende Witterungsveränderungen sichtbar machten. Die Meldung des regenbringenden Zyklons über den Küstengebieten von Muscat und Oman im November 1966 ist hierfür ein Beispiel. Das Verfahren ist aber zur Zeit noch zu grob. Was die von Satelliten gefunkten Bilder allenfalls noch erkennen lassen, sind Flächen mit stehendem Regenwasser. Sie können aber keine Auskunft geben über die für die Heuschreckenentwicklung so wichtige unterirdische Feuchtigkeit, also über Flächen, auf denen zwar Regen fiel, dieser jedoch zu einem Teil in den Boden sickerte und zum anderen Teil von der heißen Sonne aufgesogen wurde. Wenn es gelänge, diese unterirdische Feuchtigkeit sichtbar zu machen, wüßte man, wo es zur Entstehung von Vegetationsflächen und damit von Heuschreckenplagen kommt. Mühsame und teure Erkundungen vom Boden aus könnten dann vermieden und die Bekämpfungsmaßnahmen beschleunigt werden.

Es besteht die Hoffnung, daß die nächste Zukunft auch hierin Fortschritte bringen wird. In den USA ist ein Erderkundungssatellit entwickelt worden, der vom Weltenraum aus in den Erdboden hinein „sehen" soll. Seine eigentliche Aufgabe ist die geologische Erkundung der Erdrinde, jedoch kann — soweit es die Erfassung unterirdischen Wassers angeht — auch die Heuschreckenabwehr davon profitieren.

Ja, es scheint sogar nicht ausgeschlossen, daß es einmal einen „riechenden" Satelliten geben könnte, der das Vorhandensein von Gasen auf der Erdoberfläche registriert. Eiablagen der Wüstenheuschrecke, sofern sie in genügender Dichte beisammen sind, geben ein zwar schwaches, aber charakteristisches und nachweisbares Gas ab. Vielleicht wird es auf diese Weise möglich, auf spektografischem Wege vom Satelliten aus die Eiablagestätten abzugrenzen. Auf welchem Wege man immer versuchen mag, Satelliten für die Heuschreckenabwehr nutzbar zu machen, sollten derartige Projekte den Vereinten Nationen unterstellt werden. Sie würden dadurch aus dem heiklen Bereich nationalen Argwohns herausgerückt werden.

15. Kapitel
Heuschreckenbekämpfung
und Umweltschutz

In der letzten Maiwoche 1968 stießen Alem Sehid, Oberaufseher der Scouts der Heuschreckenabwehrorganisation von Ostafrika, und seine Leute in der Nähe des Awashflusses, etwa 240 km westlich von Djibouti, auf eine etwa 40 qkm große Fläche, auf der es von hüpfenden und fliegenden Heuschrecken wimmelte. Es handelte sich zum größeren Teil um Angehörige der Gattung *Locusta*, der afrikanischen Wanderheuschrecke, und zum geringeren Teil um die Wüstenheuschrecke. Alem hatte einen Landrover mit montiertem Motorsprühgerät bei sich. Er holte durch Funk noch drei Flugzeuge herbei und ließ die Fläche vom Boden und von der Luft aus mit Dieldrin besprühen. Zusätzlich wurden auch Handstäubegeräte eingesetzt und Giftköder gestreut. Trotzdem war die Operation nicht voll erfolgreich, denn bei einer Kontrolle vier Wochen später wurden noch ein 3 qkm großer Schwarm der Wanderheuschrecke und daneben zahlreiche einzelne Heuschrecken fressend angetroffen. Diese Reste wurden in einer dreitägigen Nachbehandlung vernichtet. Insgesamt betrug der Verbrauch an flüssigem Heuschreckengift rund 6500 Liter und an Staub- sowie Ködergiften 650 Sack, und dies alles für 40 Quadratkilometer.

Der über die Aktion von Alem angefertigte Bericht enthält außer den genannten Angaben nun noch die Schilderung folgenden Vorfalls: „An dem zuletzt genannten Datum erschien ein Teil der im Gebiet ansässigen Bewohner in großer Aufregung mit der Beschuldigung, unsere Chemikalien hätten 45 ihrer Ziegen getötet. Wir gingen mit den Leuten, und ich muß sagen, daß sie recht hatten: Die Ziegen waren offensichtlich durch unsere Insektizide getötet worden. Allerdings wußten wir nicht, welches unserer 5 Präparate die Todesursache war. Wahrscheinlich sind die Ziegen dadurch vergiftet worden, daß wir an manchen Stellen wiederholt sprühen und stäuben mußten, denn die Heuschrecken hatten sich im Kreise bewegt. Wir gingen sodann zu Bitweded Ali Mera, dem Gouverneur von Dankalia, und trugen ihm den Fall vor. Dieser sagte zu mir: „Du hast das Richtige getan. Wichtig ist nicht der Tod der 45 Ziegen, sondern jener der Heuschrecken."

So hart es ist, es sagen zu müssen: Der Gouverneur hatte in diesem Falle recht. Es gibt sehr viele, zu viele Ziegen in Äthiopien. Der Tod einiger davon hat nicht die Bedeutung wie die Vernichtung eines Heuschrecken-schwarmes. Alem, mit dem ich eine Zeitlang zusammen war, ist ein intelligenter und – wie sein Bericht zeigt – eine gewissenhafter Mann, der als Ursache des Todes der Ziegen sogleich die partielle Überdosierung der Insektengifte erkannte. Die 5 von ihm verwendeten Chemikalien enthielten die zwei Wirkstoffe Dieldrin und HCH in verschiedener Formulierung. Ihre normale Anwendung hätte das Leben der Ziegen nicht gefährdet. Alem arbeitete aber wie alle Bekämpfungstrupps der DLCO-EA zu jener Zeit, auf dem Höhepunkt der Heuschreckenplage, unter einem sehr starken Zeitdruck. Die Heuschrecken befanden sich bereits in einem so weit fortgeschrittenen Entwicklungsstadium, daß die normale Dosis des Insektengiftes nicht zur Abtötung ausreichte. Hinzu kam die Kreisbewegung des Schädlings und die sich daraus ergebende Notwendigkeit einer partiellen Nachbehandlung.

In ähnlich heiklen Situationen befinden sich Schädlingsbekämpfer, vor allem in den Entwicklungsländern, nicht selten. Ich habe einen anderen Fall noch lebhaft in Erinnerung, wo bei einer kombinierten Luft-Boden-Aktion Millionen von ungeflügelten Heuschrecken vernichtet wurden. Bevor diese Aktion begann, sah man auf der befallenen Fläche eine große Menge weißer Störche, die eifrig mit der Vertilgung von Heuschrecken beschäftigt waren. Hätte man von einer Bekämpfungsaktion abgesehen, wären möglicherweise die Störche in der Lage gewesen, die Schädlinge selbst zu vernichten. Aber diese Möglichkeit war vage, und das Risiko konnte nicht übernommen werden. Innerhalb von drei oder vier Tagen war mit der Beflügelung der Insekten und mit der Schwarmbildung zu rechnen, worauf die Gefahr der Ausbreitung bestand. Als wir zu bekämpfen begannen, flogen die Störche zum Rand der Fläche und warteten dort ab. Zweifellos sind sie, nachdem wir fertig waren und uns entfernt hatten, wieder in die Befallsfläche hineingeflogen und haben von den vergifteten Heuschrecken gefressen. Ich kann über die Folgen nichts aussagen, doch barg unsere Bekämpfung sicherlich ein Risiko für diese Vögel in sich.

Inzwischen ist in vielen Ländern der Gebrauch von Dieldrin wegen der Beständigkeit dieses Wirkstoffs und seiner indirekten Schäden bei

Vögeln und Säugetieren verboten worden. In den Entwicklungsländern wird er jedoch weiterhin verwendet. Fragt man nach dem Grund so unterschiedlicher Handhabung, erhält man zur Antwort, daß zur Zeit nur mit Hilfe länger wirkender Insektizide wie des Dieldrin oder des (inzwischen ebenfalls in vielen Ländern verbotenen) DDT die auch aus der Umgebung zuwandernden Heuschrecken mit vernichtet und die Weideflächen bzw. die Ernten vor der Vernichtung bewahrt werden könnten. Dieser Begründung kann man nicht widersprechen, zumal weder Dieldrin noch DDT bisher Gesundheitsschäden beim Menschen hervorriefen. Auch ist zu bedenken, daß die Ausbringungstechnik sich laufend verbessert. Heute werden im Ultrafeinsprühverfahren (ULV-Verfahren) sehr geringe Mengen des Insektizids in äußerst feiner Verteilung ausgebracht, die bei erhöhter Wirkung gegen das Insekt die Gefahr für andere Tiere ganz wesentlich verringern.

Nichtsdestoweniger bleiben Bedenken gegen die Beständigkeit solcher Insektengifte bestehen. Dieldrin ist ein Insektizid mit Breitenwirkung, das nicht nur die schädlichen, sondern zugleich auch alle anderen Insekten, darunter viele Schädlingsfeinde, vernichtet. Obgleich die Wüstenheuschrecke vielen ihrer räuberischen und parasitischen Feinde durch ihre rasche Massenentwicklung zuvorkommt, gibt es doch einige Insektenarten, die als Regulatoren bei der Heuschreckenvermehrung eine wichtige Rolle spielen können. Die Fliege *Stomorhina lunata*, zum Beispiel, wandert mit der Heuschrecke mit und wartet, auf Pflanzen sitzend, am Brutplatz auf die Eiablage der Heuschreckenweibchen. In den lockeren Sand, genau an der Ablegestelle, legt dann die Fliege auch ihre Eier ab. Die wenig später daraus schlüpfenden Fliegenlarven dringen zu den Heuschreckeneiern vor und fressen sie auf. Ihre Entwicklung zu neuen Fliegen verläuft viel schneller als die Entwicklung der Heuschreckeneier, so daß die nächste Fliegengeneration ihre Eier an die noch vorhandenen Eihaufen ablegen kann. Auf diese Weise kann ein ganzes Eiablagefeld der Heuschrecke zerstört werden. Leider ist *Stomorhina lunata* nicht überall verbreitet; sie fehlt z. B. in Westafrika. Außer ihr gibt es noch ein halbes Dutzend anderer Insektenarten, die zur Verminderung der Heuschreckenpopulationen beitragen. Sie werden zusammen mit ihren Beutetieren vom Insektengift getötet.

Der Einwand, daß die Heuschreckenbekämpfung ja zumeist in größeren Zeitabständen erfolge und nur kleine Areale des riesigen Verbreitungsgebietes des Schädlings betreffe und daß somit für die Tierwelt nichts zu fürchten sei, ist nicht stichhaltig. Da ist zunächst die Überdosierung. Wie bei der Vergiftung der Ziegen im Falle von ALEM SEGHIDS Bekämpfungsaktion kommt es immer wieder vor, daß – insbesondere unter Zeitdruck – von der normalen, vorgeschriebenen Handhabung abgewichen wird. Das Anti-Locust-Research-Centre gab zwar die strikte Anordnung heraus, eine Fläche nicht öfter als einmal innerhalb der gleichen Kampagne zu besprühen und dabei die geringstmögliche Insektizidmenge zu verwenden. Es ist jedoch mehr als optimistisch, anzunehmen, daß derartige Instruktionen in Entwicklungsländern von Pflanzenschutztechnikern befolgt werden, die nur mangelhaft oder gar nicht Englisch lesen können. Auch in hochentwickelten Ländern halten die Bauern sich oft genug nicht an diese Vorschriften, obwohl sie diese gut lesen können.

Ein anderer bedenklicher Gesichtspunkt ist die Begiftung größerer Flächen mit einem so haltbaren Insektizid. Bei einer der jüngsten westafrikanischen Sprühaktionen wurde eine 500 qkm große Fläche mit Dieldrin – noch dazu in sechseinhalbfacher Konzentration gegenüber normal – besprüht. Bei Anwendung von Dieldrin unter kontrollierten Bedingungen in England gegen die Mohrrübenfliege zeigte sich, daß der Wirkstoff im Boden bis zu zehn Jahren wirksam blieb. Dr. KENNETH MELLANBY, Direktor der Monks-Wood-Research-Station des britischen Naturschutzes, wies darauf hin, daß durch eine derartig lange Wirkung im Boden das Gleichgewicht der Bodenlebenwelt stark und nachhaltig gestört wird. Das scheint in den nicht kultivierten Steppen und Wüsten von geringer Bedeutung zu sein. Tatsache aber ist doch, daß wir über die Bodenökologie jener Länder und über die Folgen ihrer Störung so gut wie noch nichts wissen. Was wir aber wissen ist, daß diese Böden sehr gefährdete Gebilde sind, dem Wind und der Wassererosion in einem Maße ausgesetzt, von dem man sich in Europa meist keine Vorstellung macht. Und wir wissen auch, bzw. beginnen es zu wissen, daß die Bodenerosion in diesen Gebieten nicht nur das Ergebnis extremer Klimafaktoren ist, sondern in enger Verbindung mit dem Gebrauch und Mißbrauch der Erdoberfläche durch den Menschen und seine Zuchttiere steht.

Die Entdeckung einer unerwartet großen Zahl von Tierarten in der Sahara hat zu dem Schluß geführt, daß hier früher einmal eine perennierende Vegetation und damit ein reiches Tierleben geherrscht haben. Es besteht auf Grund mancherlei Anzeichen kein Zweifel, daß durch einen Klimawechsel beide verarmten. Ebenso sicher scheint jedoch, daß ein großer Teil der Ausbreitung der Sahara vom Menschen verursacht wurde. TH. RINEY, ein bei der FAO tätiger Ökologe, der sich mit den Wüstenrandgebieten Afrikas näher beschäftigte, ist der Meinung, daß die nordafrikanischen Wüsten einschließlich der Sahara sich südwärts ein bis zwei Kilometer jährlich entlang einer Front von mehreren tausend Kilometern ausbreiten als Folge der Weidetätigkeit riesiger Herden von Kamelen und Ziegen, die an die Stelle der durch unablässiges Bejagen heute immer seltener werdenden Gazellen getreten sind. Nicht die Kamele und Ziegen, sondern die Gazellen und die anderen wild in der Wüste lebenden Tiere sind wichtige Bestandteile der Ökosysteme der Wüste. In einer Zeit wo viel die Rede von einer Umwandlung von Teilen der Wüste im Sinne der Verbesserung der Lebensbedingungen für die dort lebenden Menschen ist, kann uns die natürliche Tierwelt bei dieser Aufgabe helfen und sei es nur als Indikatoren für bestimmte Umweltfaktoren. So lange diese Tiere hier noch leben, ist Hoffnung auf Verbesserung der allgemeinen Lebensbedingungen. Wenn sie fort sind, werden Wind und Regenfluten das Land unwiderbringlich veröden. Zwei Drittel der Sahara, bestehend aus Fels-, Kies- und Sandflächen, sind heute bereits an diesem trostlosen Endpunkt angelangt. Außer den Oasen gibt es nur noch relativ wenige Stellen in der Sahara, wo ein zerbrechlicher Komplex von natürlichem Leben sich erhalten kann: einige Arten Sträucher und Bäume, wenige perennierende Gräser und Kräuter und dünn gesäte Populationen von Insekten, Eidechsen, Vögeln, Mäusen und größeren Säugetieren. So wenige es auch sind, bilden sie doch in einem Wadi eine Lebensgemeinschaft, die oft Hunderte von Kilometern von der nächsten entfernt ist und doch mit dieser in Verbindung steht. Zu dieser Lebensgemeinschaft gehört auch die Wüstenheuschrecke. Jede zu drastische Maßnahme, diese Insektenart zu bekämpfen, schadet dem ganzen Komplex. Das Beunruhigende an der ganzen Sachlage ist, daß gerade in den noch relativ wenigen Lebenszellen der Wüste die Heuschrecke bekämpft wird und immer wieder bekämpft werden muß.

Zur Frage der Giftanwendung gegen Schädlinge ist schon so viel an Für und Wider geschrieben und gesprochen worden, daß es schwer hält, klaren Kopf zu behalten. Ein zu geschäftsmäßiger Standpunkt von Seiten der Industrie ist hier ebenso von Übel wie der Ruf nach ungerechtfertigten Verboten. Im Falle der Entwicklungsländer muß man deren wirtschaftliche Schwierigkeiten mit in Betracht ziehen. Alle diese Staaten benötigen wirksame Pflanzenschutzmaßnahmen, um ihre wachsenden Bevölkerungen ernähren zu können. Ihre negativen Handelsbilanzen erlauben ihnen jedoch nur billige Pflanzenschutzmittel einzukaufen. Das billigste und zugleich wohl auch für die Umwelt am wenigsten gefährliche Heuschreckengift ist das Gamma-HCH (Lindan), das sich schnell chemisch abbaut. Es ist aber gegen die Wüstenheuschrecke viel weniger wirksam als das Dieldrin, weshalb mit ihm gegen ältere Entwicklungsstadien mehrmals hintereinander gesprüht werden müßte. Gegen ältere Heuschrecken sowie in schwierigem Gelände, wo der Nachschub an Kraftstoff und Sprühmitteln sehr mühsam und teuer ist, wird daher meist Dieldrin, obgleich es dreimal so teuer wie Lindan ist, verwendet, weil es besser und länger wirkt. Insgesamt gesehen macht das Dieldrin etwa $^1/_3$ aller gegen die Wüstenheuschrecke eingesetzten Chemikalien aus. In der Herbstkampagne 1968 in Westafrika war es praktisch das einzige Sprühmittel.

Die Wahl an Heuschreckenbekämpfungsmitteln war bisher praktisch auf Dieldrin und HCH beschränkt. Ein etwaiges Verbot von Dieldrin auch in Entwicklungsländern wäre unter diesen Umständen unpraktikabel und unhuman. Jedoch muß nach Alternativen gesucht werden. Ein vielversprechendes neues Chemikal scheint das DDVOP (Dichlorvos) zu sein. Bei sehr guter Wirkung gegen die Heuschrecke ist seine Haltbarkeit wesentlich geringer als die des Dieldrin. Als man es in Marokko versuchsweise gegen die Wüstenheuschrecke mit ausbrachte, stellten die Experten fest, daß es dem Dieldrin wirkungsmäßig zumindest ebenbürtig sei. Leider kostet es etwa dreimal soviel wie Dieldrin, und hierin dürfte ein Hindernis für seine Einfuhr in die Entwicklungsländer liegen. Wenn die hochentwickelten Länder es ernst meinen mit dem, was sie über die Notwendigkeit eines weltweiten Umweltschutzes sagen, sollten sie Mittel und Wege finden, ein so vergleichsweise besseres Chemikal unabhängig vom Preis in ihr Förderungsprogramm für die Entwicklungsländer mit aufzunehmen.

Das Ideal ist, daß die Heuschreckenbekämpfung einmal ein „Locustizid" in die Hand bekommt, daß heißt ein Insektizid, das ausschließlich gegen Heuschrecken wirkt. Ob ein solches Mittel allerdings auf dem bisher üblichen Wege von der Industrie entwickelt werden würde, erscheint mehr als zweifelhaft. Die Kosten, die eine Chemiefirma in die Entwicklung jedes neuen Pflanzenschutzmittels steckt, betragen viele Millionen DM. Um diese Kosten zurückzugewinnen und darüber hinaus einen Gewinn zu erzielen, ist ein Absatz des fertigen Produktes für mehrere Jahre und in einem erheblichen Umfang notwendig. Je unspezifischer ein Insektizid ist, mit anderen Worten: Je mehr Schädlingsarten damit vernichtet werden können, um so besser wird es verkauft und um so schneller kommen die investierten Gelder für die Firma wieder herein. Aus diesem Grunde protestierte auch die Pflanzenschutzmittelindustrie so energisch gegen die Einschränkung der durch ihre große Breitenwirkung bekannten Insektizide DDT und Dieldrin. Ein spezifisch wirkendes Insektizid ist in der Entwicklung genau so teuer wie ein breitenwirksames, wird aber nur in beschränktem Umfang Absatz finden. So könnte man sich die Entwicklung eines spezifischen Insektizids – sofern diese sachlich möglich wäre – nur derart vorstellen, daß sie von einem Staat oder noch besser von einer internationalen Organisation subventioniert würde. Ein solches Vorhaben dürfte nicht nur auf die Wüstenheuschrecke ausgerichtet sein, sondern müßte eine Skala von Chemikalien und eine Skala von wichtigen Schädlingsarten umfassen, und dies wäre auf jeden Fall eine äußerst kostspielige Angelegenheit. Doch wären andererseits die Vorteile unschätzbar, nicht nur für die Entwicklungsländer, sondern für alle Nationen, da ja die Schädlingsbekämpfung mit ihren Nebenwirkungen ein weltweites Problem bildet. Der sicherlich einzig mögliche Initiator und Träger einer auf spezifische Schädlingsgifte ausgerichteten Forschung und Anwendung sind die Vereinten Nationen.

Fazit

Die drei Jahre der letzten Bekämpfung haben gezeigt, daß die Wüstenheuschrecke heute wirksam bekämpft werden kann, wenn bei den Abwehrmaßnahmen volle internationale Kooperation besteht. Diese ist vorläufig abhängig von der Unterstützung durch die Vereinten Nationen. Das vom Entwicklungshilfeprogramm der Vereinten Nationen 1960 begonnene Programm zur Erforschung und Bekämpfung der Wüstenheuschrecke endete 1970. Es ist zu hoffen, daß es fortgeführt wird in Zusammenarbeit zwischen der UN-Entwicklungshilfe, der FAO und dem Anti-Locust-Research-Centre London.

Der im Rahmen des UN-Projektes aufgebaute Nachrichtendienst ermöglichte es den 42 von der Wüstenheuschrecke bedrohten Ländern, sich dauernd über den Stand der Entwicklung und Verbreitung des Schädlings sowie im Notfall über die zu treffenden Maßnahmen zu informieren. Das setzte voraus, daß der Nachrichtenzentrale auch Beobachtungen aus allen Gebieten zuflossen und daß sich zwecks Überwachung großer, schwer zugänglicher und die Staatsgrenzen überschneidender Gebiete mehrere Staaten zusammenschlossen. Das diplomatische Geschick der FAO meisterte auch diese Schwierigkeit. Der Iran und Pakistan schickten gemeinsame Kontrolltrupps in den südlichen Iran. Afghanistan und Indien traten ein gleiches zur Erkundung der Brutareale im westlichen Afghanistan. In den Anliegerstaaten der Südhälfte des Roten Meeres, von wo so oft Heuschreckenplage ihren Ausgang nahmen, gibt es heute vier staatliche Organisationen der Heuschreckenabwehr: des Sudans, Saudi-Arabiens und des Jemen sowie die überstaatliche DLCO für das östliche Afrika. In der südlichen Sahara braucht heute ein Pflanzenschutzteam nicht mehr – wie es noch 1966 bei meiner Reise durch Algerien der Fall war – an den unsichtbaren Grenzen von Mali und Niger Halt machen, sondern heute arbeiten diese drei Länder in der OCLALAV zusammen.

Die meisten der gefährdeten Länder haben jetzt ihren eigenen, im Rahmen des UN-Programms aufgebauten Nachrichtendienst. Noch wichtiger aber ist die zwischenstaatliche Zusammenarbeit. Der FAO ist es in den vergangenen Jahren gelungen, über das Verbreitungsareal der Wüstenheuschrecke verteilte regionale Arbeitsgemeinschaften zu gründen. Als nordöstliche Ländergruppe haben sich Indien, Pakistan, Afghanistan und der Iran zur Zusammenarbeit bereiterklärt. Im Nahen Osten entschlossen sich gar 12 Länder zur Kooperation. Eng mit der FAO zusammen arbeitet die DLCO-EA, die Heuschreckenabwehrorganisation Ostafrikas. Vier Länder: Marokko, Algerien, Tunesien und Libyen bilden in Westafrika eine Arbeitsgruppe, die als OCLALAV gleichfalls eng mit der FAO verbunden ist. Die Aktivitäten aller dieser Gruppen werden koordiniert durch die FAO.

Das klingt ideal. Ob es sich in der Praxis bewähren wird, hängt zum wesentlichen Teil von der Wüstenheuschrecke selbst ab. Bleibt sie für längere Zeit unsichtbar, so wird die mühsam aufgebaute Kontroll- und Abwehrmaschine langsam rostig werden. Dann passiert es einigen Ländern wieder – wie in früheren Zeiten –, daß sie urplötzlich aufgeschreckt werden und sich der Heuschreckenplage unvorbereitet gegenübersehen. Jedoch ist es unwahrscheinlich, daß die Heuschrecke eine lange Pause macht. Sie hat sich zwar als bekämpfbar, jedoch nicht als restlos besiegbar erwiesen. Ihre Freunde, die Regenfälle, werden sie periodisch begünstigen und es ihr ermöglichen, sich von Einzelwesen in brodelnde Massen umzuwandeln. Und ihre Verbündeten, die Winde der intertropischen Konvergenzzone, werden sie unterstützen. Die Wüstenheuschrecke wird immer der Feind vor den Toren von 42 Nationen bleiben.

Namens- und Sachregister

Prof. Dr. WOLFGANG SCHWENKE
übersetzte ferner:

Insektenstaaten

Aus dem Leben der Wespen, Bienen, Ameisen und Termiten. Von PEGGY P. LARSON und MERVIN W. LARSON. Aus dem Amerikan. übers. von Prof. Dr. W. SCHWENKE, München. 1971. 200 S., 33 Abb. Laminiert 26,– DM

Die Wanderflüge der Insekten

Einführung in das Problem des Zugverhaltens der Insekten unter besonderer Berücksichtigung der Schmetterlinge. Von Prof. Dr. CARRINGTON BONSOR WILLIAMS. Aus dem Engl. übers. und bearb. von Dr. H. ROER, Bonn. 1961. 232 S., 79 Abb., 2 Karten. Ln. 28,– DM

Die sozialen Faltenwespen Mitteleuropas

Von Prof. Dr. HEINRICH KEMPER und Dr. EDITH DÖHRING, beide Berlin. 1967. 180 S., 82 Abb. Kart. 43,– DM

Lehrbuch der Entomologie

Von Prof. Dr. HERMANN EIDMANN, Göttingen. 2. Aufl., neubearb. von Dr. F. KÜHLHORN, München. 1970. 633 S., 964 Abb. Ln. 75,– DM

Insects and Mites Injurious to Crops in Middle Eastern Countries

Von ABDUL MON'IM S. TALHOUK, Beirut. „Monographien zur angewandten Entomologie", Heft 21. 1969. 239 S., 71 Abb. Text in Engl. Brosch. 40,– DM

Crop Pests in Tanzania and their Control

Von Dr. EBERHARD BOHLEN, Agadir. Hrsg. von der Bundesstelle für Entwicklungshilfe. 1973. 142 S., 252 Farbphotos auf 42 Taf., 18 Textabb. Text in Engl. Balacron geb. 64,– DM

Preisstand vom Frühjahr 1975
Spätere Änderungen vorbehalten

Die Tagfalter Europas und Nordwestafrikas

Taschenbuch für Biologen und Naturfreunde. Von LIONEL G. HIGGINS und NORMAN D. RILEY. Aus dem Engl. übers. und bearb. von Dr. W. FORSTER, München. 1971. 377 S., 60 Farbtaf.; 1145 Abb., 760 farbig. Ln. 36,– DM

Grundriß der Vogelzugskunde

Von Prof. Dr. habil. ERNST SCHÜZ, Ludwigsburg, unter Mitarb. von Dr. P. BERTHOLD, Dr. E. GWINNER und Dr. H. OELKE. 2., völlig neu bearb. Aufl. von „SCHÜZ, Vom Vogelzug". 1971. XII, 390 S., 142 Abb. Ln. 98,– DM

Pareys Vogelbuch

Alle Vögel Europas, Nordafrikas und des Mittleren Ostens. Von HERMANN HEINZEL, RICHARD FITTER und JOHN PARSLOW. Aus dem Engl. übers. und bearb. von Prof. Dr. G. NIETHAMMER und Dr. H. E. WOLTERS, beide Bonn. 1972. 324 S., 2840 farbige Abb., davon 585 Verbreitungskarten. Kt. 18,– DM

Pareys Blumenbuch

Wildblühende Pflanzen Deutschlands und Nordwesteuropas. Von RICHARD FITTER, ALASTAIR FITTER und MARJORIE BLAMEY. Aus dem Engl. übers. u. bearb. von Prof. Dr. K. VON WEIHE, Hamburg. 1975. 340 S., 3120 Einzeldarstellungen, 2900 farb. Kt. 24,– DM

Die Sinneswelt der Tiere und Menschen

Fragen, Ergebnisse und Ausblicke der vergl. Sinnnesphysiologie. Für Wissenschaftler und Naturfreunde. Von Dr. LORUS J. MILNE und Dr. MARGERY MILNE. Aus dem Amerikan. von I. SCHWARTZKOPFF. 2. Aufl. 1968. 315 S. Ln. 28,– DM

Riesen und Zwerge im Tierreich

Von Prof. Dr. EVERHARD JOHANNES SLIJPER, Amsterdam. Aus dem Niederländ. von R. BARTELS. 1967. 199 S., 106 Abb., 8 Tafeln. Ln. 28,– DM

VERLAG PAUL PAREY · HAMBURG UND BERLIN